Pour Andrew Colvin
avec les compliments de l'auteur

[illegible]

13 oct 87

AU HASARD DE LA CHANCE

L'amour de vivre

DU MÊME AUTEUR

Chez le même éditeur

ADIEU FOCOLARA, roman.

PAS CE SOIR, roman.

JEAN DE BEAUMONT

AU HASARD DE LA CHANCE

L'amour de vivre

Souvenirs

JULLIARD
8, rue Garancière
PARIS

ISBN : 2-260-00529-2

A Paule,
ma femme.

La valeur d'un homme se mesure
au nombre de ses ennemis.
(dicton japonais)

... et moi qui ai cherché à ne pas en avoir !

Pourquoi écrire ses souvenirs ?

Plus précisément : à quoi bon ?

Voilà une question que je me suis souvent posée avant de rédiger ceux-ci et pendant tout le temps que j'y ai consacré. Etait-ce pour le plaisir ? Je n'en avais pas l'impression, d'abord parce que je n'aime guère à parler de moi, ensuite parce que l'action a de tout temps dominé mon existence. Aussi la tentation de poser ma plume, durant les heures englouties dans cette tâche qui, pensais-je, n'en valait guère le sacrifice, a-t-elle souvent été forte.

Alors ?

Alors j'ai pensé au plaisir des autres. Et d'abord à celui de Paule, ma femme, qui depuis si longtemps et avec tant d'insistance m'incitait à cette entreprise que j'ai fini par céder. Mais aussi à l'agrément d'autres lecteurs, inconnus de moi, pour lesquels il pourra être distrayant de parcourir les chemins faciles ou difficiles que j'ai suivis, de partager quelques-uns des moments, amusants, tristes ou mouvementés d'une destinée que j'ai voulue heureuse, emplie d'amour, autant que possible utile aux autres, et préservant la joie de vivre dans un monde qui se durcit impitoyablement.

J'ai parlé de souvenirs et non pas de mémoires. Qu'on me permette d'établir ici une nuance qui, si elle n'est pas nécessairement soulignée par le dictionnaire, fera sentir ce qu'est ce livre. *Mémoires*, me semble-t-il, est un mot solennel, historiographique et si l'on veut officiel. Il évoque la reconstitution datée, documentée, complète d'une existence et des faits et gestes qui l'ont emplie. *Souvenirs* est plus léger, peut-être plus impressionniste. Les souvenirs sont en nous presque sans l'intervention de notre volonté. Ce sont des lumières, des visages, des moments si profondément et mystérieusement en harmonie avec le cœur qu'ils demeurent en lui pour toujours. Ce livre est un livre de souvenirs. Même si j'ai veillé, pour l'agrément et la commodité du lecteur, à fournir aussi souvent qu'il le fallait dates et points de repère, j'ai voulu qu'ils soient au service de mes souvenirs. Au long de ces pages qui traversent notre siècle et sa tumultueuse histoire, de la fin de la Belle Epoque à deux guerres meurtrières et au monde nouveau qui en est issu, en revivant quatre-vingts années où les circonstances et la chance m'ont mené de l'Anjou à l'Indochine, de l'Inde au Pacifique, de Paris à l'Afrique noire et du Chili à la verte Alsace, dans tant de pays et sous tant de climats, au contact de tant d'hommes et de femmes divers, villageois du Cambodge ou ministres de la IIIe République, Français de San Francisco ou planteurs d'Extrême-Orient, je ne me suis conformé qu'à une seule règle – combien clémente, puisque c'est celle du plaisir et de l'émotion : restituer les moments les plus marquants, les plus intenses, dans le bonheur ou la peine, la joie simple ou la difficulté, de ce multiple et perpétuel « devisement du monde » qu'est toujours une existence.

J'ai souhaité, enfin, que le mot « chance » fût un des maîtres mots de ce livre, que j'avais d'abord pensé intituler, eu égard à ce qu'il contient d'aventureux, « Le tour du monde en quatre-vingts ans ». Il m'a finalement paru plus important, et peut-être de mon devoir, de rendre dès le titre au Destin ce que je lui dois. Tant d'éléments divers interviennent dans le cheminement d'une vie qu'il est parfois malaisé, dans le jeune âge, de tracer seul la route à suivre pour en faire un succès. Les aptitudes et qualités personnelles, la volonté, la discipline, sont autant de facteurs déterminants, mais si la vie m'a enseigné quelque chose, c'est que la chance est l'un des plus importants, qu'elle nous prodigue ses faveurs ou qu'elle nous les retire. J'en ai eu beaucoup, et dès le début. Grâce à elle, je n'ai pas connu l'inquiétude de tant de jeunes gens dont les enthousiasmes viennent se heurter aux mille obstacles du monde. Presque à chaque pas, dans ma vie, je l'ai retrouvée. Il eût été injuste que ces pages ne soulignent pas, aussi souvent que nécessaire, ses interventions si souvent bienveillantes.

En échange de cette grâce, j'ai toujours cru qu'une existence d'homme devait se donner pour but d'être utile à ses semblables, et avoir l'amour comme premier guide et conseiller. En écrivant cela, je pense surtout à cette jeunesse nombreuse, si souvent à la recherche d'une raison d'exister, que le sport et le mouvement olympique m'ont permis de côtoyer et, j'espère, de servir. Elle n'a guère d'autre choix que d'apprendre à faire face à l'immensité de nos incertitudes, dans le respect des autres et l'amour. Amour de l'effort et de la lutte, amour de la beauté et de la jeunesse, comme le comprenait Pierre de Coubertin ; amour des êtres, de tout ce qui palpite et vit ; amour du monde, de tant de pays où j'ai voyagé... Pour moi, l'amour vaut incomparablement plus que l'intelligence. Elle ne nous donne que des plaisirs ; il nous comble de grandes peines et d'immenses joies. Il est une source de vie. Sans lui nous éprouvons déjà le froid de la mort. Le plus grand malheur est bien de perdre le goût et la force d'aimer.

Me voilà bien loin, pensera-t-on, des quelques souvenirs que l'on va lire à présent. Peut-être... Mais je voudrais qu'au soir de ma vie je puisse me regarder dans le miroir du temps avec la même sérénité qu'un intendant scrupuleux face à la gestion des biens confiés par une Providence généreuse. Et si ces pages communiquent tant soit peu le goût du bonheur et de l'amour de vivre, alors il n'aura pas été vain de les écrire.

J.B.

CHAPITRE PREMIER

Premiers souvenirs – L'Auberderie – Beauchamps – Brissac – La guerre de 1914 – Ma grand-mère – Le pari des cent louis d'or – Biarritz – L'école des Roches

Mes premiers souvenirs ne remontent guère au-delà de mes six ans, à l'époque de mon grand-oncle Frédéric de Beaumont, frère du général, mon grand-père mort avant ma naissance.

J'ai connu Frédéric, diplomate, à la retraite. Il habitait tantôt sa villa L'Echo à Beaulieu-sur-Mer, tantôt l'Auberderie, sa propriété en bordure de la forêt de Marly-le-Roi.

Je conserve de lui l'image d'un homme courbé par l'âge, un demi haut-de-forme sur la tête, s'appuyant sur une canne dont il menaçait, à la sortie de la messe, sur le parvis de l'église, les gamins qui se moquaient de sa démarche : « Petits garnements, n'oubliez pas que j'ai eu votre âge... Vous n'aurez peut-être jamais le mien ! »

A Marly, sortant subrepticement du lit en chemise, je prenais un vif plaisir à voir, par la fenêtre de ma chambre, devant la maison, les lapins gambader de grand matin dans l'herbe fraîchement coupée. Ils me procuraient la même forme d'excitation que je connus plus tard, à vingt ans, lorsque je surprenais à l'aube, au détour d'un bois, un beau brocard au grainage (1). Sans doute se manifestait déjà en moi un instinct qui survit en l'homme depuis l'âge des cavernes : celui de la chasse...

L'Auberderie me paraissait immense lorsqu'en arrivant de Paris avec ma nurse, je parcourais les allées d'un parc dont je ne connaissais pas les limites. J'héritai par la suite de cet endroit. Mon

1. Au grainage (ou greinage) : en train de brouter de l'herbe. Brocard : chevreuil mâle.

grand-oncle, célibataire endurci, avait épousé sur le tard, à l'âge de soixante-cinq ans, une femme de trente ans ; et au moment de leur mariage, devant notaire, ils s'étaient reconnus chacun, en cas de décès, héritier l'un de l'autre. Ainsi, la fortune du premier à disparaître devait échoir à celui qui restait. Contre toute attente, sa femme mourut à trente-cinq ans. Mais – également contre toute attente – elle avait chez le notaire changé furtivement son testament, léguant tous ses biens à ses neveux. Mon vieil oncle n'ayant plus à sa mort d'autre famille que ses petits-neveux, je devins avec mes sœurs propriétaire de la villa l'Echo, de l'Auberderie, des meubles et de sa fortune immobilière. J'avais six ans, et à mon insu, la Providence veillait déjà... Plus tard, mon père, ne sachant que faire de la villa et des hectares de Marly, les vendit. Les inquiétantes mines d'or et les valeurs étrangères du diplomate furent remplacées par des obligations plus sécurisantes du Chemin de Fer, de fonds russes, ou de rentes sur l'Etat français. Cette fois, la Providence s'était bel et bien endormie : les hectares de Marly vaudraient aujourd'hui une fortune.

En 1911, après Marly, mes souvenirs d'enfance passent par Beauchamps, château sans prétention acheté par mes parents, nanti de fausses tourelles, d'une immense cuisine et d'un large perron depuis lequel la vue s'étendait au loin sur le bocage sarthois. Il faisait bon y vivre. Je m'y retrouve, le temps d'une rêverie. Je revois mon tub, large soucoupe en tôle me servant de baignoire ; l'âne attelé qui nous menait à la messe, mes sœurs et moi ; les dogues, le coker noir Wariag, du nom d'un bateau de guerre russe coulé par les Japonais durant la guerre russo-japonaise. Je revois aussi la haute antenne de TSF plantée au milieu d'un parterre à la française. Mon père, maire de notre village, avait créé peu de temps avant, avec Girardot et Berthenod, la Société de Télégraphie Sans Fil, dont il fut le premier président. Cette société devint plus tard la CSF, et aujourd'hui la Thomson-CSF dont je fus quarante-sept ans administrateur. Depuis Beauchamps, mon père communiquait avec Paris au moyen d'un des tout premiers postes émetteurs.

Toute cette agitation nous laissait, mes sœurs et moi, assez indifférents. Je préférais me retirer dans la bicoque en planches bâtie par mes soins dans les bois proches de la maison. J'aimais m'y retrouver pour jouer aux Indiens avec d'autres enfants ou observer les écureuils. Plus tard, je les tirai avec une carabine découverte au grenier ; j'avais sept ans et j'en cachai soigneusement l'existence, me doutant confusément que si je prenais le risque d'en parler, on me la confisquerait sans aucun doute.

A Beauchamps, j'ai su qu'au même âge mon cœur était déjà capable d'un envahissant amour. Je m'étais épris des yeux bleus « comme l'azur profond de la mer ou des cieux » d'une jeune fille de dix-sept printemps. Elle s'appelait Alix. Je rêvais d'elle. Lorsque j'apprenais sa visite auprès de mes sœurs plus âgées, un véritable tourbillon de plaisir me saisissait. Avec grand soin, je lavais mes mains, ma figure et mes genoux, que les culottes courtes ne protégeaient guère. Je peignais soigneusement mes cheveux en me demandant quel présent lui offrir pour conquérir son cœur.

La belle Alix, aux cheveux blonds et aux mains fines, plus tard ambassadrice de France, aura été mon premier amour, et ses dix-sept ans demeurent toujours pour moi un âge plein de charme.

A Beauchamps, dans le grand salon, j'entends encore ma mère réciter des vers, jouer *l'Habit Vert* devant des amis habitant les environs ou secouer un arbre d'où tombaient des pièces d'or. Je me rappelle aussi l'accident dramatique, un soir de novembre 1911, de nos voisins et amis Antoine de Nicolaÿ et de sa femme : nous quittant après dîner pour regagner leur propriété de Montfort avec leur nouvelle auto, ils furent pulvérisés par un train, au passage à niveau de Connerré, ouvert par un imprudent chauffeur. Dans notre garage se trouvaient aussi des automobiles, la Mors bleue, la Rocher-Schneider rouge et la Léon Bolle. Nous allions avec l'une d'elles faire nos courses à La Ferté-Bernard, la ville la plus proche, distante de sept kilomètres. Lorsqu'un pneumatique crevait, il fallait réparer sur place la roue inamovible, en démontant le pneu pour coller les rustines ou changer la chambre à air. Cela durait souvent plus d'une heure, et l'on se disait dans ces moments-là que la voiture à cheval avait du bon ! Les phares, eux, fonctionnaient à l'acétylène. Il fallait les ouvrir, craquer une allumette devant le bec d'où s'échappait le gaz, et refermer le boîtier. Et après toutes ces manipulations, ils n'éclairaient guère à plus de vingt mètres !

J'aime également rêver à la propriété angevine de mon grand-père Tredern, La Lizière, à Saint-Martin-du-Bois, en Maine-et-Loire. Il est mort, le cher homme, un matin, laissant la maison sans maître, alors que nous étions chez lui. J'avais quinze ans. Ses vestes de chasse m'ont habillé, et ses souliers, malgré les entailles faites pour le protéger de la goutte, m'ont longtemps chaussé. C'est à La Lizière que j'ai tué, avec un calibre vingt lui appartenant, mon premier lapin et ma première poule faisane - sa patte avait été coupée par une faucheuse –, tous les deux avec ma première cartouche. Je revois encore la ferme, ses poulets, ses canards de barbarie nourris et gavés longtemps, dans l'obscurité, pour que leur chair soit meilleure. Mon cœur bat encore, quand je ferme les yeux, au souvenir de cette accueillante demeure où l'on entrait de plain-pied. Les lapins, par centaines, mangeaient les fleurs malgré les grillages de protection. Dans les champs, on trouvait toujours en chassant une compagnie de perdreaux gris ou rouges, et le lièvre n'était pas rare. Au potager, les pêches chaudes de soleil, les poires Williams, les doyennés du comice sur leur espalier, nous régalaient en cachette. Joli Soleil d'Or, un rapide poney d'origine russe attelé à un Pilbox aux silencieuses roues caoutchoutées, nous emmenait tous les dimanches à la messe, au trot sec de ses sabots, au village de Saint-Martin-du-Bois.

En 1914, ce fut au château de Brissac, en Anjou, que la mobilisation générale nous frappa. Je n'avais que dix ans, mais je me rappelle fort bien la consternation de tous les miens. Un drame, dont je ne percevais pas les conséquences, venait de bouleverser mon pays. Mon père, mes oncles, les hommes autour de nous faisaient leurs valises ; les femmes pleuraient.

Ma grand-mère, née Jeanne Say, avait épousé en premières noces le duc de Brissac, dont elle eut un fils, François, et une fille, devenue plus tard princesse Ernest de Ligne. A la mort du duc, elle se remaria avec Christian de Tredern, et eut trois enfants, dont ma mère. C'est ainsi que la guerre nous surprit au château de Brissac, où tous ensemble, jeunes et vieux, nous passions nos vacances.

Le château de Brissac, au pied du village du même nom, mérite que l'on s'y attarde. Cette immense et majestueuse bâtisse, reconstruite plusieurs fois à la suite des guerres de religion et de divers incendies, dominait un parc traversé d'une jolie rivière. L'endroit était magnifique et surprenant, surtout lorsqu'on gravissait quelques marches pour pénétrer dans le vaste hall par la lourde porte cloutée défendant l'entrée ; on s'apercevait alors en examinant la façade que c'était un château neuf à demi construit dans un château vieux à demi détruit. Il n'a pratiquement pas changé d'aspect depuis 1621. Mon cousin Pierre, onzième duc de Brissac, époux de la charmante et intelligente May Schneider, fille du grand industriel du Creusot, a modernisé bien des aspects de cette demeure, et son fils le marquis poursuit son œuvre en donnant un renouveau d'activité au théâtre de notre grand-mère. 1914 n'est pas si loin, mais les conditions de vie étaient alors bien différentes de celles d'aujourd'hui. Il n'y avait pratiquement pas d'automobiles. Le dimanche, nous allions à l'église à pied. Entre voisins, on se rendait visite en voiture à cheval. Il n'y avait bien sûr ni radio ni téléphone. Il n'y avait pas non plus d'eau courante ; le matin, pour la toilette, on apportait dans chaque chambre deux grands brocs, dont l'un contenait de l'eau chaude. Après en avoir versé dans le tub trois ou quatre centimètres à la température voulue, on s'y asseyait en tailleur pour procéder à ses ablutions avec éponge et savon. Cette formalité ne durait guère : la température de la pièce invitait souvent à écourter l'opération. Il n'y avait pas de chauffage central, et pas d'électricité, si bien que le soir, le préposé aux lumières allait de pièce en pièce allumer des lampes à pétrole. En quittant le salon après dîner pour regagner nos chambres, il fallait traverser de longues salles désertes, emprunter des escaliers de pierre, suivre d'obscurs couloirs, avec pour unique éclairage une bougie, ou, si l'on avait de la chance, une lampe Pigeon qui, elle, ne s'éteignait pas au souffle des lourdes portes ouvertes et refermées.

Les soirs de réception, le dîner était éclairé aux bougies, et un orchestre situé dans une loggia au-dessus de la salle jouait sans discontinuer. Il m'arrivait de m'y faufiler en montant un petit escalier dérobé. Soigneusement caché, je pouvais observer à loisir les artistes et admirer l'élégance des invités. C'était grisant.

Malgré la déclaration de la guerre, les journées au château s'écoulaient calmement. Le départ de tous les hommes avait certes laissé un vide, et une lueur de tristesse et d'inquiétude dans le regard des femmes, mais la vie continuait. A notre manière, nous participions de loin, en faisant de la charpie pour les hôpitaux militaires, au soutien de tous ces hommes qui se battaient.

Ma grand-mère, forte personnalité, avait toutes les qualités d'une maîtresse femme. Douée d'une jolie voix, elle chantait en s'accompagnant d'une harpe, dont elle jouait à la perfection, dans un charmant théâtre installé sous les toits avant les événements de 1914, où l'on avait souvent donné des opérettes. La maîtresse femme, en elle, se révélait dans ses affaires, dont elle s'occupait seule. Bien avant la guerre, elle s'était aperçue des difficultés rencontrées auprès d'un certain M. Cromier, directeur général, pour obtenir les comptes justifiant sa gestion des Sucreries Say, dont elle était le plus gros actionnaire. Un jour, excédée de ses réticences, et ayant trouvé un acquéreur pour ses titres, elle vendit sans rien dire la totalité de sa participation. Décision inattendue, mais combien prophétique ! Deux ans plus tard, Say faisait faillite. Elle avait ainsi, en personne avisée, conservé sa fortune. On apprit que Cromier s'était suicidé. Elle ne l'a jamais cru, et, soulignant que personne ne l'avait vu mort, elle prétendait qu'il avait fui à l'étranger et que son cercueil, le jour de l'enterrement, ne contenait que des pierres.

Elle avait aussi de la repartie. On citait ses bons mots. Un après-midi, le duc de Morny, qui venait de tuer un homme en duel, lui dit, voyant qu'on avait renversé quelques gouttes de confiture sur sa robe : « Madame, le sucre tache », faisant allusion à la mésalliance du duc en l'épousant. Elle répondit du tac au tac : « Moins que le sang, Monsieur. »

Cette femme organisée, lorsqu'elle quittait Brissac ou sa propriété de Lisle Briant, belle demeure dominant la Mayenne à côté du Lion d'Angers, habitait 12 place Vendôme. Cet important immeuble allait jusqu'à la rue des Petites-Ecuries. A sa mort, en 1918, après la guerre, il fut vendu pour cinq millions de francs à la Banque Morgan qui l'occupe encore, chiffre qui facilitait le partage puisqu'il y avait cinq enfants. Que vaut aujourd'hui cet immeuble ? Sans doute des millions de dollars. Souvent je repense à son joli jardin d'hiver, à ses plantes et ses fleurs exotiques. Souvent aussi je regrette les promenades avec Turin et Tolède, la paire d'alezans qui au grand trot nous amenaient au Bois de Boulogne après avoir passé la douane à la porte Dauphine et les fortifications aujourd'hui détruites où j'allais jouer.

Nous n'étions pas si loin de l'époque – 1886 – où Jules Grévy et Léopold II, roi des Belges, avaient inauguré la première ligne téléphonique entre Paris et Bruxelles. Ma mère m'a raconté qu'à son tour, deux ans plus tard, elle fit de même pour l'accès du public aux communications entre les deux capitales, en appelant au téléphone sa sœur, la princesse de Ligne.

C'est également à Paris, avant la guerre, que prend place une anecdote qui se grava dans mon imagination enfantine. Un soir de juin 1912, mon père rentra de son cercle, le Jockey Club, manifestant une grande excitation, avec des éclats de voix secoués de rires, et raconta à ma mère un événement assez inattendu qui avait déchaîné des commentaires passionnés et une joyeuse admiration parmi les membres de cette honorable association.

Un jeune et joyeux membre du Jockey avait prétendu qu'entre midi et treize heures, un dimanche, moment de la plus grande affluence de promeneurs au Bois de Boulogne, il remonterait au petit galop l'avenue des Acacias, lieu d'attraction de toutes les élégances parisiennes. « Je serai complètement nu, à cheval, affublé seulement d'un chapeau », ajoutait-il, très décontracté.

Il spécifiait aussi qu'il couvrirait la distance séparant le pavillon d'Armenonville de la Cascade, à côté du champ de courses de Longchamp, sans qu'aucun des nombreux promeneurs (« trop occupés d'eux-mêmes », disait-il) ne remarque la simplicité de son étrange accoutrement. De plus, il garantissait qu'il n'y aurait ni remous ni esclandre.

Il prenait le pari, à égalité avec tous ceux qui se refusaient à le croire, que son entreprise serait couronnée de succès. Le joyeux parieur avait arrêté le montant engagé à cent louis d'or, répartis entre ses opposants ; la liste était affichée au tableau d'annonces mis à la disposition des membres, à l'entrée des salons du Cercle, sis à l'époque au numéro 1 de la rue Scribe.

Avant la guerre de 1914, cent louis étaient une somme relativement importante, si l'on veut bien se rappeler qu'avec un seul louis, soit vingt francs, on déjeunait fort bien à deux ou trois chez Maxim's, rue Royale, le repas comprenant une bouteille de bordeaux rouge millésimé...

En écoutant mon père, j'appris également par quel subterfuge il avait gagné son invraisemblable pari. Il s'était fait peindre sur la peau du torse un dolman à brandebourgs de hussard, bleu ciel, avec des boutons d'argent ; une teinture rouge couvrait ses cuisses, donnant l'illusion d'une culotte de cheval, et un vernis noir sur ses jambes dessinait des bottes. Sur sa tête, en guise de chapeau, un képi de capitaine achevait l'illusion.

Il était arrivé vers midi en fiacre fermé au pavillon d'Armenonville où un cheval l'attendait, tandis que deux membres du Jockey Club, dont mon père, contrôlaient sa tenue.

Profitant d'un moment propice, il avait sauté sur le cheval, et au petit galop, comme le prévoyait son pari, il avait gagné la Cascade où l'attendaient un autre fiacre fermé et deux juges arbitres du Jockey. D'un bond il avait sauté à terre, et pris place dans le fiacre. Là, couvert d'une houppelande militaire, il se mit à rire à pleins poumons devant ses collègues médusés.

En 1915 la guerre faisait rage. C'est à Paris que j'ai vu les premiers avions Taub larguant de leurs cockpits, au-dessus de la ville, leurs bombes encore bien imparfaites. Je me rappelle aussi la célèbre grosse Bertha, dont on ignorait alors l'existence, et qui tirait de cent vingt kilomètres ses obus sur la capitale. L'un d'eux avait frappé l'église Saint-Germain-l'Auxerrois à l'heure de la messe, à la grande stupeur des Parisiens, alors qu'aucun avion n'avait été signalé au-dessus de Paris. Je me souviens d'avoir assisté au départ des taxis remplis de soldats répondant aux ordres de Joffre. Ils allaient permettre, par la victoire de la Marne, de stopper définitivement l'avance allemande vers Paris.

Mes parents estimèrent qu'il valait mieux se mettre à l'abri d'une éventuelle prise de Paris par les Allemands, et nous partîmes en Auvergne, à La Bourboule.

Là, je fis connaissance avec la souffrance. Un abcès à la jambe, né de ce qu'on appelle une ostéomyélite, qui se guérit aujourd'hui en huit jours avec des antibiotiques, nécessita une opération dans des conditions difficiles, défectueuses, dans un hôpital militaire envahi de soldats blessés venus du front. L'abcès débridé, je fus ramené à Paris où je passai au lit six mois ponctués d'interventions chirurgicales répétées. L'anesthésie à l'éther, telle qu'elle était pratiquée à l'époque, me donnait chaque fois l'impression que le monde basculait ; je sombrais inconscient au milieu d'un bruit d'orgues déchaînées, de mitraille ou d'orage, pour me réveiller malade, le cœur chaviré. Le renouvellement des pansements m'arrachait de longs cris de douleur. La chance – si on peut l'appeler une chance – m'a valu d'être soigné par le professeur Tuffier, qui s'occupa paternellement de moi avec beaucoup d'attention et de prévoyance. Il connaissait ma parenté avec Dupuytren, le fameux chirurgien de Louis XVI. Dupuytren était originaire de Pierre-Buffière ; célèbre par la fracture qui porte son nom et la crispation de la main, il a laissé un musée rue de l'Ecole-de-Médecine. Sa fille, Adeline, épousa mon arrière-grand-père Louis, et fit de moi le descendant de cet homme illustre et connu de tout le corps médical.

Pendant dix-huit mois il me fut impossible de marcher. Envoyé à Biarritz pour me refaire une santé, une vieille nurse venue d'Angleterre me soigna. Elle m'emmenait à la plage dans une voiture d'infirme. Je regardais autour de moi les enfants de mon âge s'amuser, rire, sauter dans les vagues, sans pouvoir les suivre. J'avais douze ans. La guerre semblait loin. En Pays basque, je ne me souviens même plus si l'on en parlait. Quant à la plaie de ma jambe, elle tardait à se cicatriser.

Il me reste néanmoins des souvenirs amusants de cette période. Ne pouvant jouer avec les autres enfants en raison de mon infirmité temporaire, les parents me gardaient souvent auprès d'eux. Un après-midi, la jeunesse ayant bâti un fort de sable pour résister à la marée montante, un petit garçon de cinq ans, saisi brusquement d'une irrésistible envie de soulager sa vessie, l'avait sans pudeur tranquillement arrosé. La jeune sœur de mon amie Solange Rasson devait avoir quatre ans. Elle contempla le superbe petit jet sortant de la culotte ouverte, puis vint en courant rejoindre sa mère, et lui dit tout essoufflée :

– Maman, tu as vu le petit garçon avec sa lancette... c'est drôlement pratique ! Tu crois que je pourrais aussi en avoir une ?

Sa mère, pour ne pas la décevoir, répondit :

– Mais oui, ma chérie... si tu es bien sage, tu en auras une...

Et elle ajouta très vite, souriant aux autres mères de famille assises à ses côtés :

– Mais attention, si tu n'es pas sage, tu en auras plusieurs !

Naturellement, je ne compris rien à l'hilarité soudaine qui s'empara du groupe. Ces paroles restèrent cependant si bien incrustées dans ma mémoire que trois ou quatre ans plus tard, je réalisai enfin la portée de la prophétie !

Après Biarritz, il fallut penser aux études. Je revins à Paris et l'on me mit au lycée. J'avais évidemment pris beaucoup de retard et j'avais du mal à suivre les classes, ce qui m'humiliait. Je me trouvai un jour devant une composition écrite, ignorant tout du sujet à traiter. Pour comble de malchance, je n'avais pas de voisin. Je sentis que j'allais rendre une feuille blanche. Cette idée me déplut si fort que je préférai prétexter un violent mal d'entrailles, qui me valut, après examen médical, d'être retiré du lycée pour santé fragile et envoyé à l'école des Roches.

Cette école fut ma chance. Le sport en fut une autre.

Fondée par Edmond Demolins, l'école des Roches pratiquait une pédagogie originale et moderne, inspirée des méthodes britanniques. L'endroit avait enchanté ma mère. Le sport, la vie au grand air, les travaux pratiques l'avaient séduite. La devise, « Bien armé pour la vie », avait plu à mon père. Ah ! les beaux souvenirs que j'en garde ! J'y ai gravi tous les échelons, capitaine de maison, puis capitaine d'école ; je devins capitaine de l'équipe première de football, gagnai en finale la coupe de tennis ; j'étais le plus rapide sur cent mètres et cent dix mètres haies, et champion de fleuret. Je passai mes bacs sans difficulté. La dernière année, en 1918, une vieille moto me permettait de courtes échappées. Grâce à elle, ayant appris l'armistice, je pus me précipiter à Paris, où je vis les imposantes manifestations d'allégresse d'une foule en délire, fêtant la victoire, oubliant ses souffrances et ses quatre millions de morts.

Mes ennuis de santé étaient loin. J'étais heureux. En fin d'année, un bulletin émanant de mon chef de maison avait surpris et peut-être inquiété ma mère. Il disait : « Jean est un caractère passionné. Je souhaite que ses passions le mènent dans le bien comme elles peuvent le conduire dans le mal. » Ce bulletin, je ne l'ai jamais oublié. Il m'a toujours servi d'avertissement.

Ma vie d'école se terminant, je me croyais, selon la devise des Roches, « bien armé pour la vie », et je me portais fort bien. Ma jambe qu'il fallait encore protéger ne m'empêchait pas de courir ni de pratiquer tous les sports. A La Baule, où mes parents allaient tous les ans, je faisais faire à mon père, non sans problèmes, ses débuts de passager sur le porte-bagages de ma moto. Dès mon retour à Paris, je m'inscrivis à l'Ecole des sciences politiques et en faculté de droit.

CHAPITRE II

Une Amilcar contre une pendule – Paris Université Club – Première idylle – Joies de la vie militaire – L'Ecole de Cavalerie de Saumur – Madeleine – Rambouillet

La vie universitaire qui commençait pour moi avait surtout des avantages. Mes camarades et moi avions un immense appétit de la vie et la conviction d'être tous appelés à de brillantes destinées. A l'Ecole des sciences politiques, nous écoutions difficilement les cours d'économie politique de Colson, mais avec enthousiasme ceux de géographie économique d'André Siegfried. Très vite, en deuxième année, j'abandonnai le droit, considérant que les lois et leur énumération ne convenaient guère à mon genre de mémoire.

Grâce à l'héritage de l'oncle Frédéric, je pus à dix-sept ans, en 1921, acheter ma première automobile. Mon père me dit un jour : « Tu vois cette pendule, dans ma chambre ? Elle provient de l'héritage de l'oncle Frédéric. Elle est à toi. »

Très timidement, mais très vite, je posai la question : « Puis-je la vendre pour m'acheter une auto ? – Bien sûr », me répondit mon père. Peu de temps après, la pendule quittait la cheminée paternelle pour le prix de quinze mille francs offert par un antiquaire de la place Beauvau. Je la remplaçai aussitôt par une petite 1200 cm3 Roadstar Amilcar à deux places, noire, au cuir rouge, payée quatorze mille deux cents francs. J'appris rapidement à conduire ce modeste bolide, qui ne dépassait pas le cent cinq kilomètres/heure et qui épatait les amis. Le pont arrière n'avait pas de différentiel et les freins n'actionnaient que les roues arrière, mais je la trouvai formidable. Les copains aussi, et c'est avec elle que je passai mon permis de conduire.

Je logeais chez mes parents. Avec l'héritage de l'oncle diplomate, je disposais d'un revenu mensuel de mille francs. J'étais le plus heureux des hommes. Je subvenais à toutes mes dépenses, essence, cartouches, déplacements, et bien sûr je m'habillai complètement. Les fins de mois étaient parfois difficiles, surtout pendant les vacances et à la saison des chasses, car les cartouches coûtaient déjà cher. Je manquais souvent de mouchoirs, de chaussettes et de bas, que j'empruntais alors à l'armoire paternelle, ce qui faisait dire à mon père que le blanchisseur lui en égarait beaucoup...

On était en 1921. Le dimanche après la messe, quand il faisait beau, nous allions entre amis dans l'avenue du Bois, aujourd'hui avenue Foch, remonter et descendre à pied la partie située entre l'avenue Malakoff (avenue Raymond-Poincaré) et la porte Dauphine. Il était séant, élégant même, de se faire voir, de se reconnaître et de se saluer. Des cavaliers caracolaient sur l'allée cavalière, de jolis attelages allaient et venaient sur l'avenue ; on les regardait se croiser ou se dépasser. La plus admirée, la ravissante Argentina Chita-Fernandez devenue plus tard comtesse de Castellane, belle-fille du célèbre Boni, conduisait deux fougueux poneys, fouet en main, avec à ses côtés un cocher en haut-de-forme et gants blancs. Je me souviens qu'un dimanche de juin une seule et unique automobile, garée le long du trottoir, attira la curiosité des badauds : c'était mon Amilcar noire au cuir rouge.

Pour faire du sport et perpétuer mes habitudes des Roches, je m'inscrivis au Paris Université Club, le PUC, où je jouais avant-centre de l'équipe première de football. En automne, nous sillonnions la France par le train, valise en main, pour jouer un peu partout en province. Après une nuit d'un sommeil léger sur les banquettes de bois d'un compartiment de troisième classe, notre équipe jouait avec l'enthousiasme de notre jeune âge, pour regagner Paris le soir même dans les mêmes conditions. A onze joueurs, plus nos suiveurs, nous partagions chaque week-end les indemnités de voyage allouées par le club invitant. Souvent, nos frais payés, restait un léger bénéfice, que nous supputions bien entendu à l'avance, au profit de nos finances personnelles, et qui n'était possible qu'en raison des conditions très économiques du déplacement. En fin de voyage, Petitjean, un de nos vétérans dirigeants, faisait la répartition.

Mais avant tout l'ambiance était sportive, pleine de joie, de rigolades, d'amitié. Un peu plus tard cette passion du ballon rond m'a conduit à être sélectionné comme international dans l'équipe de France universitaire.

Aux beaux jours, délaissant le ballon pour l'athlétisme, nous trouvions le temps d'aller à la Porte Dorée nous entraîner sur les cendrées. Très rapide sur 60 mètres, pas trop mauvais sur 110 mètres haies, je gagnai dans cette discipline le Critérium de Paris et me retrouvai finaliste des Championnats du monde universitaires en 1923.

En 1922, pendant les vacances d'été, j'allais avec l'Amilcar retrouver mes parents à La Baule, où ma mère louait régulièrement une villa. Seul au volant, à soixante kilomètres de moyenne, je faisais le voyage entre Paris et la côte. Je ne rencontrais guère plus d'une dizaine d'autos dans la journée, mais beaucoup de charrettes et de voitures à cheval. Les routes n'étaient pas encore goudronnées, si bien que la poussière s'infiltrait partout dans le spider découvert.

A La Baule, je connus mes premières émotions amoureuses. Elle avait un an de plus que moi, elle était étudiante en médecine. Je me rappelle bien cette jolie Odette, devenue plus tard une gynécologue active et réputée, dont les alliances et les brillantes amours firent un peu jaser Paris. Nous dansions, elle et moi, le soir au Casino, des tangos et des valses. J'étais à la fois conquis et inquiet : conquis car elle était superbe, inquiet en raison de mon ignorance en matière sentimentale et amoureuse. Nous sortions respirer l'air entre deux danses, choisissant le jardin désert, plein d'ombres, derrière le Casino, pour nous chuchoter le plus discrètement possible ce que nous avions à nous dire. Oh ! chère Odette, si tu lis ces pages, te souviens-tu du jeune homme sentimental, si peu déluré, qui timidement mais avec enthousiasme t'embrassait les mains et les joues, en y ajoutant certaines familiarités auxquelles tu n'étais pas tout à fait insensible ? Tout cela était bien charmant. J'ai gardé de toi un souvenir merveilleux.

1924 fut l'année des Jeux olympiques à Paris. Ayant à vingt ans gagné le championnat de France au tir à la fosse olympique, je fus sélectionné pour faire partie de l'Equipe de France de Tir et défendre nos couleurs. La préparation avait été insuffisante et nos résultats furent médiocres. Je ne savais pas que plus tard, à partir de 1951, le mouvement olympique absorberait une partie de mon existence.

Avril 1925. J'ai vingt et un ans. Mobilisé à Melun dans un régiment d'automitrailleuses, sans doute en raison de mon permis de conduire, je fais connaissance avec l'armée. En écrivant ces lignes, j'ai envie de plaindre les petits malins qui, sous des prétextes plus ou moins fallacieux, esquivent leurs obligations militaires. Ils échappent sans doute à quelques corvées, mais ils perdent une magnifique occasion d'observer sur le vif le comportement des hommes.

Accessoirement, mon court passage à Melun me permit aussi de découvrir les parasites, et leurs virulentes attaques dont jusqu'alors j'ignorais les méfaits ! Si j'appris à conduire avec dextérité des mastodontes d'acier, j'acquis également l'art et la manière de me débarrasser d'une multitude de petits animaux que mon ignorance avait laissé proliférer et user de mon corps comme d'une termitière.

Ayant demandé à suivre les cours d'élève officier de réserve (EOR), je fus rapidement muté à Compiègne dans un régiment de cavalerie. Les natures sensibles qui n'ont pas connu l'odeur suffocante de la chambrée en rentrant de permission, les soirs d'hiver, n'imaginent pas l'effet prodigieux que cela produit sur les papilles nasales... Tout compte fait, on s'y habitue fort bien. En revanche, le frôlement des rats, la nuit, ne vous laisse jamais complètement indifférent. Un matin, au petit jour, quelques minutes avant la trompette du réveil, alors que je rêvais doucement les yeux mi-clos, un liquide tiède m'inonda le visage. Levant le regard vers mon paquetage soigneusement plié au-dessus de ma tête, je vois un rat de la taille d'un chat me considérer d'un petit œil vicieux, satisfait à n'en pas douter d'avoir vidé sa vessie sur un de ces militaires qu'il devait détester. Mon sang ne fit qu'un tour. Saisissant mon ceinturon, je cherchai à lui administrer une correction méritée. Au bruit, toute la chambrée se réveilla. Les ceinturons et les godillots valsèrent dans l'espace, à la poursuite d'une cible qui disparut dans un trou de plancher aussitôt condamné. Je reverrai longtemps le petit œil rond du rat me dévisager d'un regard ironique, heureux du bon tour qu'il venait de me jouer.

Mon premier pourboire, je l'ai reçu dans la cour du quartier. Déambulant vers midi en direction de la cantine en treillis, bourgeron et houseaux, le calot sur la tête, un officier supérieur m'interpelle :

– Cavalier, me dit-il, viens tenir un instant mon cheval.

Je salue et claque des talons en reconnaissant le commandant Malezieux Dehon. Saisissant le cheval par la bride, je le promène tranquillement dans la cour de la caserne. C'est un superbe alezan tondu à l'anglaise en cheval de chasse à courre.

Au retour de son propriétaire, je passe comme il se doit les rênes sur l'encolure pour permettre à son cavalier de monter en selle. L'officier fouille dans sa poche et me tend une pièce de deux francs. « Tu boiras une chopine à ma santé », ajoute-t-il. En passant les pieds dans l'étrier, il me demande mon nom. Je réponds : « Cavalier Jean de Beaumont ». Brusquement il se retourne, paraît étonné. « De Beaumont de la Bonninière ?, questionne-t-il.

– Oui, mon commandant.

– Tu es le fils duquel ? Celui de Foch et de l'Interallié ?

– Oui, mon commandant.

J'ai vu l'instant où, avançant la main, il allait me reprendre mes deux francs, mais ce n'était que pour serrer la mienne et me proposer de monter son cheval.

– Tu montes bien à cheval ?

– Je crois que oui, mon commandant.

– Eh bien, je t'autorise désormais à sortir le mien en forêt.

Je dus faire quelques envieux auprès de La Bédoyère, Spitzer, Laporte, De Marne et autres EOR suivant le même stage d'élève officier. Mais quelles belles balades nous avons faites, Sultan et moi, sur les pistes de sable de la forêt de Compiègne !

Grâce à ces sorties, je découvris une jolie hostellerie cachée dans les bois, où parfois, le dimanche – ou plus souvent le samedi soir – vint me rejoindre l'exquise et adorable Madeleine, mannequin vedette de chez Jean Patou. Pendant le week-end, on ne dormait guère... On avait tant de choses à se dire, et le jeune coq en pâte que j'étais, menant une vie calme, insouciante, et fréquentant par surcroît une cantine bien approvisionnée, débordait de vitalité.

Cependant, six mois passent vite. Finis la chambrée, les bons copains paysans ou les amis ouvriers agricoles. Nous nous séparâmes avec bien des regrets, après un magistral coup de vin blanc puisque j'étais reçu à mes examens d'élève officier. J'allais désormais passer six mois à Saumur avec le grade d'aspirant et l'espoir d'en sortir avec le grade de sous-lieutenant.

Saumur. Pour les étrangers comme pour les Français, ce nom évoque le temple élevé par l'homme à la gloire du cheval. Dans cette petite ville d'Anjou, au bord de la Loire, mes camarades de promotion et moi avons vécu, comme tous ceux qui nous y avaient précédés, des heures inoubliables.

J'avais avec moi Eros, un grand chien de berger tricolore. Il vivait entre la popote, les écuries et ma chambre de quartier. Le dimanche, il me suivait dans mes sorties à cheval, sur les terrains d'obstacles du Breuil, ou m'attendait sagement couché en rond au pied de mon lit. Un dimanche de mai, la jolie Madeleine était venue de Paris pour visiter Saumur. Nous nous étions retrouvés sur le chemin de retour du Breuil. Heureuse de connaître les lieux, elle marchait à pied entre mon cheval et le chien, lorsque nous croisâmes le colonel de Boissieu, qui commandait notre promotion d'élèves officiers, lui-même à cheval. Je saluai. Il nous salue. Et dès le lundi, je recevais l'ordre d'avoir à me présenter d'urgence à son bureau.

– Beaumont, avec qui étiez-vous hier, lorsque nous nous sommes croisés ? Avec quelqu'un de votre famille ?

– Non, mon colonel, avec une amie venue de Paris pour me rendre visite.

– Une demi-mondaine, alors ?

Je fus si étonné que je ne sus que dire. Aussitôt, d'un ton sec, il me congédia. Le soir même, j'appris que je venais de récolter cinq jours d'arrêts de rigueur. Motif : « Avoir manqué à sa dignité professionnelle en étant dans les alentours de l'Ecole avec une demi-mondaine. » J'étais abasourdi et les copains rigolaient. J'interrogeai mon écuyer instructeur, le lieutenant Noiret, du Cadre Noir. Il s'étonna, parla d'un malentendu, m'incita à demander le rapport du général. Mes cinq jours d'arrêt furent levés, mais il fut bien évident qu'à partir de ce jour, je cessai de pouvoir prétendre à sortir Major de ma promotion.

Pauvre Madeleine, si peu responsable ! Elle revint d'autres dimanches. Nous allions alors laisser chanter notre tendresse en marchant avec Eros au bord de la Loire si le temps était beau, ou bien nous prenions prosaïquement le thé à l'hôtel de Saumur, ou des chocolats-crème bien chauds chez le meilleur pâtissier de la ville.

Major de cheval, gagnant du concours de l'Estafette, sorti dans les premiers, je pus choisir, comme je le souhaitais, le 4e Hussard à Rambouillet pour y passer mes six mois de sous-lieutenant.

Une vie nouvelle m'attendait, avec pour collègues un ensemble d'officiers de valeur, dont le lieutenant de Castries, recordman du saut en hauteur à cheval, puis plus tard général à Dien Bien Phu, et aussi Saint-Maur qui se tua, non pas en course, mais fut affreusement décapité la nuit par un charroi d'arbres non éclairé arrêté sur le bord de la grand-route de Paris à Rambouillet. C'est devant les grilles du Quartier du 4e Hussard qu'un matin me salua en se présentant le cavalier Hettier de Boislambert, simple recrue, mobilisé avant de devenir après la guerre gouverneur du Palatinat et grand chancelier de l'Ordre de la Libération.

De Rambouillet, j'allais souvent à Paris. Eros s'était fait écraser, et les soirées de Rambouillet n'étaient pas spécialement gaies. Une amie, jolie duchesse aux cheveux de soie, m'envoyait sa voiture quand la mienne avait besoin de réparations.

En septembre, la saison des chasses avait débuté superbement. Mon père, ne voulant plus chasser, proposait mes services en ses lieu et place à tous ceux qui voulaient bien m'inviter. J'acceptais avec enthousiasme. J'avais déjà une petite réputation, ayant été, comme je l'ai déjà dit, sélectionné pour les Jeux olympiques et champion de France au tir olympique à la fosse.

Quant à la jolie Madeleine, un après-midi que j'étais arrivé chez elle plus tôt que prévu pour l'emmener dîner, je trouvai la porte de son rez-de-chaussée très longue à s'ouvrir, la fenêtre de la cuisine mal refermée, le lit défait, et son sac débordant de billets de mille francs. Tout cela, dit-elle, parce qu'elle se reposait en m'attendant et n'avait pas voulu, encore mal réveillée, m'ouvrir les cheveux en désordre. L'argent ? Elle venait de recevoir ses émoluments et ses primes de fin de mois. Le tout dit d'un ton si merveilleusement innocent qu'il n'était pas possible de penser que par la fenêtre entrouverte de la cuisine, donnant de plain-pied sur la cour intérieure de l'immeuble, quelqu'un aurait pu sortir en toute hâte... Seul un esprit suspicieux aurait pu douter de ses sentiments à l'égard de son jeune sous-lieutenant...

Dix ans plus tard, j'appris que Porges, le grand diamantaire, bel homme de cinquante ans, extrêmement sympathique – et solidement marié – avait dû, un après-midi de septembre, sauter par la fenêtre d'une cuisine pour permettre à Madeleine de recevoir – disait-elle – un tout jeune soupirant qu'elle ne voulait pas peiner en le faisant attendre.

Par la suite, je ne perdis jamais le contact avec Madeleine, sans cependant la revoir. Je pus suivre les étapes de sa vie : propriétaire d'un bar, rue Marignan, avec le boxeur Georges Carpentier ; puis d'un salon de thé, avec une amie. Elle vivait d'une rente octroyée par un protecteur généreux, Pozzo di Borgo. Elle restait, me disait-elle, toujours élégante et belle. Pendant vingt ans, j'ai veillé à ses vacances, qu'elle désirait passer à Andorre, m'assurant qu'elle ne manquait de rien à l'hôtel qu'elle avait elle-même choisi. Elle me proposait souvent, par lettre, de venir la voir dans son petit appartement de Boulogne, le long de la Seine ; elle évoquait la sveltesse de sa taille, et son absence de rides... Très occupé – et aussi peut-être un peu lâche –, je préférai ne plus la revoir et garder d'elle le souvenir d'une jeune et belle femme intelligente, fine, bonne et amusante, de huit ans mon aînée.

Un été, je m'étonnai de n'avoir pas entendu parler d'Andorre. J'allai aux nouvelles... Trop tard. Elle n'avait plus besoin de vacances ni de fidèle amitié, la vie avait fermé ses ailes et un hôpital, sournoisement, l'avait engloutie.

CHAPITRE III

Eugène de Ligne – Bruxelles-Calcutta en automobile – Chez les maharadjahs – Pig-sticking et chasse au crocodile – Lord Irvin, vice-roi des Indes – Gandhi – Voyage vers le Gaurisankar

En septembre 1926, je terminai mon service militaire au 4e Hussard, avec le grade de sous-lieutenant.

J'avais devant moi quelque temps de liberté. Mon cousin belge Eugène de Ligne – de la descendance du célèbre Charles-Joseph qui avait été, au XVIIIe siècle, l'ami de Catherine II et le correspondant de Voltaire – me proposa sur ces entrefaites de me joindre à lui pour nous rendre, par la route, de Bruxelles à Calcutta où l'appelaient ses fonctions d'ambassadeur chargé de mission aux Indes.

L'offre tombait à pic : j'avais de mon côté signé un engagement pour devenir, peu de temps plus tard, assistant sur les plantations des Terres Rouges, en Cochinchine, qui appartenaient à la Financière des Caoutchoucs, société belge contrôlée par la banque Rivaud dont mon père était actionnaire. Ce voyage me rapprocherait de l'Indochine en me permettant, depuis Colombo, de gagner par bateau Saigon où j'étais attendu. Après la grisante expérience de la cavalerie à Saumur, une nouvelle chance s'offrait à moi, celle de voir du pays – une chance qui m'a souvent échu, comme on verra. J'acceptai avec enthousiasme.

Pour cette expédition il était accompagné de Philippine, son épouse, d'un tout jeune ménage, Colette et Henri d'Aasche, et de Suzy Lippens, la fille du ministre belge des Colonies. Il envisageait de rejoindre les Indes avec deux automobiles, l'une belge, de marque Minerva, l'autre américaine, une grosse huit cylindres Packard. A l'époque, une telle randonnée paraissait une gageure et un exploit, étant donné l'état des routes en Europe et le peu de renseignements dont on disposait concernant celles des Indes... Elle correspondait cependant tout à fait à l'esprit aventureux et chevaleresque d'Eugène de Ligne. Il habitait le superbe château historique de Belœil ; il avait la « classe » que donne une ascendance comme la sienne, jointe à une éducation sévère, et l'on se disait en le voyant qu'on avait affaire à un homme de la race des chefs. Spirituel, plein de charme, de gaieté et d'allant, il a courageusement englouti une fortune au Congo belge (Zaïre), dans une plantation de café, au Kiwu. Il se montrait dynamique, intrépide, fastueux, affable et toujours courtois. J'aimais et respectais cet homme, mon aîné. Ce voyage m'a non seulement beaucoup appris, mais aussi laissé des souvenirs chaleureux. Pendant trois mois nous n'avons connu que des heures joyeuses, découvrant des univers nouveaux sans que jamais la fatigue n'altère notre bonne humeur.

J'ai peu de réminiscences de la partie européenne du parcours. Eugène en avait soigneusement préparé les étapes et les points de chute. En Bohême, chez le duc de Beaufort dont le beau château de Petchau avait été jadis le haut lieu des extravagances de Casanova, je me rappelle surtout avoir circulé seul en forêt dans un landau découvert. Un vieux cocher à l'œil encore vif m'indiquait en silence, du bout de son fouet, les lièvres ou les chevreuils immobiles regardant passer cet attelage qu'ils savaient inoffensif. Cette superbe demeure au somptueux perron, à la célèbre bibliothèque, emplie de tableaux de maîtres, est maintenant un musée déserté et sans âme. Enfui le souvenir de Casanova, enfui celui des Beaufort... Hitler, l'annexion des Sudètes, le rideau de fer ont fait basculer dans l'oubli ces seigneurs d'une époque révolue.

En Roumanie, le paysage changea. Pour la première fois je contemplai le « beau Danube bleu ». La Bulgarie de l'époque m'a laissé peu de souvenirs, sinon celui de la maison de chasse du roi où nous passâmes la nuit.

Enfin nous atteignîmes la Turquie. Pour gagner la capitale, il nous fallut traverser le désert turc dont les routes détrempées, rendues glissantes par des pluies torrentielles, donnèrent du fil à retordre aux automobiles engluées dans un limon tellement épais et collant que les roues, bloquées dans les garde-boue, refusaient de tourner. Ce désert nous valut deux nuits blanches. Nous grelottions sur nos sièges dans le vent froid descendant des montagnes, en grignotant pour tout potage de maigres biscuits secs. Avec deux jours de retard, nous apercûmes enfin Constantinople où, dans la lueur du soir, étincelait le dôme de Sainte-Sophie.

Là, nous apprîmes que le seul moyen de gagner le Liban était d'embarquer voitures et passagers sur un cargo en partance pour Beyrouth, les routes d'Asie Mineure n'étant pas carrossables. De Beyrouth, nous traversâmes en auto le désert de Syrie, pour arriver à Bagdad. Cette ville me déçut. Construite en briques jaune pâle, elle ne correspondait en rien malgré sa Mosquée d'or aux visions féeriques des contes persans, avec lampe d'Aladin et temples rutilants. Bien réelle en revanche nous parut la beauté des ruines de Baalbeck, des colonnes de Jupiter et du temple de Bacchus, ou encore, à Homs, des vestiges de la civilisation phénicienne de Palmyre, que nous quittâmes pleins d'admiration après avoir traversé l'Euphrate, non sans problèmes, pour atteindre enfin l'Irak.

L'idée de mon cousin d'un trajet en voiture se révélait, en fait, en partie irréalisable. A Bassorah, il fallut réembarquer les voitures sur un cargo caboteur russe du golfe Persique, qui nous conduisit au port de Karachi, au Pakistan, où le même problème se reposa. Contrairement aux informations que nous avions recueillies, il n'existait pas aux Indes, en 1926, de routes de grande communication. Pour rejoindre Bombay, notre prochaine escale, la seule possibilité était le train.

A Bombay, nous découvrîmes les « tours du silence », vastes constructions en pierre grise remplaçant les cimetières. Les morts y sont déposés. De grands oiseaux, des charognards, viennent les dépecer et font office de fossoyeurs. Nous les vîmes, perchés sur les rebords des tours, se disputer leur nourriture et s'en aller achever leur repas avec des lambeaux de chair humaine pendant de leur bec. Une coutume plus belle est observée à Bénarès, où les morts sont brûlés. Leurs corps sont étendus sur d'imposants bûchers dont les flammes, la nuit, illuminent les temples et leurs marches descendant jusqu'au Gange, rivière sacrée, où les cendres sont dispersées au petit matin.

Après la découverte de ces deux grandes cités commença pour nous la tournée des maharadjahs. Rois incontestés de leurs Etats, ces grands seigneurs percevaient l'impôt, faisaient la loi et géraient biens et territoires au mieux des intérêts de leurs ressortissants, ou parfois à leur seul profit, en magnats tout-puissants. Certains étaient colossalement riches. Aujourd'hui les temps ont changé. Devenus fonctionnaires de l'Etat, ou plus simplement gérants de leurs palais transformés à l'usage des touristes, ils ont perdu toute influence.

Notre première visite fut pour le maharadjah de Kapurtala. Il nous attendait. Nous le connaissions bien. Il était le plus parisien des grands seigneurs des Indes – il vivait en France, à Bagatelle, une bonne partie du temps – et la jolie Brinda était une amie de nous tous. On le disait moins fortuné que les autres ; mais son immense palais de marbre blanc était impressionnant de beauté. Le parc qui l'entourait, gardé par une multitude de serpents cobras, ne pouvait être traversé qu'en voiture et décourageait ainsi les visiteurs indésirables. Nos chambres, avec lit à baldaquin, étaient somptueuses, et l'accueil du maître de maison enchanteur. Le premier soir, dans un ciel sans nuage, un extraordinaire et brillant clair de lune illumina comme en plein jour les alentours du palais.

Cette nuit-là, un garde de nuit enturbanné, habillé de rouge et de bleu, armé comme les lanciers du Bengale, passe et repasse, silhouette silencieuse et infatigable. Son ombre se découpe sur l'imposante terrasse de marbre blanc sur laquelle donnent les larges portes de nos chambres. Il effraye si bien l'une de nos compagnes qu'elle vient au milieu de la nuit, tremblante et furtive, se glisser sous ma moustiquaire pour calmer ses angoisses et trouver le sommeil...

Notre deuxième maharadjah fut celui d'Udaipur, un magnifique vieillard à la barbe chenue. Un soir, il me proposa d'aller tirer une panthère dans les forêts montagneuses des environs. A vingt-deux ans, ce genre de chasse m'était complètement inconnu. J'acceptai avec enthousiasme et passai une longue soirée assis en haut d'un arbre, à écarquiller les yeux pour tâcher de discerner, dans l'obscurité d'une nuit sans lune, une chèvre attachée servant d'appât. La panthère dut rôder autour d'elle, et la chèvre la deviner : elle cherchait à s'échapper de ses liens et me regardait, implorante, sans doute pour me faire comprendre qu'elle aimerait mieux être ailleurs. Finalement le fauve ne l'attaqua pas ; j'en fus presque heureux, car la pauvre bête me faisait pitié et je trouvais le jeu cruel. De plus, j'avais réalisé qu'en tirant la panthère, j'avais toutes les chances de tuer aussi l'appât.

Après Udaipur, toujours par le train, nous fûmes reçus par le maharadjah de Jaipur. « Jat » comme nous l'appelions, était un bel homme sympathique, alors jeune maître d'un grand Etat. Son palais était somptueux et sa ville surnommée « la ville rose » tant elle était colorée. Contrairement à tant d'autres femmes à qui la coutume ne le permettait pas, la maharani, beauté exceptionnelle, au teint mat, venait déjeuner et dîner avec nous, ou nous accompagnait au terrain de polo. Vingt ans plus tard, j'ai eu la grande joie de les recevoir à la chasse, en Alsace. Ils tiraient fort bien l'un comme l'autre.

Bhopal m'a laissé peu de souvenirs, sinon une photo d'Eugène de Ligne avec son trophée, un ours noir, tandis qu'à Mysore il avait tué son premier tigre. J'appris plus tard comment un maharadjah parvenait presque à coup sûr à faire tirer un tigre par ses invités. Il faut d'abord, m'a-t-on dit, en capturer un sans le blesser, ce qui paraît-il est relativement facile avec des pièges bien adaptés. L'animal doit être ensuite endormi au moyen de viande opiacée, puis transporté la veille sur les lieux de la chasse, où on l'empêche, en l'encerclant de feux soigneusement entretenus, de s'éloigner pendant la nuit. Le jour de la chasse, au bruit des rabatteurs, les feux éteints, il passe la ligne des tireurs perchés haut sur de solides affûts. Mal réveillé à cause de la drogue, l'animal s'avance alors doucement et devient une cible aisée pour l'invité de marque.

J'ai bien regretté de n'être pas allé, faute d'invitation, à Bikaner, dont le seigneur avait, disait-on, la plus belle chasse de sandgrouses des Indes. Il fallait à chaque tireur trois fusils, et des gants pour les tenir, tant ils s'échauffaient aux coups répétés, lors du passage de ces innombrables oiseaux venant du désert pour boire aux points d'eau où se rassemblaient les chasseurs. Dès le lever du jour, par vagues successives et pendant près d'une heure, ils viennent et repartent. On les tire sans discontinuer à l'aller comme au retour. J'ai pratiqué le même genre de chasse au Kenya, avec mon ami Courtland Parfet ; à trois, en une heure, nous alignâmes au tableau plus de cinq cents de ces oiseaux.

A Baroda, nous vîmes, non sans surprise, des perroquets manier de petits canons miniatures, et – cette fois dans une complète stupéfaction – un attelage de bœufs blancs caparaçonnés de fil d'or et d'argent remorquant d'authentiques canons en or ! C'est là également, dans le palais du maharadjah, que j'ai bu la liqueur la plus chère du monde, dite « de Venaison » dont une seule bouteille valait entre trois et quatre cents livres sterling. Seuls certains grands seigneurs pouvaient s'en procurer. Pourquoi ce prix exorbitant ? Parce que la recette nécessite de nombreux produits et des années de préparation. Pour la fabriquer, il faut remplir un tonneau de deux cents litres avec de la chair de buffle sauvage, des poulets, des sandgrouses, canards, etc. On complète avec de l'alcool de riz, jusqu'à ce que le tonneau soit plein à ras bord, après quoi on le ferme hermétiquement. L'ensemble doit macérer dix ans ; chaque année, il faut ajouter un peu d'alcool pour conserver le niveau. Et un tonneau, au bout du compte, ne donne guère plus de six à douze litres de liqueur...

J'ai goûté personnellement cet alcool de couleur rose. Il faut une langue bien adaptée pour en apprécier la saveur particulière, sinon on a, comme je l'ai eu moi-même, l'impression de boire « du cadavre »... Pendant mon séjour chez lui, le vieux maharadjah m'avait confié à son petit-fils Pratapsingh. Trente ans plus tard, devenu maharadjah à son tour, il m'apportera comme un cadeau royal cette liqueur de venaison !

En 1926, il avait à peu près mon âge. Grâce à lui, j'ai pu connaître un sport fantastique, très en vogue aux Indes à cette époque, et, me dit-on, encore très apprécié aujourd'hui. Il s'agit du « pig sticking ». Ce sport consiste à poursuivre au galop d'un cheval un sanglier, et à le transpercer au passage au moyen d'une lance. Pour le pratiquer, il faut être un bon cavalier, savoir manier la lance et ne pas craindre les chutes.

Ma découverte du pig-sticking fut une expérience particulièrement excitante. Qu'on imagine deux équipes de cavaliers (Pratapsingh en dirige une, moi l'autre), avec des montures rapides et maniables ; devant chaque groupe est planté un grand mât, portant un fanion aux couleurs du maharadjah. Les deux groupes sont placés à cent mètres l'un de l'autre, face à un bois d'une trentaine d'hectares, aux arbres taillés spécialement à hauteur d'homme. Ce bois très touffu, rempli de buissons et d'arbustes, est séparé d'une grande et impénétrable forêt d'épineux par une large plaine d'environ mille mètres. Tout l'art consiste à attirer dans le bois, par un constant agrainage, des sangliers dont l'habitat est précisément la forêt d'épineux. Le jour de la chasse, ils sont rabattus hors du bois d'arbustes et doivent nécessairement traverser la plaine pour regagner leur forêt. C'est à ce moment qu'il faut les poursuivre au galop pour stopper leur course d'un coup de lance.

Lorsque les cavaliers sont en place, on descend les fanions, indiquant ainsi aux deux cents rabatteurs qu'ils peuvent commencer la traque. Dès l'apparition des sangliers, les couleurs remontent au mât. Les rabatteurs comprennent qu'ils doivent arrêter leur progression. Le moment est alors venu pour les cavaliers, l'un derrière l'autre ou en équipe, de lancer leur monture à la poursuite des animaux, qui, en plein découvert, cherchent à regagner leur forêt le plus rapidement possible. En vue de rendre la poursuite plus sportive, une rivière artificielle coupe la plaine en deux parties.

En fin de matinée, les chevaux étaient en sueur et moi aussi. Je pouvais compter à mon effectif trois beaux sangliers, dont un mâle aux belles défenses. J'avais sauté la rivière plusieurs fois sans difficulté. Les petits sangliers sont les plus difficiles à embrocher du fait de leur agilité. S'ils se prennent dans les pieds des chevaux au galop, la chute est inévitable. D'autres accidents peuvent intervenir. Ainsi ce jour-là, un officier de la garde, au galop d'un cheval emballé, pénétra dans la forêt d'épineux pour en ressortir en sang, douloureusement déchiré. L'incident nécessita de stopper immédiatement la séance.

Avant le retour, au cours du déjeuner pris sous la tente aux couleurs de Baroda, Pratapsingh me fit savoir qu'il voulait encore me faire tirer un crocodile, et m'en remettre la peau. « Pour le tuer, m'expliqua-t-il, et qu'il reste sur place, il faut savoir placer la balle dans le cerveau. Sinon, même mortellement touché, il arrive à rejoindre l'eau, plonge, et coule aussitôt. Il meurt alors sous l'eau et la peau est perdue. »

Notre repas terminé, nous rejoignîmes en voiture à cheval une rivière proche d'un gros village. Sur la berge opposée à celle où nous étions, on pouvait discerner à la jumelle, sur un banc de sable, plusieurs crocodiles couchés dormant au soleil. Je laissai le jeune prince tirer le plus gros avec sa carabine à lunette, l'assurant que j'ignorais – surtout à cent cinquante mètres – où se trouvait le cerveau d'un crocodile.

L'animal foudroyé, agité d'un court tremblement, resta sur place. Avec deux barques, nous gagnâmes le banc de sable pour constater la mort du monstre. L'embarquer fut difficile : son poids, ses écailles rugueuses et glissantes, ne facilitaient pas la tâche. Au village, une population curieuse nous attendait pour examiner notre chargement. Une vieille femme se détacha de la foule, et vint lui donner un vigoureux coup de pied en parlant haut, comme si elle l'injuriait, tandis que l'assemblée s'esclaffait. Pratapsingh, riant à son tour, m'expliqua qu'elle venait de reconnaître celui qui, la semaine passée, avait mangé son mari...

Malgré le fabuleux accueil de Pratapsingh, je ne pouvais plus m'attarder. Je devais rejoindre Delhi pour retrouver Eugène de Ligne, qui lui, avait renoncé aux joies du « pig sticking ».

Après Delhi, ce fut Agra, le Tadj Mahal [1], dont le monde entier connaît la grandiose beauté. Puis nous nous rendîmes à Sikandra pour admirer le magnifique tombeau d'Abkar [2]. Enfin, quelques jours plus tard, nous nous trouvâmes à Calcutta pour passer les fêtes de Noël au palais du vice-roi des Indes, Lord Irvin. Là, dans les jardins, nous attendaient nos logements, une succession de larges et confortables tentes dressées aux abords du palais. Chacune d'elles avait sa chambre, son salon, sa salle de bains. Un personnel en turban assurait le service. L'eau chaude arrivait jusqu'aux baignoires par de larges seaux en toile que portaient deux Hindoues. Nos tentes, peu éloignées l'une de l'autre, permettaient des relations faciles, et des torches au pétrole, comme autant de réverbères, éclairaient les lieux.

Une légère grippe m'empêcha de prendre part au dîner de Noël qu'avait offert le vice-roi en l'honneur d'Eugène de Ligne. Mais le soir même, sous ma tente, mes amis me communiquèrent les dernières nouvelles et le programme qui nous était préparé pour les jours à venir.

Nous passâmes chez le vice-roi Noël et le Nouvel An. Son hospitalité fut parfaite durant ces huit jours. Il était par moments simple et charmant, à d'autres fastueux, toujours inoubliable. En peu de temps, nous avions assisté aux courses dans un magnifique

---

1. Élevé par l'empereur Chah Jakan en 1631 après J.-C., son épouse morte en couches lui avait demandé de ne pas se remarier et de lui bâtir un mausolée qui ferait passer son nom à la postérité. Le monument est entièrement en marbre blanc.

2. Mort en 1695. Empereur mongol. Son règne fut une des périodes les plus importantes de l'histoire culturelle et religieuse des Indes. A fondé sa propre religion.

hippodrome, visité les temples, participé à de grands dîners, rendu visite à certains de nos ambassadeurs. Chaque soir, nous retrouvions avec délice nos tentes confortables, chaudes le jour, fraîches et silencieuses la nuit.

Pour tous ces Anglais, nous étions une sorte d'attraction, et à ce titre particulièrement recherchés. Très vite nous liâmes des connaissances nombreuses et amicales. Le beau lord Sefton, aide de camp du vice-roi, avait, disait-on, une affaire de cœur avec la rahni de Mandi, la plus jolie femme des Indes. On pouvait difficilement voir un plus beau couple. Elle avait un visage de déesse, des mains de sylphide, une allure de reine et des saris éblouissants. Nous l'avions surnommée la panthère noire.

Enfin il y eut au palais ce fameux dîner aux chandelles, aux quatre-vingts convives tous assis à une même et longue table, où servaient vingt maîtres d'hôtel habillés à l'hindou et enturbannés. Au geste de la main d'un majordome anglais en habit, cravate blanche et décorations, les serveurs levaient tous ensemble les plats qu'ils tenaient à bout de bras pour les abaisser ensuite lentement, sur un autre signe, avec un accord parfait. Pour quatre-vingts couverts, il fallait vingt serveurs, chaque plat ne servant qu'à quatre personnes. L'effet était saisissant et fastueux.

Lord Irvin savait qu'il était probablement le dernier vice-roi des Indes, mais il assumait sans faiblir, avec autorité et diplomatie, une tâche aussi passionnante que difficile. Il réussissait à lui conserver un caractère d'apparat et de dignité, dans un contexte où l'on devinait déjà la naissance d'un grand peuple, traversé de courants religieux souvent disparates et parfois contraires. La Seconde Guerre mondiale mit fin à l'hégémonie anglaise et nous ne verrons jamais plus rien de semblable.

C'est au cours de ce séjour qu'Eugène de Ligne me demanda de l'accompagner lors de la visite qu'il allait faire au Mahatma Gandhi, l'apôtre de la non-violence, dans le plus grand secret et l'intimité la plus stricte. Nous trouvâmes le Mahatma accroupi, seul, en train de se raser au moyen d'une simple lame Gillette qu'il tenait délicatement entre deux doigts. J'étais ému, étonné, sidéré, devant la simplicité de l'homme qui, surpris, s'était levé pour nous recevoir. J'ai de lui le souvenir d'un grand calme, d'un regard déterminé, mais d'une santé apparemment fragile. J'avais du mal à réaliser l'importance de cet homme, au vu de la modeste maison et du personnel réduit à deux femmes âgées. Je n'ai pas assisté à la conversation entre Eugène et lui. J'ai su simplement que ce dernier lui avait apporté le respect et les salutations d'un petit pays comme la Belgique, qui savait construire et gérer. Rien de plus.

Après les fêtes du Nouvel An, Eugène voulut admirer la chaîne des montagnes du Gaurisankar, et nous partîmes pour Darjeeling. Un incident comique nous attendait à la gare. Mon cousin, très bon organisateur, avait réservé dans le train de nuit, comme il se devait, six lits couchettes dont deux « doubles » pour les mariés et deux « simples » pour les jeunes, Mlle Lippens et moi-même. En arrivant sur le quai, nous nous aperçûmes que les deux couchettes « simples » avaient été remplacées par une seule « double ». Or, le train étant complet, il n'était pas possible de modifier nos réservations. Il fallait se contenter de trois « double ». Mon cousin, perplexe à la pensée de voir un jeune homme de vingt et un ans partager la cabine d'une jeune fille, suggéra qu'un homme marié – de préférence hors de tout soupçon – passe la nuit près d'elle pour la garder sous sa protection. Dans ces trains de grand luxe aux Indes, il n'y avait pas de couloir le long des cabines, dont chacune cependant possédait lavabo, toilettes et douche. Il fallait attendre un arrêt pour pouvoir passer de l'une à l'autre par l'extérieur.

J'attendis tranquillement pour savoir laquelle des deux femmes mariées serait ma dame de compagnie. J'eus de la chance : ce fut justement ma préférée... Aussitôt les portières fermées et le train en marche, ce fut une explosion de rires et de joie devant cette bonne fortune des plus inattendues. Dans l'obscurité, après le départ du train, elle rejoignit ma couchette pour mieux exercer une surveillance qui ne se relâcha qu'aux premières lueurs de l'aube.

Au petit matin, le « toit du monde » nous apparut, majestueux et grandiose avec ses neiges luisant sous un clair soleil. Le spectacle était surprenant, et je comprends qu'il tente les alpinistes. De Darjeeling, je garde le souvenir d'une sorte d'antichambre du Tibet, avec ses bonzes, ses moulins à prières et ses hommes dont le visage et les traits rappellent l'Asie. De petits chevaux aux poils longs circulaient en ville comme autant de portefaix.

Le temps pressait. A Bénarès, le maharadjah attendait le groupe Ligne. Pour moi, cette ville fut synonyme de séparation. J'allais quitter les compagnons qui m'avaient entouré d'affection et d'attentions. J'étais le plus jeune, et leur gentillesse allait me manquer. J'avais cherché à me rendre utile, j'éprouvais envers eux tous une forme d'amour qu'ils me rendaient. Les quitter m'attristait. Mais je devais me rendre à Ceylan, et le bateau m'attendait à Colombo pour me mener en Indochine. Une page nouvelle allait s'ouvrir.

CHAPITRE IV

Saigon – Les Terres Rouges – Sur les plantations de caoutchouc – La chasse dans les monts d'Annam

En quittant Colombo, je profitai de l'escale à Singapour pour visiter rapidement, par curiosité, les exploitations d'hévéas et d'huile de palme de Malaisie de la « Financière des Caoutchoucs ». Puis, par bateau, je rejoignis l'Indochine, plus précisément la Cochinchine, au sud.

J'avais vingt-deux ans. Je me rappelle le paysage monotone et plat des palétuviers de la rivière de Saigon, remontée lentement par un bateau des Messageries Maritimes, dans une chaleur moite, la chemise collant à la peau. Je me vois encore descendant à terre, depuis le bateau accosté dominant les quais, au milieu d'une foule grouillante et colorée. Pris aussitôt en charge par un Européen, je fus conduit en ville au bureau de la Société des Terres Rouges pour y recevoir mon affectation. Un lourd camion bâché, rempli de caisse, m'attendait devant la porte. Il allait être mon moyen de transport jusqu'à Quanloï, centre administratif des plantations et mon lieu de destination.

Dans la cabine avant ils sont déjà trois : le chauffeur et deux Vietnamiens, un homme et une femme. Il ne me reste plus qu'à grimper sur la plate-forme arrière et à m'asseoir au milieu des marchandises : nombreuses caisses, bidons d'ammoniaque, sacs de riz et de poissons séchés. L'odeur est particulièrement répugnante et me suffoque, mais l'aventure est au bout de la route et me plaît.

Elle contraste singulièrement avec tout ce que je viens de vivre. J'ai dit adieu au palais du vice-roi des Indes, à ceux des maharadjahs avec leurs Rolls et leurs Packard, leurs tapis de perles et leurs canons en or ; je ne reverrai plus les longs et luxueux trains blancs des

Chemins de Fer des Indes. Tout cela est déjà loin. Je vais vers quelque chose que je ne connais pas. J'ai en poche un contrat de vingt ans. Je suis encore tout en bas des marches, mais je compte bien les gravir jusqu'au sommet du podium. Les sacs odorants et les caisses rugueuses sur lesquelles je suis assis pour l'instant ne sont qu'une étape. Mon projet est alors d'acquérir des capacités nouvelles pour devenir le grand spécialiste du caoutchouc dans le groupe de la Financière des Caoutchoucs, dont effectivement, plus tard, je serai président.

Des événements imprévus – la main du hasard, ou celle du sort ? – allaient toutefois modifier ces projets et écourter mon voyage. J'étais encore bien loin de m'en douter.

Deux heures sur une route poussiéreuse, parmi des nuages opaques d'une terre fine et couleur de brique soulevés par le camion, ont transformé mon aspect. En arrivant à destination, j'ai l'air d'un clown, enduit non pas de farine blanche mais d'une épaisse couche de poussière marron, qui couvre entièrement mon visage, mes mains et mes vêtements. Dans cet accoutrement, je fais la connaissance du directeur général Jules Perot, un solide Belge qui ne s'en laisse pas compter. Il n'ignore pas que mon père est administrateur de la Société, mais je saisis très vite à son regard qu'il me considère comme un fils à papa et un benêt pour avoir laissé les deux jeunes Vietnamiens assis bien tranquillement à côté du chauffeur dans une cabine fermée, à l'abri de la poussière et des odeurs, au lieu de prendre leur place d'autorité.

Perot m'affecta à la division de Soctrao : deux cent cinquante hectares, deux cents coolies, tous des engagés volontaires tonkinois, venant du nord de l'Indochine, d'où l'abondance de main-d'œuvre sans travail les avait contraints de partir. Deux d'entre eux furent affectés à mon service. Ils arrivaient tout droit de leur région au nord de Hanoi. Ni l'un ni l'autre ne parlaient un mot de français, et ils n'avaient jamais été ni boy ni cuisinier. Je me rendis compte rapidement qu'ils étaient pleins de bonne volonté, de soins et d'attentions, mais ne savaient absolument rien faire, hormis cuire le riz, ce qui était déjà important. Mélangé avec de la sauce tomate, de la confiture, du beurre salé, des sardines à l'huile, des boîtes de singe, le riz devint mon alimentation de tous les jours, absolument parfaite.

Ma maison en planches, bâtie sur une hauteur et fichée sur pilotis de ciment, était large, aérée, confortable. De ma fenêtre, une forêt de bambous s'étendait à perte de vue jusqu'aux limites de l'horizon.

Peu à peu les choses prirent leur place. En ma qualité de nouvel assistant, un directeur m'indiqua le travail et sa répartition. L'appel de la main-d'œuvre se faisait au village, devant une simple case appelée bureau, tous les matins vers cinq heures, avant le lever du soleil. Dorénavant j'y serai quotidiennement, distribuant à tout le monde, avant le départ au travail, des comprimés de quinine contre le paludisme. Puis l'organisation de la journée se poursuivait avec les conducteurs de travaux, qui, plus anciens et montés en grade, connaissaient quelques mots de français. Auprès d'eux j'appris les principaux mots usuels de « quocgnu [1] » nécessaires pour me faire comprendre. Pour circuler, la direction avait mis à ma disposition une légère charrette à deux roues attelée de deux bœufs trotteurs. A dix kilomètres se trouvaient mes plus proches voisins, deux assistants comme moi, Robert Mathé-Dumaine et Guy Dutertre, qui allaient devenir mes amis. (Le second fut tué par les Viets en 1956.) Pour me rendre chez eux avec mon attelage, il fallait, avec les côtes, aller et retour, compter près de deux heures – à la condition de ne pas rencontrer un tigre couché au travers du chemin, comme cela arriva un soir à Guy Dutertre, qui, lui, venait me rendre visite en auto.

Au bout de quelques mois, je savais conduire seul mes travaux. Je connaissais la saignée des arbres et l'extension de nouvelles surfaces. Des nouvelles de France me parvenaient régulièrement, des amis m'écrivaient et me réclamaient. Mon amie Paule de Rivaud, dont j'ignorais encore le rôle qu'elle allait jouer dans ma vie, m'écrivit elle aussi, pour me demander la date de mon retour. Quant à moi, j'apportais à mon travail le maximum de conscience professionnelle et de soin, mais je commençais à soupçonner que le métier de planteur tel que je le pratiquais n'était sans doute pas adapté à mon tempérament ni à mes goûts ; j'avais l'impression d'être sous-employé par rapport à mes capacités. Je n'avais plus envie de rester.

C'est alors que se produisit l'inattendu auquel j'ai fait allusion, et qui allait mettre fin à mes activités. Un regrettable accident

1. Langue vietnamienne.

mortel suivi d'une grève, installa brutalement la mésentente entre la direction et moi. Ce fut ensuite mon ami Dick de la Rozière, assistant de plantation lui aussi, venu en Indochine sur un coup de tête parce qu'il se croyait ruiné pour avoir spéculé en bourse sur le titre Citroën, qui m'annonça son intention de retourner en France. Les actions avaient brutalement et considérablement repris de la valeur et, vendues, laissaient un beau bénéfice. Il me proposa de profiter des fêtes du Têt – le Nouvel An chinois – pour aller à la chasse ensemble avant qu'il ne s'embarque pour la France. La tentation était forte. La coïncidence de ces événements emporta ma décision et je démissionnai.

Quittant les plantations, nous revînmes à Saigon, le temps d'ajouter à la petite Fiat à deux places de Dick des armes prêtées et quelques boîtes de conserve pour agrémenter le riz qu'on achèterait sur place dans les villages ; et nous partîmes sur la route Mandarine, vers la plaine des Joncs et les contreforts des monts de l'Annam, régions spécialement indiquées pour la chasse aux grand animaux.

Juste avant Phantiet, des laissées d'éléphants sur la route nous indiquèrent leur présence dans la région. Au premier village, on nous confirma la présence, dans les contreforts des collines, d'éléphants, de buffles, de cervidés, de tigres et de gaurs – bovidés de deux mètres dix au garrot dont un trophée se trouve dans ma maison d'Alsace. Bref, une panoplie complète de possibilités à l'usage des néophytes que nous étions. Pour chasser, il nous fallait des pisteurs. Deux hommes se proposèrent. Un petit cheval et quatre villageois complétèrent notre équipe. L'auto fut confiée au chef du village.

L'équipée dura deux semaines. Nous dormions à la belle étoile, sur des nattes à même le sol, avec une bonne moustiquaire soutenue par quatre piquets. Nous fîmes connaissance avec les fourmis rouges, les éléphants, les tigres, les gaurs, les cervidés. Dans le décor admirable des collines et montagnes que nous traversions, nous observions de loin à la lorgnette – et aussi parfois de tout près – de grands troupeaux, variant de quinze à cent têtes, d'éléphants en transhumance. Les voir passer à flanc de coteau, ou le long des falaises à pic par des sentiers de chèvres, est un spectacle surprenant, avec les petits accrochés par la trompe à la queue de leur mère –

témoignage attendrissant, parmi tant d'autres, de l'intelligence de ces grands pachydermes.

Hélas, quinze jours sont vite passés ! J'avais tiré mon premier éléphant à cinq mètres de moi, et tué mon premier gaur, mais raté de nuit mon premier tigre, bête superbe dont je n'ai vu que les yeux et la largeur de son empreinte à même le sable de la forêt. Avec La Rozière, charmant camarade, je vécus durant ces jours dans la liberté des mouvements au grand air, en contact avec la nature et parfois le danger. Lors de l'épisode du gaur, tout avait vibré en moi. Abandonnant mes chaussures trop bruyantes - elles crissaient –, j'avais dû courir en chaussettes après lui pour l'empêcher de s'enfuir blessé. Après quelques minutes de course éperdue, lui envoyant plusieurs balles pour l'arrêter, je pus m'approcher à quatre mètres et, au moment où, m'apercevant, il se retournait pour charger, je mis fin à toute velléité d'attaque d'une dernière balle dans la tête. La chance avait voulu que cette dernière balle fût la bonne ; heureusement, car, regardant ensuite mon arme, je me suis aperçu qu'elle était vide. J'avais tiré la dernière cartouche... Que se serait-il passé si elle n'avait pas été là ?

J'avais commis une imprudence à ne pas renouveler.

J'aurais pu aussi, en raison de mes faibles connaissances cynégétiques de l'époque et mon ignorance des mœurs des grands animaux, me faire écharper, un après-midi, par une grosse femelle éléphant.

Ce jour-là, suivi d'un pisteur, je marchais à l'heure de la grosse chaleur, avec précaution, dans la grisaille d'une épaisse forêt, sur les traces toutes fraîches d'un de ces grands pachydermes avec l'intention de tirer un beau mâle.

Soudain, j'aperçus une petite ombre, de la teinte du sous-bois, remuer à quelques mètres de moi... On aurait dit un âne. En réalité, j'ai réalisé très vite qu'il s'agissait d'un éléphanteau se glissant par peur sous le ventre de sa mère. Avec stupéfaction je vis alors brutalement la forêt s'entrouvrir, pour me trouver en face d'une énorme bête dont je ne soupçonnais pas la présence. Elle se mit à souffler vigoureusement, la trompe levée, pour défendre par instinct maternel sa progéniture contre l'incursion d'un intrus.

Devant cette apparition inattendue, j'ai, avec l'agilité de mes vingt-trois ans, pris la fuite et, par une chance difficile à expliquer, me suis retrouvé sans très bien savoir comment, derrière deux arbres ni solides ni très gros, avec ma carabine prête à répondre à toute éventualité.

Me trouvant à bon vent, la mère inquiète mais sans doute d'humeur pacifique, renonça à me poursuivre, considérant sa bruyante manifestation comme probablement suffisante pour éloigner de son petit un quelconque danger.

Ce jour-là, je n'avais pas eu le temps d'avoir peur... Mais aujourd'hui, en revivant cette situation, une certaine angoisse m'étreint. Si j'avais, pour me protéger, tiré de face à cinq ou six mètres cette montagne de chair, avec ma mauvaise carabine Mauser de neuf millimètres, je l'aurais seulement blessée, j'aurais très certainement déchaîné sa colère et surtout, dans l'incapacité de stopper son attaque, due à l'insuffisance de mon arme, je me serais alors sûrement retrouvé aplati à même le sol... dans l'impossibilité d'écrire aujourd'hui l'histoire de l'éléphanteau qui ressemblait à un âne.

La superbe virée s'acheva. A nouveau il fallut songer aux choses sérieuses et regagner Saigon d'où, par télégramme, je précisai la date de mon arrivée en France.

Mon retour réjouit ma mère, ma famille et mes amis. Paule, quant à elle, tint à m'apprendre à la cantonade qu'elle avait repoussé la demande en mariage d'un duc.

CHAPITRE V

Mes débuts dans la banque – La famille de Rivaud – Un grand mariage en 1928 – Mon père et le Cercle Interallié

La satisfaction causée par mon retour en France n'empêchait pas qu'il me fallût, d'urgence, trouver une nouvelle situation. Mon père, un des premiers et plus importants souscripteurs du capital de la Banque Rivaud, dont Olivier de Rivaud, son ami de longue date, était le fondateur, me suggéra de tenter ma chance dans cette voie. Olivier, par ailleurs, me le proposait, et ce fut comme teneur de carnets dans ce qu'on appelait « la coulisse », que je fis mes débuts dans la finance. Epoque amusante, où le syndicat des banquiers en valeurs tenait ses activités au grand air, hiver comme été, sous les colonnes du temple de Brongniart. C'est là que désormais j'exécutais pour la clientèle de la maison Rivaud les ordres de vente ou d'achat de titres.

Ce fut pour moi, très vite, une période faste. Je gagnais bien ma vie, j'avais vingt-trois ans et pensais plus à courir les jupons ou à sortir le soir qu'à lire les journaux financiers – que je lisais tout de même, métier oblige. J'aimais aussi aller à la chasse, quand c'était l'époque, et surtout me rendre aux sports d'hiver avec Olivier et Nicole de Rivaud. En leur compagnie, j'étais toujours pleinement heureux. Olivier apportait une joie permanente, beaucoup d'intelligence et le génie du bon sens. Ils n'avaient tous deux qu'une fille unique et j'étais quasiment devenu leur fils adoptif, ce qui me convenait fort bien. En 1927, je passai mes vacances auprès d'eux, à Hendaye, entouré de leurs amis et de leur fille Paule, dont j'ai déjà parlé.

Je l'avais rencontrée pour la première fois à Saint-Lunaire,

1. Celui qui exécute en bourse les ordres de la clientèle.

lorsqu'elle avait quatre ans. En ce temps-là, nos deux familles participaient parfois sur la plage à des concours de forts de sable que la mer dévorait à la marée montante. L'équipe Rivaud-Beaumont, composée de mon père, de ma mère, d'Olivier de Rivaud, de Paule et de moi-même, avait un jour été disqualifiée, bien que le fort eût résisté le dernier à la poussée des vagues, pour avoir, sur l'initiative judicieuse d'Olivier, bourré de sable des sacs achetés le matin même, et ainsi laissé flotter au vent le drapeau d'une construction devenue insensible aux assauts répétés de la mer. J'avais neuf ans, et Olivier de Rivaud m'avait paru décidément génial, d'autant plus génial que pour compenser notre déception d'être disqualifiés, il nous avait acheté et distribué lui-même des cadeaux beaucoup plus beaux que ceux auxquels nous aurions pu prétendre si nous avions gagné le premier prix.

Douze ans plus tard, dans leur villa de Hendaye baptisée « La Raffinière » en souvenir de leur maison de famille en Poitou, nous ne construisions plus de forts de sable, mais le tennis, les bains devant le Casino, les pique-nique dans les Pyrénées, les parties de deck tennis et de volley-ball où l'on se disputait en trichant joyeusement, donnaient aux vacances la même saveur de fête perpétuelle et d'amitié. Et puis il y avait Paule, devenue une jeune fille de dix-sept ans, fine et jolie. On la disait intelligente mais d'un caractère passionné. Avec moi, elle était attentionnée, amusante, gaie et romantique. Jusqu'au jour où une imprévisible (ou tendre ?) altercation fit quelques remous dans la villa.

Arrivé un matin le dernier à table pour déjeuner, j'expliquai mon retard par la rencontre sur la plage de bien jolies filles espagnoles, moulées dans leurs costumes de bain mouillés. Bien sûr, mon récit fit naître d'ironiques questions. Alors, sans rien dire, Paule, au milieu des rires et des plaisanteries, se leva. Je n'y prêtai pas attention, mais passant derrière ma chaise, elle me donna de ses deux mains deux retentissantes claques dans chaque oreille, de quoi faire éclater mes tympans. D'abord abasourdi, mon sang très vite ne fait qu'un tour. Je la prends par le bras, d'un geste excluant toute réplique, la charge malgré ses contorsions sur mes épaules et, pendant qu'en s'accrochant elle renverse et brise une grosse potiche de terre cuite pleine de géraniums, je la monte dans sa chambre, la dépose sans ménagement sur son lit et sans un mot, prenant la clé sur la porte, je l'enferme.

Je remarque en redescendant que les conversations se sont arrêtées. Je reprends le déjeuner où je l'ai laissé, me tâtant à tour de rôle les tympans d'un doigt discret mais significatif. Personne ne dit mot de l'incident. Vers le soir, sa mère me demande la clé, demeurée dans ma poche, pour aller voir sa fille. Avec un très gentil sourire, je refuse en précisant que vingt-quatre heures dans le calme, à boire l'eau du robinet, la feront réfléchir sur l'inutilité évidente de faire du mal sans raison. Ce ne fut qu'après le déjeuner du lendemain qu'incidemment, sans un mot, j'allai lui ouvrir la porte. L'événement n'affecta pas la bonne humeur générale, mais, au contraire, la stimula dans la course à qui trouverait une potiche de remplacement.

Au milieu de juillet 1927, l'Angleterre dévalua la livre sterling. Heureusement, la banque Rivaud n'était pas en position de change acheteur et l'événement n'impliqua pas de pertes pour elle. Mais l'alerte avait été vive. Signe des temps, la couronne d'Angleterre pour la première fois se permettait de toucher à sa monnaie... Sur ces entrefaites, Olivier me demanda d'aller à Paris, d'où je ramenai d'après ses instructions une Oldsmobile, non sans avoir passé commande d'une grande vedette à moteur Despujol qui, avant la fin de notre séjour, fut mise à l'eau dans la Bidassoa.

Après de si longues vacances, le contact journalier entre nous tous et spécialement avec Olivier de Rivaud – que désormais j'appelais sur sa demande par son prénom – avait développé une forme agréable de vie en commun. Et puis, contre toute attente, ne voulant surtout jusqu'ici convoler en aucun cas, je réalisai brusquement que j'étais amoureux de Paule... Pas de celle qui était difficile, mais de celle qui était jolie, intelligente et parfois tendre. Depuis ce jour, mon amour ne lui a plus jamais fait défaut. Il m'arrive bien de lui dire qu'avec elle, en vérité, je fais « mon purgatoire sur la terre » ; elle en rit, mais à chaque anniversaire de notre mariage, nous savons l'un et l'autre que s'il était à refaire, nous le referions dans le même élan, la même joie d'un bonheur que nous pourrions souhaiter à beaucoup. Elle a sa personnalité. J'ai la mienne. Elle a ses goûts. J'ai les miens. Ses amis sont toujours de qualité. Eric Ollivier, l'écrivain, dira très justement : « Vous êtes deux capitaines. » Seule pourra nous désunir, Paule le sait fort bien, moi aussi, l'échéance fatidique qui mettra fin aux battements de nos cœurs.

Notre mariage fut décidé à Hendaye, en commun, à l'ombre d'une tente de plage, face à la Bidassoa. Il eut lieu au mois de mai suivant. Quelques mois à attendre pour nous donner, si nécessaire, le temps de changer d'avis... Il fut célébré en l'église de La Celle-Saint-Cloud, le 15 mai 1928. Une réception suivit, à la Châtaigneraie, propriété des Rivaud, une grande demeure en brique et pierre genre Viollet-le-Duc, attenante au bois de Saint-Cucufa avec une vue splendide sur la Seine et Saint-Germain. « Tu as bien meilleur goût qu'elle ! », me dit en s'esclaffant mon cousin Roland de Brissac. Ce jour-là, j'eus l'impression agréable de deux familles harmonieuses, parfaitement satisfaites de cette issue souhaitée par elles. Nos noms, Rivaud de la Raffinière et La Bonninière de Beaumont, déjà mis côte à côte sous l'Arc de Triomphe parmi les généraux de l'Empire, se retrouvaient cette fois sur les registres de l'état civil. Ils défrayaient la chronique et donnaient lieu à de nombreux articles de presse. Un film Pathé de notre mariage passa aux actualités, pendant une semaine, dans toutes les salles de cinéma de France. Ce fut sans conteste un événement très parisien.

On pouvait le comprendre : les quatre frères Rivaud avaient beaucoup fait parler d'eux. Ils avaient pris au Groupe hollandais Bunge, avec un Belge, Adrien Hallet, le contrôle de la Société Financière des Caoutchoucs, holding à multiples ramifications. Les quatre frères, et surtout Olivier, avaient chacun dans son axe, poursuivi et étendu leurs activités, développant la culture de l'hévéa et de l'elæis (palme à huile) partout en Extrême-Orient où les cultures réussissaient. L'Indochine, les Etats malais, l'Indonésie avaient été pour eux des terrains de prédilection et de prospection pour créer et gérer des plantations ; plus tard, ils s'engagèrent en Afrique. Profitant du « boum » fantastique sur le caoutchouc dû à l'application du « Plan Stevenson » de restriction de production, ils avaient été à même de revendre à des prix records ce qu'ils avaient acquis dix ans plus tôt au plus bas, réalisant ainsi, disait-on, une fortune considérable.

Maurice de Rivaud, le frère aîné, qui, autant que ses trois frères, tous propriétaires aux couleurs gagnantes et connues, aimait les chevaux et les courses, avait acheté aux enchères de Deauville la pouliche « Ukrania » pour la somme, fabuleuse à l'époque, d'un million de francs, événement sans précédent dans les annales du turf, et mentionné par toute la presse sportive comme une acquisition sensationnelle. Elle était d'ailleurs pleinement justifiée puisque Ukrania, quelques années plus tard, gagna le Prix de Diane.

Grâce à l'absence de restrictions sur les changes, les Rivaud avaient avec leur tempérament entreprenant et créateur su prendre bien des risques, et donné à l'économie française une nouvelle source de richesses. Ils avaient certes servi leurs intérêts, mais aussi réussi à décupler les potentiels de production des sociétés qu'ils animaient. Le phénomène financier et bancaire, ajouté à leurs succès sur les champs de courses – et à diverses jalousies – avaient fait d'eux des personnalités qui défrayaient quotidiennement la grande presse et les journaux hippiques.

De mon père, on parlait aussi. En dehors de ses activités comme créateur et président de la société de Télégraphie Sans Fil (T.S.F.), il demeurait pour beaucoup l'homme qui dès 1915, en plein conflit mondial, avait fondé le Cercle Interallié. Officier à l'état-major du Haut Commandement de Paris, il s'était très vite aperçu, dès l'intervention des troupes américaines et britanniques, que la capitale était dépourvue de moyens pour recevoir les officiers des armées alliées. Revenant du front, ils ne savaient ni où se retrouver ni comment profiter des possibilités de leur permission à Paris pour se reposer, se détendre, s'amuser, trouver des relations amicales et un table bien garnie, les quelques rares centres militaires mis à leur disposition ne pouvant ni convenir ni suffire.

Le Cercle, ouvert à toutes les nationalités combattant l'Allemagne, s'installa dans l'hôtel particulier où il se trouve toujours, 33 rue du Faubourg Saint-Honoré. Cette demeure appartenait à l'époque au baron Henri de Rothschild. Celui-ci avait mis le rez-de-chaussée et son jardin à la disposition des officiers, lui-même s'étant réservé les étages supérieurs où il continuait de vivre, avant de s'installer plus tard à La Muette, à l'orée du Bois de Boulogne.

Le premier Comité du Cercle fut ainsi composé : Présidents d'honneur : maréchal Joffre, maréchal Foch, maréchal Pétain ; Comité directeur : vice-amiral Fournier, président ; comte de Beaumont, comte de Bryas, André Citroën, comte de Fels, vice-présidents. L'entreprise connut très vite un succès sans précédent. Les hostilités ayant cessé, le Cercle, sur sa lancée et l'habileté de mon père, s'ouvrit aux civils désireux de prolonger dans la paix le rapprochement des hommes venus des horizons les plus divers. J'en assume maintenant à mon tour la présidence.

Mon père y avait consacré tout son temps, en partie sa fortune, et toutes ses énergies. A sa table et à celle du Comité du Cercle, se pressaient les plus hautes sommités françaises et étrangères. A ce Cercle, à dix-huit ans, encore étudiant, j'avais parfois sur invitation de mon père, la possibilité de déjeuner entre lui et le maréchal Foch dont j'admirais l'extraordinaire génie du bon sens. Foch parlait peu, mais ce qu'il disait me frappait toujours. Je n'étais pas évidemment le seul de cet avis, mais la qualité de son intelligence était pour moi prodigieuse.

Avec eux, bien avant mon mariage, j'ai le souvenir d'un amusant déjeuner où le quatrième personnage était Yvonne Printemps. Elle jouait alors au théâtre Sarah-Bernhardt avec Sacha Guitry. A table, souriante, elle s'était adressée à moi plusieurs fois tandis que mon père et Foch parlaient, et naturellement elle avait complètement séduit le jeune homme timide que j'étais. M'ayant demandé si j'aimais le théâtre, elle m'avait proposé de venir la voir dans sa loge. « J'y suis seule, disait-elle, le soir entre neuf heures quinze et dix heures quinze, tous les jours. » Elle jouait avec Sacha une pièce où il restait seul en scène plus d'une heure, et mettait ce moment à profit pour recevoir des visites sans qu'il risque de faire irruption. « Passez par l'entrée des artistes, ajouta-t-elle. Demandez à la concierge de vous ouvrir en lui disant que vous venez me voir. » Chère, rayonnante, captivante madame Printemps ! Vous êtes la première femme à qui j'ai envoyé des fleurs... mais lorsque, à l'entrée des artistes, un soir, je me présentai, sûrement un peu gauche, une concierge à mine rébarbative me mit proprement à la porte. Je n'ai jamais revu Yvonne Printemps. Mais vingt-trois ans plus tard, j'ai reçu d'elle une lettre me remerciant d'avoir procuré une couverture à Pierre Fresnay, son mari, alors qu'il était comme moi en prison à la Conciergerie, lors de la Libération de Paris.

Le temps du mariage était passé. De retour de voyage de noces, au Provençal, à Juan-les-Pins, nous fûmes reçus par Florence Gould dans sa villa du bord de mer, avec dans la chambre au-dessus de la nôtre un ménage dont les ébats ou les disputes nous réveillaient. Paule et moi goûtions la joie d'être ensemble et heureux. A Paris, mariés sous le régime de la communauté des biens réduits aux acquêts, nous n'avions pas encore de domicile. Olivier de Rivaud avait donné à sa fille la moitié du 6 Villa Molitor, et j'avais acquis l'autre, mais la villa n'était pas prête à nous recevoir. En attendant, nous habitions avec mes beaux-parents la maison de La Celle-Saint-Cloud où nous nous étions mariés. Le climat familial n'avait pas changé. J'étais simplement, de fils d'adoption, devenu le gendre, et ils avaient l'impression de n'avoir pas perdu leur fille unique.

Je savais que ma situation au bureau allait changer. Je n'étais plus un ami employé, mais un membre de la famille du patron. Je devais, par mon comportement et mon travail, faire honneur à cette nouvelle situation, et ne savais pas très bien encore comment m'y prendre pour être utile. J'avais vingt-quatre ans, et un intense désir de réussir par moi-même avec des responsabilités en conséquence.

CHAPITRE VI

Apprentissage de la finance – Diebolsheim – La Villa Madama – Italo Balbo et l'aviation italienne – Hitler veut rencontrer Flandin

1929 à 1936 furent certainement, pour Paule et moi, les plus belles années de notre vie. Nous menions une existence des plus enviables. Nous étions le jeune ménage à la mode invité à toutes les réceptions importantes de la capitale, partout où se comptaient les plus marquantes personnalités et où l'élégance ne faisait jamais défaut. Nous dînions, les hommes le plus souvent en habit et cravate blanche, les femmes en robe du soir.

A la banque, rue Notre-Dame-des-Victoires, mes fonctions professionnelles n'étaient pas clairement définies. Je travaillais auprès d'Olivier de Rivaud, dont je voulais être un peu le secrétaire, un peu le fils, cn tout cas un jeune compagnon plein de bonne humeur, désireux d'apprendre grâce à lui le maniement des affaires et leur gestion. Je le revois, un après-midi, assis au même bureau que j'occupe actuellement à la banque, lisant les cours pratiqués à la Bourse de New York, et me disant : « Je vais t'apprendre à travailler. » C'était en 1929, époque où les valeurs en hausse avaient atteint à Wall Street des plus-values records. « Tu vois, on liquide », me déclara-t-il en me donnant à faire partir un télégramme adressé à ses correspondants aux Etats-Unis, dans lequel il donnait des instructions pour vendre la totalité de ses titres. Ils furent négociés dès le lendemain au plus haut cours de la bourse américaine... et quelques mois plus tard, c'était le krach de Wall Street. En une journée, des brookers faisaient faillite, entraînés par la ruine de leurs clients, incapables de régler leurs pertes face à la chute vertigineuse et brutale des cours des titres acquis le plus souvent en spéculation. A la hausse démesurée succédait une panique à la baisse de tout un monde en effervescence, qui faisait craquer les verrous de sûreté de l'économie américaine et trembler ses banquiers. C'était l'époque où Pierre Lyautey, conférencier de talent, faisait sans le vouloir crouler de rire un de ses auditoires en expliquant : « L'Américain moyen penché sur ses bourses, contemple chaque jour avec inquiétude la perte de ses moyens. » Curieusement, dans ce pays où la Bible est sur toutes les tables, on avait oublié la prophétie des vaches maigres et des vaches grasses. Mon beau-père, élevé chez les jésuites, avait sans doute, en homme intelligent, retenu l'essentiel de cette honorable lecture en vendant au bon moment ses vaches grasses !

Quarante ans plus tard, j'ai été le témoin d'une autre étonnante situation, cette fois-là de vaches maigres devenues grasses. Un de mes amis me confia un soir de chasse qu'il venait de procéder à l'achat de douze tonnes d'or à 36$ US l'once, parce qu'il croyait fermement à une rapide hausse du métal jaune. Effectivement, quelques mois plus tard, faisant suite à son achat, l'once était passée de 36$ à plus de 700$. Au moment où j'écris ces lignes, elle vaut 360$ US. J'ai refait un rapide calcul en sachant que le prix d'achat des douze tonnes devait avoisiner quatorze millions de dollars. En supposant qu'il n'ait pas revendu sa participation à des cours supérieurs, elle vaudrait au cours du jour cent trente-neuf millions de dollars. Je me suis toujours demandé s'il avait revendu ses tonnes et à quel prix...

Mes responsabilités, pour en revenir à la banque et à 1929, étaient pratiquement nulles. Il est évident qu'avec mes vingt-quatre ans, à côté des quatre frères Rivaud, je pouvais difficilement prétendre être la cinquième roue du carrosse. Cette situation ne me satisfaisait pas mais m'offrait en revanche de fréquents moments de liberté dont je profitais largement en menant tout de front : sports, compétitions de toutes sortes, vie mondaine, déplacements, voyages, connaissance du monde. Je voyais passer devant mes yeux des situations multiples tant politiques que financières. J'apprenais à vivre. Je suivis l'affaire liée au banquier Oustric, qui, ayant pris le contrôle de la banque Adam, la mena à la faillite, puis l'élection d'Olivier, mon beau-père, à la présidence du Syndicat des Banquiers en valeurs. Il allait mettre fin aux escroqueries de ce financier qui compromettaient la réputation de toute une corporation en dépouillant par une spéculation malhonnête une clientèle alléchée grâce à des publicités frauduleuses et mensongères. C'est à la même époque que Arturo Lopez et

Olivier, croyant à la hausse du cuivre qui valait 0,35$ US l'once, investirent dans le Rio, société espagnole et holding, productrice de cuivre en Espagne, quelque cent vingt millions de francs (plus de deux cents millions de nos francs actuels), pour ne gagner qu'à peine dix pour cent de leur mise. Le prix du cuivre avait pourtant triplé, et s'ils avaient acheté de l'Anaconda ou de la Kennecott, les deux grandes valeurs américaines de cuivre, cotées à la bourse de New York, ils auraient triplé leur investissement initial...

Au retour de notre voyage de noces, je voulus montrer l'Alsace à Paule. Dès son arrivée, elle fut enchantée. Nous habitions chez le baron de Castex, adorable vieux gentilhomme, président, pour son plaisir, d'une modeste société de tir aux pigeons d'argile, « Le Fusil de Chasse » qui, une fois par semaine, permettait à ses membres de se rendre à Issy-les-Moulineaux, au stand Gastine-Renette, pour s'entraîner. Castex habitait en Alsace une grande maison, dans le village de Diebolsheim encastré dans cette plaine du Ried où jadis l'empereur d'Allemagne Guillaume II, avant la guerre de 14, venait avec escorte et chiens d'arrêt à la chasse aux perdreaux. Régulièrement, depuis 1926, j'allais en juin passer quelques jours à Diebolsheim, chez Castex, pour tirer des brocards ; ou le 23 août, date de l'ouverture de la chasse, pour courir les compagnies de perdreaux.

La baronne de Castex, plus jeune que son mari, était une aimable maîtresse de maison, aidée d'une jolie nièce Gilardoni tout à fait à mon goût. Elles créaient une excellente ambiance, chaude et amicale. Pour être agréable à mon vieil ami qui me le demandait en raison de son âge, j'avais repris pour y chasser moi-même un territoire de six cents hectares sur une commune dont il était adjudicataire de chasse, comme le veut la loi locale. La location coûtait deux mille cinq cents francs par an et le garde six mille ; le gibier vendu couvrait toutes les dépenses de l'année. C'était bien la belle époque !

Paule était ravie. Un matin, de bonne heure, presque au lever du jour, je tirai au galop devant elle un brocard bondissant dans les hautes herbes. Dans la rosée du matin elle avait vu le soleil se lever, contemplé dans une longue et mince plaine des orchidées sauvages et des fleurs de toutes sortes. Elle avait admiré des chevreuils, vu courir des lièvres. Rayonnante devant ce spectacle encore inconnu, elle voulait revenir tous les ans. Ainsi naquit en 1928, parce que

Paule avait aimé l'Alsace, la Confrérie des Chevaliers du Mets-toi-à-l'aise, dont j'aurai l'occasion de reparler.

Maurice de Rivaud venant à mourir, je reçus de la main de mon beau-père un chèque d'un million de francs, destinés à nous permettre de construire, suivant les instructions laissées par son frère, une maison pour ne plus habiter chez les autres. C'est ainsi que le nom de Diebolsheim fut appelé à parcourir le monde avec les sept cent cinquante chasseurs de toutes nationalités venus nous rejoindre dans cette belle et attachante région de France.

Le début de 1931 allait marquer ces années heureuses d'un sombre souvenir. En février de cette année-là, en effet, mon père tomba gravement malade. Soigné pour une diphtérie, il décéda au bout d'un mois d'une angine de Vincent à soixante-deux ans, sans un cheveu blanc.

J'ai suivi avec ma mère la rapide perte de ses forces, impuissant à trouver une solution au mal qui devait l'emporter, la pénicilline n'existant pas encore à l'époque. J'ai dû, plusieurs nuits de suite, rester à son chevet, couché sur un matelas au pied du lit dans lequel sans cesse il réclamait ma présence, ne faisant pas de différence entre le jour et la nuit, pour me confier ses dernières volontés. Il me demandait de prendre soin et de veiller avec amour sur ceux et celles qu'il laissait derrière lui.

J'ai relaté avec quelle énergie et quel enthousiasme il avait consacré son temps, sa peine et même une part de sa fortune, à la création du Cercle Interallié. A la mort de Foch en 1929, le Comité directeur avait été composé de Son Excellence M. Jules Cambon, président ; comte de Beaumont, vice-président délégué ; duc de Broglie, André Citroën, comte de Fels, Pierre-Etienne Flandin, vice-présidents. Après le décès de mon père, les membres du Comité, en hommage à sa mémoire, me demandèrent de me joindre à eux. J'avais vingt-sept ans et le Cercle comptait trois mille membres. Ainsi commençait pour moi une longue histoire qui se poursuit encore aujourd'hui.

De tous mes souvenirs de cette époque, un des plus merveilleux est celui du séjour que Paule et moi, en 1932, eûmes l'occasion de faire à Rome, à la Villa Madama, où une charmante Américaine entre deux âges, un peu snob, Mrs Laura Corrigan, rencontrée à Paris au hasard des dîners en ville, nous avait conviés en même temps que le prince Aage de Danemark et sa femme, considérant sans doute que si nous n'étions pas princes, nous n'en étions pas moins un des jeunes couples qu'il fallait inviter pour être dans le vent de la vie parisienne.

Cette femme intelligente, fortunée, attentionnée et extraordinairement efficace, avait pour nous recevoir loué cette villa, la plus belle des demeures romaines, située en dehors de Rome sur une des collines entourant la ville.

Cette superbe maison, chef-d'œuvre de la Renaissance italienne, avait été construite entre 1513 et 1520, d'après des plans dus à Raphaël, l'architecte et peintre du pape Léon X qui lui-même y avait habité, de même que Clément VII qui en fit plus tard sa résidence. Elle avait également été la propriété de Marguerite d'Autriche, dite « Madame », fille de Charles Quint, d'où son appellation de « Madama ». Elle passa ensuite entre les mains des Bourbon de Naples et de la duchesse de Florence, avant de tomber lentement en ruine en servant de ferme, puis d'hostellerie. Cent cinquante-huit ans plus tard, en 1887, Charles de Mouy, notre ambassadeur à Rome, la découvrit en se promenant le long des rivages du Tibre, et décrivit son état de délabrement. Un Français, Maurice Berges, industriel et grand amateur d'art, l'acheta en 1913 pour un million de lires et y entreprit les travaux de restauration que le comte Frasso, issu d'une vieille famille napolitaine et dernier propriétaire, termina en 1928 avant de la louer, complètement restaurée, à Laura Corrigan.

Ainsi sauvée de la ruine, la Villa Madama était magnifique. Les plafonds de Raphaël, les marbres blancs, les fresques et mosaïques de couleur, la vue s'étendant au loin, rendaient notre séjour enchanteur. Les chambres, composées de meubles d'époque mêlés à d'agréables sièges modernes anglais, étaient en outre parfaitement confortables. Chaque promenade dans les jardins amenait à de nouveaux chefs-d'œuvre – fontaines de pierre où l'eau jaillissait d'une trompe d'éléphant, statues gracieuses parmi les parterres et les frondaisons du parc.

En 1940, le comte Frasso voulant la vendre, l'Etat italien s'en rendit acquéreur. Depuis lors, cette merveilleuse demeure a cessé de recevoir dans l'intimité des visiteurs comme nous l'étions nous-mêmes, pour demeurer la propriété de l'Etat qui en fit successivement le ministère des Affaires étrangères, puis la présidence du Conseil. Depuis 1985, enfin, elle abrite la présidence italienne de la Commission économique européenne.

Paule et moi y avons vécu un séjour inoubliable. Le matin, je me promenais dans les jardins et admirais un paysage imprenable, tandis que des pigeons-paons immaculés faisaient la roue en menant grand tapage. Laura ne savait qu'inventer pour rendre notre séjour agréable. Un jour elle donnait un déjeuner pour Ciano, ministre des Affaires étrangères, et quelques jours plus tard elle recevait Volpi, ministre de l'Intérieur en lui offrant un dîner de plus de deux cents couverts, éclairé aux chandelles. Les personnalités les plus éminentes de la capitale ou d'Europe, et beaucoup de fort jolies Romaines se pressaient aux invitations de Laura.

Je ne me posais pas à l'époque la question de savoir comment elle pouvait si bien réussir ce genre de réceptions. Je me contentais d'y assister avec Paule, ne sachant pas encore que ces élégantes soirées dans cette belle demeure allaient disparaître à jamais. Pas un instant je n'ai vraiment perçu la chance exceptionnelle qui était la nôtre, ni soupçonné que les heures vécues ne reviendraient pas. J'étais jeune, il est vrai, et je trouvais tout à fait normal d'être invité avec Paule sans savoir que dans la vie rien ne revient jamais deux fois de la même façon. Nous étions sans doute, sans le savoir, les derniers couples à profiter du luxe somptueux de la Villa Madama.

Pendant notre séjour, Aage de Danemark, ayant demandé à visiter les nouvelles installations du ministère de l'Aéronautique, fut convié à déjeuner par Italo Balbo, le ministre de l'Air, et l'on me proposa de suivre le prince. Je garde de cette visite le souvenir extraordinaire de l'enthousiasme de notre hôte, réalisateur dynamique, évoquant avec chaleur l'œuvre entreprise pour donner à l'Italie une aviation alors en plein essor, d'une étonnante vitalité. Balbo préparait à cette époque un raid de liaison entre son pays et les Etats-Unis, qu'il pensait rejoindre au moyen d'une escadre d'hydravions qui, en partant du port de Fiumicino, en Méditerranée, traverserait l'Atlantique. J'ai vu cette impressionnante armada aérienne survoler la vallée du Rhin et l'Alsace, avant d'aller amerrir successivement en

Hollande et en Islande, et de se poser à New York sans avoir pratiquement subi de perte.

Ce raid stupéfiant, connu du monde entier, avait succédé à un autre en Méditerranée. Ces deux manifestations spectaculaires et inédites avaient été un triomphe pour les ailes italiennes, et surtout pour Balbo lui-même, dont la popularité grandissante avait eu pour effet de jeter une ombre sur ses relations avec le Duce.

La visite des locaux du ministère fut pour le prince et moi une révélation de l'esprit d'entreprise du fascisme de l'époque. Parcourant l'ensemble des bâtiments, nous traversâmes plusieurs longues salles cloisonnées de vitres transparentes, laissant à chaque bureau son autonomie mais permettant de voir en passant, d'un coup d'œil, tous les employés au travail. En riant, Balbo nous fit remarquer qu'il était impossible, dans son ministère, d'embrasser sa secrétaire ou de dormir la tête sur son bureau sans être vu de tous. Vers midi, après cette brève visite, il nous entraîna pour déjeuner avec lui dans un immense réfectoire où une nouvelle surprise nous attendait : sur des tables surélevées à hauteur de poitrine, nous allions déjeuner debout. Le menu était strictement le même pour le ministre, son état-major, ses invités et l'ensemble des fonctionnaires du ministère. La durée du repas n'excédait pas vingt minutes, permettant ainsi d'abréger les allées et venues des employés qui, en contrepartie, pouvaient rentrer chez eux dès quatre heures de l'après-midi.

Cette organisation, dans son ensemble, nous frappa par sa nouveauté. Elle laissait l'impression puissante, réconfortante, d'une ruche au travail.

Paule et la princesse, sur l'instigation de Mrs Corrigan, avaient, pendant notre absence, rendu visite à l'égérie de Mussolini, démocratiquement appelée « la Petacci ». Elles en étaient revenues vivement intéressées et plutôt amusées.

Cette Italie de 1932 vivait dans un grand brassage d'hommes et d'idées. Le roi Victor-Emmanuel n'y jouait qu'un rôle effacé. Le pouvoir était entièrement concentré entre les mains de Mussolini. A cet égard, on racontait durant notre séjour à Rome qu'un matin, Victor-Emmanuel, enrhumé, se promenant avec le Duce dans les jardins du Quirinal, avait par inadvertance laissé tomber son mouchoir. Le Duce s'était alors incliné pour le lui ramasser, mais le petit roi, le retenant prestement, lui avait dit en se baissant rapidement à son tour : « Duce, laissez-moi au moins reprendre mon mouchoir ! C'est la seule chose dans laquelle vous me laissiez encore mettre mon nez... »

A cette époque, je n'étais pas encore entré en politique, ce que je ferais aux élections législatives de 1936. J'avais toutefois diverses relations dans le monde politique, parmi lesquelles Pierre-Etienne Flandin, député et plusieurs fois ministre. En 1933-34, ces liens amicaux me valurent d'être mêlé à une anecdote qui mérite d'être contée.

En décembre 1933, j'invitai Pierre-Etienne à un week-end de chasse, en pays de Bade, de l'autre côté du Rhin. Se trouvaient également là Fortuné d'Andigné, alors président du Conseil municipal de Paris, Jacques Puerari, Jacques de Breteuil, et Jean d'Ayen, tous fervents chasseurs comme moi. A cette occasion, j'avais en outre convié un de mes voisins allemands, le baron de Bœcklin, colonel dans les casques d'acier, excellent fusil, agréable compagnon de chasse et parlant un français parfait.

Un an plus tard, Bœcklin me demanda avec une vive insistance de venir le voir dans son château de Rust ; il souhaitait avoir, me dit-il, une importante conversation. Je fis rapidement le déplacement. Là, j'appris qu'Hitler voulait rencontrer Pierre-Etienne, devenu entre-temps, en novembre 1934, président du Conseil. Bœcklin me demandait de transmettre le message.

– La rencontre aura lieu de nuit, ici même, précisa-t-il. Il n'y aura pas de personnel au château pour éviter les fuites. La conversation n'aura pour témoin qu'un interprète et restera secrète.

Dès mon retour à Paris, vers dix-neuf heures, j'appelle Pierre-Etienne à son domicile et lui apprend brièvement avoir un important message à lui communiquer. Il doit dîner ce soir-là avenue Foch, chez Hélène de Portes, où sera également Paul Reynaud ; il me propose de passer le voir après le repas.

A vingt-deux heures quinze, je suis avenue Foch, où, assis sur un canapé dans le hall d'entrée de l'appartement d'Hélène, je transmets mot pour mot à Pierre-Etienne le passionnant message. Je n'oublierai jamais l'hésitation de Flandin :

– Que vais-je lui dire ?

– L'écouter, puisque c'est lui qui veut vous voir !

Flandin réfléchit quelques instants puis la voix indécise :

– Il faut dire que c'est trop tôt, oui, trop tôt. Plus tard... Mais pour le moment ce n'est pas possible.

Et nous nous sommes séparés.

Cette réponse me surprit. Flandin était un homme courageux, combatif. Avait-il cru à un piège ? Pensait-il vraiment à la possibilité d'une rencontre ultérieure ? Je ne l'ai jamais su. Ce que je sais, c'est que peu de temps après cette rencontre manquée, le Führer signait avec l'Angleterre un accord sur le libre accès de la flotte allemande en Méditerranée, qui manifestement était un désagréable coup de pied pour la France. Etait-ce de la Méditerranée, de l'occupation de la Rhénanie, de l'Abyssinie ou de l'Italie qu'Hitler voulait s'entretenir ? Nul ne le saura. Rien n'a transpiré. Pierre-Etienne et moi n'en reparlâmes plus et, en mai, son gouvernement renversé, il cessait d'être président du Conseil.

J'appris plus tard par Georges Bonnet que déjà, en mars 1933, Daladier lui avait fait savoir, peu de jours avant de se présenter devant les Chambres, qu'un message d'Hitler venait de lui parvenir. Il disait en substance : « Toute la politique européenne doit reposer sur la France et l'Allemagne. Il faut la réaliser. Retrouvons-nous tous deux quelque part sur les bords du Rhin dans le plus grand secret. Nous travaillerons ensemble sur les bases d'un rapprochement franco-allemand. Si nous ne réussissons pas, personne ne devra connaître notre rencontre. Si au contraire nous arrivons à un accord, alors nous le célébrerons en posant ensemble sur cette terre rhénane la première pierre d'un monument qui marquera la réconciliation définitive de ces deux nations qui, au cours des siècles se sont si souvent combattues. Et tandis que nous traiterons les questions politiques, nos deux ministres des Finances établiront une convention qui liera la France à l'Allemagne au point de vue économique et financier (1). »

1. Texte dans les Mémoires de Georges Bonnet, p. 186.

CHAPITRE VII

Sur les champs de courses – le Prix de Châlons – Le Grand National de Liverpool – le Prix des Lions – Course de nuit à Longchamp

Entre-temps, le cheval avait pour moi pris le relais du football, et les pistes d'entraînement de Maisons-Laffitte remplaçaient désormais les cendrées du stade du PUC ou de la Porte Dorée.

J'ai déjà mentionné la passion pour l'art équestre de mon beau-père Olivier et de ses trois frères ; ils avaient à l'entraînement plus de deux cents chevaux et, le cheval étant comme on sait la plus belle conquête de l'homme, il aurait été sot de ma part de ne pas profiter de mon éducation militaire de Saumur pour tenter une carrière sportive hippique qui m'attirait. Dès les beaux jours, entre six heures et huit heures du matin, avant d'aller au bureau, je me présentais chez Maurice d'Ockuysen, l'entraîneur d'Olivier, à Maisons-Laffitte, pour donner des « canters » aux pur-sang à l'entraînement.

Ainsi, à vingt-huit ans, par tempérament et par goût, je décidai de monter en course. Ma carrière sera brève, excitante et fouettera ma vie.

En mai 1932, avant le séjour à Rome, pour mes débuts en course plate sur le champ de courses du Tremblay, actuellement disparu et devenu centre de loisirs, je gagnai à quinze contre un le Prix Miss Eglantine, réservé aux gentlemen rider, sur 1 800 mètres avec « Cromos » appartenant à Max de Rivaud. Dès le départ coincé à la corde parmi les seize partants, Cromos ne put trouver l'ouverture au milieu du parcours que durant l'instant d'un éclair. Vite sollicité par moi, il s'élança vigoureusement dans la brèche pour, à cent mètres du poteau, battre d'une encolure les chevaux qui le devançaient.

« En menant Cromos à la victoire avec un tact et une décision dignes des plus vifs éloges, écrivait le lendemain *Paris-Sport*, Monsieur de Beaumont a démontré une fois de plus que l'art de piloter un cheval de course est un don et que chez ceux qui le possèdent, les coups d'essai sont souvent des coups de maître. L'ambiance sportive qui l'environne désormais a porté ses fruits, un nouveau cavalier nous est né. » J'étais lancé !

Deux mois plus tard, après mon retour de Rome, le 10 juillet, l'hippodrome d'Auteuil vit mes débuts en steeple sur 3 800 mètres avec « Diamant Noir » – un cheval d'Olivier de Rivaud – dans le Prix de Châlons. Rivière des tribunes, « rail ditch and fence » et tous les plus gros obstacles étaient au programme de l'épreuve.

Olivier, qui m'aimait autant que je l'aimais moi-même, n'était cependant pas venu me voir faire mes débuts en steeple-chase. Avait-il douté de mes capacités ? C'est possible. Je crois plutôt qu'il avait quelques appréhensions et préféra rester à l'écart. La veille, il m'avait dit : « Le cheval saute, tu le laisses faire. En fin de parcours, il possède une jolie pointe de vitesse. Si tu sautes le dernier obstacle à quatre longueurs du cheval de tête, tu as toutes les chances de gagner. »

Confiant comme toujours en tout ce qu'il me disait, je montai aux ordres. A la rivière des tribunes, pour que le cheval ne prenne pas sa battue de trop loin, je le poussai et il sauta en même temps que les chevaux qui le devançaient légèrement. En franchissant le talus breton, dernier obstacle avant l'arrivée, « Diamant Noir » était, comme le souhaitait Olivier, à quatre longueurs du cheval de tête. Dès les premières foulées sur le plat, je lui demandai son effort tout en l'obligeant brusquement à changer de ligne pour se dégager vers l'extérieur en pleine piste et ne pas être gêné par le cheval de tête, monté par M. de Laforest qui, en biaisant, cherchait à m'empêcher de passer. Malgré cette tentative peu loyale, « Diamant Noir » passa le poteau avec une encolure d'avance, me faisant gagner ainsi ma première course d'obstacles à Auteuil, sur le plus bel hippodrome de France. J'étais heureux !

Aux grilles de sortie de piste, avant de me rendre aux balances, Max et René de Rivaud essoufflés me firent la surprise d'être parmi les premiers à venir applaudir ma victoire. La photo de l'arrivée du Prix de Châlons fit la couverture du *Sport Universel* du 16 juillet 1932, et cette course donna lieu, le lendemain, à de nombreux et élogieux commentaires dans *le Sport Illustré, la Liberté, Paris-Sport, le Jockey*, à l'adresse du cheval, du jockey et de l'entraîneur. A l'occasion de la fête annuelle du Club des Gentlemen-Rider, un sketch était prévu pour distraire les convives après le dîner, et mettait en présence deux compères. L'un demandait à l'autre :

« Où donc s'entraîne Monsieur de Beaumont pour gagner ses courses ? »

Et l'autre de répondre :

« Il fait des courses en ville, c'est bien connu ! »

Ce qui faisait rire. Mais il ne savait pas que j'étais sorti Major de Cheval à Saumur avec 19,5 de note de cheval sur 20, et semblait oublier aussi mes présences fréquentes à Maisons-Laffitte. Parmi les lettres reçues pour me féliciter de ma monte dans le Prix de Châlons, j'en reçus une de Marcel Boussac et une autre du marquis de Juigné, Président du Cheval Français.

Dès la fin de 1932, avec Maurice d'Ockuysen, nous décidâmes de tenter le Grand National de Liverpool avec « Trocadéro », un hongre appartenant à Max de Rivaud, et susceptible d'après lui de gagner une telle épreuve.

Cette course mondialement connue se déroule sur 7 200 mètres avec trente obstacles dont deux particulièrement spectaculaires, Beaches Brook et le Valentine's Brook, chacun d'eux ayant des contrebas qui font la joie des photographes à la recherche de chutes sensationnelles.

« Trocadéro », gros sauteur, était à Auteuil parfois dominé par la vitesse des parcours ; Aintree devait sûrement beaucoup mieux lui convenir, en raison même de l'importance des obstacles nécessitant un train de course moins rapide. L'aventure valait la peine d'être tentée. Maurice d'Ockuysen fit construire sur la piste en herbe de Maisons-Laffitte deux obstacles ressemblant à ceux du Beaches et du Valentine's, que « Trocadéro », en pur-sang vigoureux, allait, nous l'espérions, sauter avec entrain. Après de nombreux essais sur ces deux obstacles, « Trocadéro » et moi nous entendions à merveille, – à condition de savoir lui abandonner la totalité des rênes à chaque saut, pour lui permettre d'allonger une encolure puissante servant de balancier à une arrière-main particulièrement musclée. Mais il fallait vite le reprendre sans le déséquilibrer. D'Ockuysen, pour mieux l'adapter, décida de l'envoyer en Angleterre, à Lewes, chez un entraîneur britannique, deux mois avant la grande épreuve, pour lui permettre de se familiariser avec un climat et des pistes différents des nôtres. Toutes les semaines, j'allais en train jusqu'à Dieppe, puis traversais la Manche en bateau pour passer deux jours en Angleterre et donner à « Trocadéro » un canter dans les dunes montantes et descendantes de Lewes.

Fin février, trois semaines avant la grande épreuve, d'Ockuysen voulut l'engager à Wolverhampton pour lui permettre de faire ses débuts en Grande-Bretagne. Je me retrouvai seul, un soir, dans un petit hôtel de la ville. Au lit dès neuf heures après un dîner solitaire, je me réveillai au petit jour en sueur et frissonnant. Vers neuf heures du matin arriva d'Ockuysen. Il nous fallait de toute urgence trouver un thermomètre, celui réservé aux chevaux étant manifestement trop grand et surtout trop gros. Maurice finit par s'en procurer un, réglé en degrés Fahrenheit. Après usage et force calculs, il se révéla que j'avais quarante degrés de fièvre... J'étais vraiment malade. Monter dans de telles conditions sans avoir fait à pied le parcours ni reconnaître d'avance le terrain, ne me paraissait guère souhaitable. Maurice, du même avis, se mit en quête d'un jockey anglais.

Le soir même, dans mon lit, j'appris que le pauvre « Trocadéro » s'était fait faucher par un cheval qui sautait en biaisant, provoquant ainsi sa chute. Il s'en était relevé heureusement indemne, mais ce test en vue du Grand National n'était pas concluant.

Après une mauvaise nuit, toujours grelottant et fiévreux, je quittai au petit matin Wolverhampton pour me retrouver, après une tempête sur la Manche, à Paris où une angine me tint, faute d'antibiotiques, alité dix-huit longs jours avec une forte fièvre.

A peu près rétabli, mais les jambes en pâte de guimauve et les bras en flanelle, il ne pouvait être question pour moi de monter le Grand National. « Trocadéro » fut pourvu d'un jockey professionnel.

Le matin de la course à Aintree, juste avant le grand événement, je fis par curiosité le tour du parcours en voiture à cheval avec Paul Reynaud et Lord Derby, propriétaire du champ de courses, qui nous invita, Paule et moi, à déjeuner dans sa loge personnelle d'où nous assistâmes à toutes les épreuves. Pendant cette visite du champ de courses, descendant de voiture, j'examinai de près les obstacles et m'aperçus que devant chacun d'eux le terrain était légèrement relevé pour former un tremplin, permettant ainsi aux chevaux de mieux s'enlever. Les deux fameux Brooks, le Beaches et le Valentine's étaient certes impressionnants mais, dans une foulée normale, la dénivellation avait en somme peu d'importance. En réalité, les chevaux en retombant touchaient terre à la même hauteur que celle d'où ils prenaient leur essor. Il ne s'agissait que d'un merveilleux trompe-l'œil...

Ce tour de piste me donna à penser que trente obstacles sur 7 200 mètres étaient un gros parcours, même pour un homme en pleine forme. Après tout, peut-être la Providence avait-elle voulu m'éviter une mauvaise chute.

En course, « Trocadéro » démontra ses éblouissantes qualités de sauteur. Malheureusement son jockey, en professionnel craintif, timide ou trop prudent, le maintint dès le premier obstacle à cent cinquante mètres en retard derrière le peloton des chevaux de tête, et ce, durant toute la course. C'était inconcevable. Il fut au finish dans l'impossibilité évidente de remonter ce trop grand écart, et termina très fort cinquième. « Trocadéro » fut vendu aussitôt après quarante-cinq mille livres à un Anglais, qui avait dû réaliser comme moi que si ce cheval avait fait sa course dans le peloton de tête et non dans celui de queue, il aurait pu battre en 1933 « Golden Miller », le cheval de Dorothée Paget, remarquable sauteur qui, fait rare, a gagné deux fois cette magnifique épreuve.

De retour à Paris, je n'avais plus qu'à remâcher ma déconvenue. Je restais sur l'impression qu'avec une monte plus audacieuse, « Trocadéro » pouvait gagner, et je ne me suis jamais tout à fait consolé que le sort m'ait séparé de lui.

Un matin, à la banque, rue Notre-Dame-des Victoires, Max de Rivaud me dit :

« Jean, je voudrais retirer mon cheval “ Motrico ” du haras où il fait la monte déjà depuis deux ans, pour le remettre à l'entraînement et voir s'il peut à nouveau gagner des courses. Les conditions du Prix des Lions me paraissent correspondre à ses possibilités. » Et Max, avec sa bonhomie et sa bonté souriante, ajouta : « Voulez-vous le monter à Chantilly, pour sa première rentrée sur un champ de course ? »

J'acquiesçai avec joie, connaissant « Motrico » de réputation, bien que ne l'ayant jamais monté à l'entraînement. Le Prix des Lions est l'épreuve considérée comme la plus importante en plat pour un gentleman rider. Elle se court à Chantilly, le jour du Prix de Diane, devant une affluence nombreuse.

Le 12 juin 1934, devant le château, côté opposé aux tribunes, nous sommes quinze en piste à prendre le départ. « Motrico » est calme, il a l'air mal réveillé et galope doucement... Il refuse de prendre son mors. Sa tête dodeline. Il est le dernier et suit nonchalamment le train en amateur. J'en déduis qu'il doit sûrement préférer « servir » les dames qu'on lui présente au haras... A mi-parcours je me demande si je ne vais pas être ridicule. Cet étalon paresseux, toujours en queue de peloton, suit passivement les autres. Malgré mes appels de langue peu protocolaires, ressemblant à ceux d'un cocher de fiacre, et malgré mes discrètes claques de cravache sur son épaule, il ne réagit pas et s'obstine dans un comportement qui me désole. Je me résigne et le laisse faire... Mais quelle déveine d'avoir accepté cette monte : je vais être l'objet de l'hilarité générale au Jockey Club...

Et puis, dans le virage avant l'entrée de la ligne droite, juste devant le gros chêne, sans que je lui aie rien demandé, « Motrico » soudain allonge en souplesse sa foulée, pour se retrouver aussitôt parmi les chevaux de tête sans avoir l'air de fournir un effort ! Après quoi, dès qu'il aperçoit à cent cinquante mètres devant lui le panneau d'arrivée, il se déchaîne, tirant de toute la force de son encolure et gagne allégrement sa course avec deux longueurs d'avance sans jamais avoir été sollicité.

Le poteau franchi, il ralentit de lui-même son allure, mais lorsqu'il sent derrière lui les chevaux battus revenir à sa hauteur, il repart de plus belle vers un deuxième poteau que l'on devine à cent mètres plus loin, croyant sans doute s'être trompé d'arrivée. J'ai du mal à le retenir. En lui caressant longuement l'encolure je lui fais comprendre qu'il a déjà gagné sa course, et le ramène au petit galop. Son garçon d'écurie, prenant les rênes pour l'emmener au pesage, lui embrassera les naseaux.

« Motrico » tout seul avait couru sa course à la manière d'un vieux routier, sans se préoccuper de l'homme qu'il avait sur son dos. Il avait dû beaucoup s'amuser en retrouvant sa grande forme de jadis sur un hippodrome qu'il connaissait bien.

Qu'on ne vienne pas me dire qu'en faisant l'amour quarante fois par an – rythme d'un étalon au haras –, on perd ses qualités d'athlète, ni que les chevaux ne sont pas intelligents...

Dix-huit jours plus tard, le 30 juin 1934, eut lieu à Longchamp la première course de nuit, événement très commenté qui n'a jamais été renouvelé depuis cette date, probablement en raison de l'évolution du public. Mais c'était un événement fastueux à la dimension de la réputation de Paris. Cette nuit-là j'étais de nouveau en selle sur « Cromos ». 2 200 mètres me paraissaient une distance un peu longue pour lui. De plus, je devais monter à soixante-quatre kilos, selle, tenue et harnachement compris, et j'en pesais soixante-six. Il me fallait donc, compte tenu de ma selle, en perdre au moins quatre. Durant cinq jours avant la date prévue, je ne mangeai rien et bus chaque jour six à sept bouteilles d'eau d'Evian, chacune contenant cent grammes de sucre et un peu de jus de citron. Dans la journée, je me déplaçais avec mes bouteilles d'eau. J'absorbais quelques gorgées chaque fois que la faim me tenaillait : aussitôt elle cessait. Les employés de la banque, en riant, me tentaient gentiment en me proposant de temps à autre un sandwich ; mais je tenais bon. Je savais qu'avec deux œufs sur le plat et une tasse de café bien noir deux heures avant l'épreuve, je serais en pleine forme.

Ce régime draconien me fit bien perdre les quatre kilos désirés ; mais les étriers, la selle, les sangles et le surfait pesèrent un kilo cinq cents, ma casaque et mes bottes sept cent cinquante grammes, et malgré tous mes efforts, en me présentant au pesage, j'avais encore un kilo de trop.

Cette première Nuit de Longchamp, dont toute la presse parla, commença à vingt heures. Pendant la soirée, il était possible de dîner entre chaque épreuve, sous de grandes tentes aux toiles blanches rayées rouge. Un public élégant en tenue de soirée se pressait au pesage. Paule et moi, conviés à dîner par André Citroën, avions accepté l'invitation malgré mon engagement de monter « Cromos » dans la troisième course. Paule ce jour-là était particulièrement éblouissante : elle portait une robe de velours noir et un immense « paradis » rose sur son chapeau également en velours noir. Les paradis étaient cette année-là tout à fait à la mode. Moi j'étais en habit et cravate blanche. Pendant le dîner l'une de mes voisines de table s'étonna de me voir refuser successivement tous les plats présentés :

– Vous ne mangez rien ?

– Non, Madame. Dans quelques instants je vais être dans l'obligation de quitter la table pour me changer et m'habiller en jockey.

Son étonnement se transforma en un sourire incrédule et poli. Elle dit : « Ah !... », et ne m'adressa plus la parole... Quant aux vestiaires, ils n'avaient sans doute jamais encore vu un homme en habit et cravate blanche venir se changer pour monter en course.

Dès le départ du starting-gate, dans l'obscurité de la nuit, nous eûmes l'impression étrange de galoper dans du coton, sous un tunnel de lumière où seul s'entendait le cliquetis des fers aux sabots des chevaux. Pour faire le poids de soixante-quatre kilos, « Cromos » était pratiquement nu et moi aussi. Lui n'avait pas de selle, deux sangles et une sursangle pour tenir mes légers étriers. A travers ma mince culotte de soie, entre mes cuisses je sentais la peau chaude du dos de mon cheval. A l'entrée de la ligne droite, bien placé à la corde et galopant parmi les chevaux de tête, je distinguais déjà distinctement les lumières des tribunes. Sentant « Cromos » faiblir, je le sollicitai doucement, puis si vigoureusement que dans l'effort, une de mes légères étrivières de soie sortit de son logement et, comme cassée, me déséquilibra et me fit basculer brusquement. L'éclair d'un instant, en tombant, je pus voir les genoux de mon cheval me passer au ras du visage, me donnant l'étrange sensation que tout le peloton allait me passer dessus. En fait, je n'avais rien. Cravache toujours en main, je sautai la barrière me séparant du public et me retrouvai quelques instants plus tard de nouveau en habit, assis à table entre mes voisines. J'étais forcément un peu déçu... mais avec quel plaisir je me servis cette fois copieusement, tandis que le champagne pétillait dans mon verre ! Ma jolie voisine, d'incrédule et froide, était cette fois devenue tout à fait souriante.

Le lendemain, sortant de mon bain, je vis dans le miroir fixé au mur l'empreinte absolument parfaite d'un fer à cheval sur une de mes fesses, appliquée telle une décalcomanie, montrant même l'emplacement des clous. Elle restait la seule marque de ma chute. « Cromos », lui, dut avoir ce jour-là, une piètre opinion de son cavalier.

CHAPITRE VIII

Liaisons aériennes des années 30 – Nocturne au Parthénon – Campagne électorale en Cochinchine – Les Sarraut – Annulation de mon élection – Seconde campagne – Mes activités à la Chambre – La poste aérienne

Aux élections de juin 1936 qui portèrent au pouvoir Léon Blum et le Front populaire, je devins à trente-deux ans député de la Cochinchine, département français du Sud-Est asiatique.

Depuis mon adolescence, j'avais envisagé d'être un homme politique, convaincu que c'était pour moi la meilleure façon de servir et de me rendre utile, ainsi que de partager avec d'autres les avantages que m'avait donnés la Providence. En 1935, j'appris que Fernand Outrey, le député en place en Cochinchine, n'avait pas l'intention de se représenter, en raison d'une mésentente survenue entre lui et son principal agent électoral. Depuis plusieurs années, je surveillais la circonscription en espérant pouvoir un jour m'y présenter. Voyant la route libre, je fis pressentir aussitôt Henry de la Chevrotière, l'indispensable agent électoral, propriétaire du principal journal local, pour connaître ses intentions et savoir s'il soutiendrait ma candidature.

La réponse fut favorable. Je préparai donc de Paris mes supports électoraux et sollicitai des lettres de Paul Reynaud, de Pierre-Etienne Flandin, de François Piétri, du général Weygand et de quelques autres, dont Fortuné d'Andigné, président du Conseil municipal de Paris. Toutes ces lettres, destinées à être publiées, souhaitaient ma réussite. Je tins aussi à rendre visite à Albert Sarraut, en son domicile de l'avenue Victor-Hugo, en raison de son importante personnalité d'ancien président du Conseil et d'ancien

Gouverneur général de l'Indochine, pour m'assurer qu'il n'avait pas d'objection à ma candidature. Il me fit un accueil aimable, bienveillant, tout à fait paternel et plutôt favorable, sans doute en raison de l'amitié que me témoignait son fils Omer. Ce dernier, avocat à Saigon, ne voulait pas, disait-il, faire de politique. J'en étais déjà averti : lui-même m'avait spontanément écrit pour m'informer qu'en aucun cas il ne désirait se présenter ; il souhaitait au contraire, me disait-il, ma venue en Indochine, où son amitié espérait bientôt me voir.

Je n'ignorais pas qu'un candidat local voulait tenter sa chance ; mais, de l'avis unanime de mes informateurs, celui qui se présenterait contre lui avait toutes les chances d'être élu. La voie semblait donc libre, je m'y engouffrai.

Un hydravion d'Air France, qui décollait une fois par semaine de l'Etang de Berre, me déposa au Liban. De Beyrouth, un vieux Fokker trimoteur dans lequel on ne pouvait mettre que quatre passagers prit la relève jusqu'au terminus de Saigon.

A cette époque, le voyage aérien entre la France et l'Indochine durait entre sept et onze jours suivant les conditions météorologiques, les avaries ou les réparations. C'était un gain appréciable par rapport aux bateaux des Messageries Maritimes, avec lesquels il fallait compter vingt-deux ou vingt-trois jours. Les voyages en avion apportaient en outre leur dose d'aventures et d'amusements.

L'itinéraire était tout à fait passionnant et les passagers se prenaient tous plus ou moins pour des pionniers de l'air ou des héros... Le Fokker décollait au lever du jour et, après un ou deux arrêts, atterrissait une heure après l'obscurité pour l'escale de nuit. Les sièges en tringle d'aluminium ressemblaient plutôt à de légers fauteuils de camping style Trigano, avec une toile dans le dos et une autre pour siège, qu'aux fauteuils confortables qu'offre l'aviation d'aujourd'hui. Le pilote, le mécanicien copilote et le radio, tous habitués de la ligne, étaient de merveilleux compagnons de voyage ; leurs noms, Fullachier, Lacaze, tant d'autres, ont fait l'histoire d'Air France et la joie des premiers passagers de la ligne. Le Fokker se déplaçait à la vitesse moyenne horaire de cent quatre-vingts kilomètres, mais parfois, dans la traversée des montagnes d'Anatolie, face à des vents atteignant plus de cent kilomètres heure, on avait la pénible impression de faire du sur-place.

Les escales variaient. Il y avait celle du désert, où passagers et équipage dormaient tous ensemble dans la seule et unique pièce sans confort d'une baraque en ciment, agrémentée de lits de camp pliants. Le ravitaillement en essence était assuré sur place grâce à des caravanes de chameaux. Pour d'autres étapes, dans des villes aux rues grouillantes et souvent sales, des hôtels rustiques mais accueillants nous permettaient aux escales du soir d'aller en touristes étonner les populations en faisant du shopping, ou parfois de s'endormir la nuit au son de musiques et d'odeurs nouvelles.

A Calcutta, lors d'un de mes retours en France, dans « Carry road », la rue des plaisirs faciles et monnayés, j'eus l'honorable surprise de me voir confier par une « dame » toutes ses économies. Elle était française, habitait une maison hospitalière bien connue des équipages, et ne savait pas comment faire parvenir cet argent à sa mère habitant Angoulême. Elle me remit une fort jolie somme en billets de dix livres sterling usagés et crasseux, enroulés les uns sur les autres en plusieurs rouleaux maintenus par des élastiques. Ne voulant pas savoir d'où provenait cet argent, je m'acquittai de ma mission avec ponctualité sans me préoccuper ni de l'office des changes ni de l'interdiction de transferts illicites d'argent, et reçus d'Angoulême un mot de remerciement.

En 1937, l'avion se posant à Athènes en revenant d'Indochine me donna l'occasion d'une soirée peu banale, qui me remplit les poches de superbes bijoux.

Débarquant directement de l'aéroport à l'hôtel où je devais passer la nuit, je rencontre dans le hall un vieil ami grec, Mavrocordato, qui m'ouvre ses bras et me propose, apprenant d'où je viens, d'assister au grand dîner qu'il donne le soir même dans les salons de ce palace. C'est ainsi que je dînai avec toute la « jet society » de la ville. Tout le monde parlait français. A table, l'une de mes voisines était la femme du ministre des Finances. Elle m'apprit incidemment que l'Acropole était ouvert aux visites nocturnes les nuits de pleine lune, et, comme c'était le cas ce soir-là, elle me proposa de me faire voir elle-même ce spectacle rare et peu connu. Cette personne avenante, entre deux âges, avait des yeux mouillés, autour du cou et aux bras des bijoux splendides, ainsi que des bagues impressionnantes et de larges boucles d'oreilles.

Le dîner terminé, nous prîmes en auto avec son chauffeur le chemin qui monte vers le Parthénon, mais ce fut pour nous heurter à des grilles closes : car si la lune brillait effectivement de tout son éclat, la pleine lune n'était prévue que pour le lendemain... et le lendemain, je devais être loin.

Déçu, je m'approchai de la grille pour m'apercevoir que si les barreaux ne permettaient pas le passage d'un homme, j'arrivais en revanche à passer la tête puis tout le corps entre le pilier de pierre qui soutenait la grille et ses montants, pour me retrouver de l'autre côté, face à mon charmant guide. Elle voulut prendre le même chemin, mais si la tête et la poitrine pouvaient se faufiler par où je m'étais introduit, les bracelets, le collier de larges perles, les boucles d'oreilles bloquaient son passage et le rendaient même périlleux en raison de leur valeur. Qu'à cela ne tienne ! Elle s'en débarrassa et me les tendit à travers les barreaux. En quelques instants mes poches furent entièrement remplies de lourds joyaux, puis sans difficulté, elle me rejoignit. Nous gravîmes la pente menant au Parthénon et nous assîmes l'un près de l'autre, face à la mer, sur une pierre millénaire.

Dans cette totale solitude, devant la grandeur d'un inoubliable panorama, nous restons muets tous les deux, saisis d'admiration. Je crains de remuer car mes poches pleines à craquer risquent de déverser une partie de leur contenu si de mes deux mains je ne les maintiens pas fermées avec la plus extrême précaution. Mes doigts ne peuvent rien se permettre d'autre que de s'assurer qu'aucun bijou ne s'échappe.

Je regarde ma voisine. Elle m'offre un beau visage dans la douce clarté de la nuit, mais j'ai si peur de lâcher mes trésors que je n'ose même pas lui indiquer du doigt les constellations connues qui brillent au firmament, ni même la beauté des colonnes dont l'ombre étrange et majestueuse nous enveloppe, tandis que des étoiles filantes sillonnent le dôme du ciel.

Le moment de rentrer arrive, il nous faut quitter la sublime vision. Dans la voiture qui nous ramène à l'hôtel, elle me demande à brûle-pourpoint pourquoi j'ai toujours gardé mes mains sur mes hanches lorsque j'étais assis à côté d'elle.

– Parbleu, dis-je, à cause de mes poches pleines de vos bijoux.

Elle se met à rire.

– J'aurais dû vous dire qu'ils étaient tous faux... des copies. Vous auriez été sans doute plus à l'aise.

Et dans un nouveau rire, elle ajoute :

– Et peut-être bien moi aussi...

En mars 1936, dès l'arrivée à Saigon dans le vieux Fokker, j'avais aussitôt pris contact avec Henry de la Chevrotière pour faire sa connaissance et discuter de mes projets électoraux. Son premier réflexe fut de me trouver l'air jeune, malgré mes trente-deux ans. Notre entretien se solda toutefois, après une solide poignée de main, par un accord complet, et depuis ce jour jusqu'à celui de son cruel assassinat – l'explosion d'une grenade jetée par les Viets dans sa voiture décapotée – il fut toujours d'une amicale et parfaite loyauté à mon égard.

Une élection dans une circonscription d'outre-mer, et spécialement en Cochinchine, a toujours donné lieu à de multiples péripéties plus ou moins savoureuses, cocasses ou étonnantes. La démocratie et ses nobles principes n'ont pas, que je sache, toujours pleinement pénétré le cœur des électeurs de ce pays, ni accru les scrupules de l'administration face au secret des urnes et au respect des votes... Je fus accusé, pendant ma campagne, de corruption électorale en vue d'obtenir les suffrages des électeurs originaires de l'Inde ou fraîchement naturalisés. Pour ces derniers, en effet, les élections représentaient une occasion intéressante de rendre de menus services rétribués, et localement, il était considéré comme tout à fait normal d'espérer en échange, le jour du scrutin, un bulletin de vote favorable de leur part pour le candidat qui leur avait permis de travailler, ou même fait miroiter l'espérance d'un éventuel travail avec un petit acompte amical de salaire. Quoi de plus normal ? me disait-on. Je ne pouvais agir qu'en suivant la coutume, pour ne pas rompre certaines habitudes ou me singulariser. Et il est évident que cette élection de Cochinchine n'aurait pas défrayé la grande presse si les choses s'étaient passées comme je l'avais prévu, en me présentant seul contre un candidat local.

Malheureusement, dès le début de l'ouverture de ma campagne électorale, Omer Sarraut avait demandé à me rencontrer d'urgence. Il voulait m'informer que contre toute attente, Albert, son puissant père, devenu président du Conseil et ministre de l'Intérieur, exigeait à présent qu'il se présentât en même temps que moi. Loyalement, mon ami Omer ajouta qu'il ne se présenterait sûrement pas en Cochinchine si je ne lui donnais pas mon accord. M'ayant écrit qu'en aucun cas il ne serait candidat, il n'avait qu'une parole, dit-il, et s'y tiendrait.

J'étais embarrassé et demandai à réfléchir, ne voulant pas créer une querelle entre le père Sarraut et son fils. Je sentais néanmoins que cette nouvelle candidature allait modifier le décor politique de la circonscription. Consulté, La Chevrotière me dit : « Laissez-le suivre les obligations paternelles... Nous battrons Omer et ce sera plus sportif ! » Il oubliait que nous allions nous attaquer à la famille politique la plus puissante de France, avec derrière elle l'influence du parti radical tout entier, dont les ramifications s'étendaient aussi bien dans les partis de droite que ceux de gauche.

J'acceptai d'être sportif : c'est dans mon tempérament. Mais j'ignorais ce que pouvait être la pression administrative dans un département d'outre-mer, et qu'avec elle, il ne pouvait être question de fair-play. Du sport, nous en avons eu, et même beaucoup plus que souhaité ! Plus tard, en vue d'annuler mon élection, on a repris le vieux thème de la corruption électorale, qui avait écorné sérieusement, il est vrai, l'héritage de mon vieil oncle, tandis que mon ami Omer dépensait sans compter, non pas comme moi ses deniers personnels, mais la manne gouvernementale, tandis que la police locale à sa disposition influençait certains électeurs timides par mille promesses ou par la peur.

Le jour du scrutin, il me fallut une chance inattendue, un hasard providentiel et exceptionnel, pour être élu.

Pendant le dépouillement des votes devant Boy-Landry, maire de Saigon, le bruit court soudain que je suis battu de la plus extrême justesse, par soixante-sept voix. La consternation s'abat aussitôt dans les rangs de mes amis. Mais lorsque les listes nous sont communiquées, avant l'annonce du résultat officiel, La Chevrotière et les autres, en les pointant scrupuleusement, s'aperçoivent avec stupeur et allégresse qu'une folle erreur d'addition a été commise par l'administration dont le gouverneur Pages est le chef. Dans leur hâte de faire parvenir avant l'heure limite les chiffres retardés des deux derniers centres de vote, ils s'étaient involontairement trompés : une simple erreur de calcul dans les centaines au moment de l'addition du nombre des voix. J'étais bel et bien prévu pour être battu de soixante-sept voix, mais contre toute espérance, je me retrouvais élu avec trente-trois voix d'avance sur mon concurrent.

Dans la salle de la mairie de Saigon, c'est alors une immense explosion de joie suivie de manifestations désordonnées sur la place de la Mairie. Ainsi, par la faute d'un agent du gouvernement brouillé avec les notions élémentaires du calcul, je devenais député de la République. Décidément, la main de la Providence est toujours plus forte que la volonté des hommes...

En réalité, mes difficultés ne faisaient que commencer. La campagne électorale avait tiédi mes relations avec les Sarraut et surtout avec Omer, que j'estimais et aimais beaucoup malgré tout. J'avais fait, pour rendre visite aux électeurs, dix-huit mille kilomètres en automobile dans des conditions difficiles, dans la chaleur moite des Tropiques. J'avais avalé, en plus de la poussière, beaucoup de bière chaude, de champagne tiède, de whisky et de cognac-Perrier qui m'avaient complètement détraqué l'estomac. En contrepartie, j'avais réussi à grouper autour de mon nom beaucoup d'amitiés fidèles, appris à connaître à fond les problèmes locaux, et aimé passionnément ce pays auquel j'avais déjà donné une partie de ma vie.

En rentrant en France, au ministère des Colonies, rue Oudinot, je trouvai Georges Mandel qui, goguenard et légèrement ironique, me dit : « Pour que vous ayez été élu dans les conditions où vous l'avez été, c'est que vous l'avez été vraiment ! » Depuis ce jour, je fus son ami.

Les élections de 1936 avaient apporté à la Chambre des députés le Front populaire. Léon Blum devenait président du Conseil et Albert Sarraut restait ministre. Etant donné la marge étroite assurant le succès de mon élection, avec en plus une majorité du Front populaire contre moi, je savais que la validation de mon élection était hasardeuse. Usant de ruses et astuces qui à elles seules rempliraient des volumes, je réussis, avec le concours de certains de mes collègues amis, à retarder au Parlement le vote annulant mon élection. J'estimais en effet que plus je gagnerais du temps, plus ma position électorale se fortifierait et plus s'éloigneraient ainsi les risques d'invalidation. C'était sous-estimer la persévérance d'Albert Sarraut, qui lui, ne désarmait pas. Malgré tous ces efforts, mon élection fut annulée pour fraude électorale, en réalité parce que j'avais battu un Sarraut, et peut-être aussi parce que mon journal, à mon insu, avait fait paraître des articles sur Albert Sarraut, inutiles, déplaisants, avec des commentaires que rien ne justifiait et qu'après coup j'ai tout à fait désapprouvés. J'appris la mauvaise nouvelle à Saigon, le 25 janvier 1937, peu avant mon départ en avion pour la France. L'invalidation avait été prononcée à la Chambre des députés en mon absence, sans que je puisse ni m'expliquer ni me défendre, mes amis s'abstenant de voter en ma faveur en signe de protestation contre mon éloignement. Je n'étais qu'un fétu de paille contre une force politique puissante, et tout le monde m'avait abandonné... J'annulai donc mon retour qui ne pouvait plus servir à rien.

Deux jours plus tard, dans la rue Catinat à Saigon, je rencontrai le recteur de l'université d'Hanoi, qui n'était pas de mes amis.

– Le malheur des uns fait parfois le bonheur des autres, me dit-il mi-miel, mi-fiel. C'est ainsi que je viens de récupérer la place d'avion de votre retour en France, que vous avez décommandée en raison de votre invalidation. Je vais donc partir à votre place, puisqu'il vous faut rester pour refaire campagne.

Je le saluai poliment avant de poursuivre mon chemin. Le recteur partit le soir même, à ma place, en compagnie de six autres passagers.

La même nuit, vers trois heures du matin, Hermel, le chef de la station radio, me réveille au téléphone. Dans un demi-sommeil, je l'entends m'annoncer que l'avion que je devais prendre a flambé au-dessus des Indes. Il n'y a aucun survivant.

Téléphone en main, je reste muet quelques instants avant de comprendre qu'une fois de plus la chance m'a servi. Si la Chambre avait normalement attendu mon retour pour m'invalider, un vote n'aurait plus été nécessaire puisque le héros de l'aventure n'existait plus. En somme, on m'avait joué un mauvais tour en profitant de mon séjour en Indochine, et le mauvais tour m'avait sauvé la vie : juste retour des choses.

D'un saut je fus debout. J'entendais encore la petite voix pointue du recteur d'Hanoi : « Le malheur des uns fait parfois le bonheur des autres... » Je bondis à ma table de travail. Il fallait un article de moi dans la presse du matin, relatant les faits. L'article parut, intitulé « La mort et la chance », avec en sous-titre « Les électeurs jugeront ». Une fois de plus la Providence veillait.

Il me fallait néanmoins recommencer une campagne électorale, non prévue dans mon budget. Les moyens financiers allaient peut-être me manquer. En revanche, ma position personnelle s'était, je le savais, considérablement améliorée. J'appris, toujours par Hermel, qu'au cours d'une conversation par téléphone-radio avec son père,

Omer Sarraut lui avait fait savoir qu'ayant été battu une première fois, il ne tenait pas à l'être une seconde. Il m'estimait d'ailleurs, disait-il à son père, imbattable.

Sans grand espoir, le bâtonnier de l'ordre des avocats fut le candidat désigné contre moi pour éviter que je reste seul en piste. Dès le premier tour du scrutin, il fut en effet écrasé, mais cette fois, j'avais pris la sage précaution de faire garder toutes les urnes, dans les centres de vote, par mes amis corses à qui je dois tant. Entre midi et quatorze heures, au moment où les permanences de vote sont désertées par les repas, la chaleur ou la sieste, ils avaient monté la garde, revolver dans la ceinture et fusil en bandoulière, autour des urnes, et personne n'avait pu s'en approcher avant qu'on ne les ouvre publiquement devant mes amis rassemblés, pour compter les bulletins de vote en leur présence. L'administration, d'ailleurs, moins engagée qu'avec les Sarraut, avait laissé les élections se dérouler à peu près normalement.

Je retrouvais ma place de député à la Chambre avec l'espoir de continuer à servir un pays où la France avait encore tant à faire. Cette seconde élection, grâce au Ciel, n'avait entraîné pour moi aucune dépense, mais j'avais été fort inquiet. Henry de La Chevrotière, ses amis et les miens, avaient pourvu – sans grands frais, il est vrai – à ma réélection, tandis qu'Olivier, mon adorable beau-père, très concerné par ma réélection mais très peu au courant des prix, m'avait adressé par la poste une simple enveloppe portant mon nom de son écriture, contenant sans un mot de lui un beau billet blanc de cinq cents livres sterling. Une goutte d'eau... Cela m'avait fait rire, connaissant son habituelle générosité.

Les femmes, bien que ne votant pas encore à l'époque de mon élection, avaient été des auxiliaires précieuses. Par elles, j'apprenais secrètement les mille potins d'une ville en effervescence, et je leur dus beaucoup également pour le climat favorable qu'elles entretenaient en ma faveur.

Paule, bien sûr, était là aussi, mais l'ambiance électorale ne lui convenait guère. Elle était à la fois trop passionnée, et trop éloignée de problèmes difficiles à saisir, pour absorber les couleuvres qu'il fallait savoir avaler toujours avec le plus aimable des sourires.

A mon retour en France, revenant au Palais Bourbon après ma réélection, je ne trouvai en pénétrant dans l'hémicycle que quelques très maigres applaudissements. Mais l'affaire était désormais classée. J'avais été pendant quelque temps le député le plus connu de tous mes collègues, étant donné le bruit qu'avait fait mon élection contre un Sarraut, pilier de la politique française.

Au Parlement, je suis rarement monté à la tribune, sauf pour défendre certains projets très précis, comme celui concernant la poste aérienne, dont je m'étais fait l'ardent supporter. Je pensais en effet que son développement serait l'occasion de nous donner des avions, et surtout des pilotes, en cas de conflit. J'estimais aussi que nous devions tisser dans l'Empire français un réseau de liaisons aériennes qui faisaient largement défaut en 1937. J'ajoutais en ce qui concerne la poste qu'une lettre, traversant la rue ou l'Empire, ne devait en aucun cas faire l'objet d'une surtaxe.

Je m'étais créé de nombreuses relations politiques qui me permettaient d'être très au courant des événements. Grâce à elles, j'obtenais pour ma circonscription une grande partie des améliorations souhaitées.

Je cherchai surtout, en ma qualité de vice-président de la Commission des Colonies, à être parfaitement informé de ce qui se passait dans l'Empire français, et par exemple m'inquiétai vivement de l'occupation de l'île d'Hainan par les Japonais, pistolet braqué, disais-je, sur le cœur de l'Indochine. A Londres, une visite à Mac Donald, au Foreign Office, me permit de lui parler de mes inquiétudes sur la situation en Extrême-Orient. J'insistai sur la nécessité d'unir ses moyens aux nôtres pour défendre en commun cette partie du monde que je sentais menacée.

Comme secrétaire de la Commission de l'Aéronautique, je suivis les progrès des aviations allemande et russe. Et ma participation à la Commission d'Enquête parlementaire en Afrique du Nord, avec La Grosillière, Temple, Pierre Bloch, Clermont-Tonnerre, Thomas et Michels, m'apprit beaucoup, ainsi que ma nomination comme commissaire du gouvernement à l'exposition de la Golden Gate à San Francisco, dont je parlerai plus loin.

La vie parlementaire m'a laissé aussi des souvenirs amusants. A Deauville, j'eus l'occasion de jouer au tennis dans l'équipe parlementaire française, contre celle des parlementaires britanniques où j'eus bien du mal à battre Thelma Cazalet, une femme député aux

Communes. Tixier-Vignancourt et Pierre-Etienne Flandin faisaient, entre autres, partie de l'équipe. Une autre fois, je reçus de bon matin la visite du sénateur Henri Queuille, ancien président du Conseil, candidat à la présidence de la République à la fin du septennat d'Albert Lebrun. Il arriva, comme c'était la coutume à l'époque, en chapeau haut de forme, jaquette et gants blancs, pour me demander ma voix lors de son élection : à cette époque, le président de la République était élu par les sénateurs et députés réunis en congrès à Versailles.

A en croire Paul Valéry *(Regards sur le monde actuel)* « la politique consiste dans la volonté de conquête et de conservation du pouvoir. Elle exige par conséquent une action de contraintes ou d'illusions sur les esprits, qui sont la matière de tout pouvoir. L'esprit politique finit toujours par être contraint de falsifier. Il introduit dans la circulation, dans le commerce, de la fausse monnaie intellectuelle et des notions historiques falsifiées. Il construit des raisonnements spécieux ; en somme, il se permet tout ce qu'il faut pour conserver son autorité, qu'on appelle je ne sais pourquoi " morale ". » Je croyais au contraire, moi, que la politique n'était que le bon sens et le dévouement appliqués aux grandes choses d'une communauté...

Mais si vraiment la politique est telle que Paul Valéry veut bien nous la décrire, alors oui, je n'étais pas fait pour elle. J'ai trop le désir d'aider ceux qui ont la responsabilité de la vie de nos concitoyens pour me plier à la discipline d'un parti ou d'un sectarisme aveugle ou intransigeant.

CHAPITRE IX

Décès de mon beau-père – Nouveau séjour en Cochinchine – A dos d'éléphant – Le village Moï – Miss Saigon

Ces années 1936 à 1939 furent pour moi extrêmement fertiles en activités et en événements. Mon difficile succès électoral et le travail parlementaire qui s'ensuivit ; un voyage en Pologne pour visiter les puits de pétrole de la Malopolska ; différents travaux à la banque, exigés par Olivier de Rivaud ; des voyages d'affaires en Afrique du Sud ou au Cameroun – et la traversée du Sahara en auto, avec Paule, René de Rivaud et sa femme, à l'époque une véritable aventure – ; des chasses en Afrique, en France, en Angleterre, en Ecosse, en Belgique, en Allemagne ; toutes ces activités m'avaient momentanément éloigné des champs de courses. Je n'y revins qu'en octobre 1938 pour gagner à Auteuil, avec " Bonavico ", le Prix Artus Talon. Ce fut d'ailleurs là que prit fin ma brève carrière hippique ; et je suis sans doute le seul parlementaire en exercice à avoir gagné une course à Auteuil, en steeple, sur tout le grand parcours.

La presse ne manqua pas de le souligner. « Le jeune député, écrit *le Jour*, en triomphant avec « Bonavico », a ainsi démontré qu'il était au moins aussi à l'aise pour franchir la rivière d'Auteuil que pour escalader la tribune de la Chambre. » De son côté, *Le Petit Parisien* publia ma photo en première page, et dit : « C'est sans doute la première fois qu'un parlementaire passe le Winning Post d'Auteuil. Tout arrive ! » Un autre ajoutait : « Décidément, le Parlement comme le journalisme mène à tout sans en sortir. »

Le lendemain, à la Chambre des députés, sortant de la Commission des Colonies, je retrouvai, assis côte à côte sur un banc dans la salle des pas perdus, Anatole de Monzie, le garde des Sceaux, et mon ami Raymond Susset.

– C'est toi qui as gagné une course hier à Auteuil ? me demanda ce dernier. Devant mon acquiescement il ajouta :

– Tu ne devrais pas participer à ce genre de sport. Cela ne fait pas sérieux.

J'aurais aimé rire, mais je n'en avais plus le cœur. Le même matin, à l'aube de ce 17 octobre 1938, mon bien-aimé Olivier de Rivaud venait de mourir, non sans avoir la veille appris la victoire de « Bonavico ». L'infirmière m'a dit qu'en apprenant la nouvelle un faible sourire avait éclairé son visage, plein de sérénité et de calme devant la mort.

J'avais progressivement suivi l'évolution du mal qui devait nous l'enlever. J'avais constaté l'impuissance des médecins, dont les seules indications prescrivaient la morphine à haute dose pour atténuer les souffrances d'une tumeur qui, à soixante-deux ans, ne lui laissait aucune chance de survivre.

De temps à autre, sans le fatiguer, j'allais dans sa chambre saisir ses brefs moments de conscience. Il me donnait parfois ses instructions. Peu avant sa mort, un soir, fin septembre, une de ses mains dans les miennes, dans le silence de la nuit, juste avant la piqûre calmante qui le soulagerait dans son sommeil, il me dit, voyant mes yeux pleins de larmes mal contenues :

– Pourquoi pleures-tu ?

La gorge serrée, j'étais incapable de répondre. Il ajouta :

– Tu sais, j'ai bien vécu. A chacun son heure.

J'étais toujours silencieux, et de mes yeux tombaient de lourdes larmes sur mes mains jointes aux siennes. Je restais immobile. Il reprit doucement :

– La seule chose qui m'attriste, vois-tu, c'est de mourir encore un peu trop tôt pour toi. Tu es très jeune. A trente-quatre ans, on a encore tant à apprendre.

Il se tut. Je crus qu'il dormait. Au bout d'un instant, il reprit :

– Je vais te laisser seul avec ma femme et avec la tienne...

Ses yeux d'un bleu de ciel se fermèrent à nouveau. Au bout d'un long silence, il les rouvrit avec, sur ses lèvres, un léger sourire ironique plein de douceur, et termina la phrase commencée :

– Cela ne va pas être drôle pour toi, mon pauvre vieux !

Puis comme il tombait dans son lourd sommeil, j'ai quitté le bord de son lit, mes mains inondées de larmes. Et je ne l'ai plus revu vivant.

Je savais cependant qu'il comptait sur moi pour le remplacer auprès de deux amitiés féminines qui lui étaient chères. Je devais veiller sur elles, comme je l'ai fait jusqu'à ce qu'elles disparaissent à leur tour. Il savait aussi en me quittant que je resterais fidèle à sa mémoire, et que ses derniers vœux, confiés à l'heure où tout s'arrête, seraient exécutés sans faille. Ils l'ont été.

Tous les journaux de France rendirent compte de son décès, et saluèrent en lui, comme le souligna *le Figaro*, l'homme qui avait donné à la France sa production de caoutchouc, fait défricher plus de cent soixante-quinze mille hectares en Indochine pour y faire pousser les caoutchoutiers qui devaient non seulement faire sa fortune, mais aussi augmenter de manière énorme les ressources de notre pays. On évoqua également le grand propriétaire de chevaux dont l'écurie avait enlevé le Grand Prix avec « Barneveldt », le Prix du Jockey Club avec « Château-Bouscaut », le Prix de Diane avec « Ukrania », le Prix du Président de la République avec « Dago ».

Après Auteuil, ce fut la Hongrie, avec le championnat du monde de tir aux pigeons d'argile. Au stand de tir, à Budapest, Paule se tenait les oreilles, assourdie par les coups de fusil mais souriante avec l'assistance. Face aux tireurs allemands, américains, autrichiens, hongrois, spécialisés en ball-trap tir olympique, je parvins à me classer troisième dans les Championnats d'Europe, et ex-æquo avec le Dr. Montagh en Championnat du monde. Un barrage fut nécessaire pour nous départager, dont le Dr. Montagh sortit vainqueur.

J'étais battu et second, ce qui est toujours désagréable.

Dix jours plus tard, à Paris, je me trouvai sur le pas de tir d'Issy-les-Moulineaux, engagé dans le Championnat de France de tir, cette fois non plus au pigeon d'argile, mais au pigeon volant avec cent soixante-sept tireurs. Un Américain grand spécialiste, semi-professionnel, M. Warren, se classa ex-æquo avec moi pour la première place. Là encore, il y eut barrage pour nous départager ; et il se passa à Issy ce qui s'était passé à Budapest. J'étais, hélas ! à nouveau battu dans cette importante épreuve, ouverte aux meilleurs tireurs du monde, et je terminais second dans une discipline avec laquelle, il est vrai, j'étais peu familiarisé. Je me vengeai plus tard en alignant soixante-sept pigeons vivants à la suite, sans en manquer un.

Mais les grands souvenirs de cette époque, ce sont trois voyages successifs, fin 1938 début 1939, qui m'emmenèrent d'abord en Indochine, puis en décembre en Chine, et en janvier, enfin, à la Golden Gate Exhibition de San Francisco, où je devais représenter la France en tant que commissaire du gouvernement. Après ces déplacements, je pensais rentrer à Paris où, sans m'inquiéter outre mesure, les événements se précipitaient...

Mon voyage en Indochine avait été préparé de longue date. Désirant allier l'utile à l'agréable, j'avais décidé de consacrer tout le début du mois de novembre à étudier les questions économiques et sociales, avant de faire ensuite une longue randonnée de découverte et de chasse dans une région peu connue.

En Cochinchine, pendant un mois, il me fallut d'abord rencontrer beaucoup de monde, écouter les électeurs et les hauts fonctionnaires, analyser la situation, prêter l'oreille à la critique, m'appliquer à suivre la mouvance des choses, discuter avec le gouverneur, assister aux réunions de la Chambre de Commerce, visiter les corps constitués, sans oublier d'aller voir mes amis planteurs... Bref, passer en revue l'ensemble des activités du pays.

Le Grand Conseil se tenait à Hanoi, où j'avais été reçu par le Gouverneur général Brévié. Toutes les informations recueillies étaient essentielles pour prendre avec Georges Mandel les décisions conformes à nos intérêts et à ceux dont nous avions la responsabilité et la charge. Travail passionnant auquel je donnais scrupuleusement tout mon temps. L'esprit curieux, soucieux d'être vigilant et efficace, je voulais servir Georges Mandel que j'estimais particulièrement. J'étais allé le voir fréquemment, rue Oudinot, où il vivait l'hiver dans un bureau chauffé à trente degrés, en vrai ministre des Colonies. J'admirais cette belle et curieuse intelligence, froide, précise, incisive. Elle lui permettait de saisir vite le contenu et le contenant des textes ainsi que leur finalité. Son honteux assassinat par la Milice, aux derniers jours de l'Occupation, devait me frapper douloureusement.

A Saigon, les distractions étaient nombreuses. J'allais à l'entraînement, donnais de grand matin un galop à l'un ou l'autre des petits chevaux de course locaux pour faire plaisir à leurs propriétaires, assistais à l'élection amusante de Miss Saigon, dînais ou déjeunais en ville... Au Cercle sportif, où les filles étaient belles, je plongeais dans la piscine, toujours sûr de retrouver quelques amis avec lesquels nous déjeunions rapidement d'un sandwich. Bref, les journées étaient vivantes et bien remplies.

Ce séjour me réserva pourtant, sans raison apparente, une dure attaque de mal du pays. Je ne pouvais plus rien avaler, mon alimentation générale se bornait à du riz bouilli, des nouilles au beurre et du bismuth. Je voyais avec inquiétude s'approcher la date à laquelle mes deux amis, Hubert de Chambure et Alain de Solages, camarades d'enfance et de chasse, allaient comme prévu venir me rejoindre pour cette longue randonnée en pays cambodgien et moi.

J'avais pris conseil pour la préparer auprès d'amis qualifiés. Ils m'avaient suggéré de partir de Strumgtren, au Cambodge [1], sur le Mékong, pour rejoindre Bam-Methuot, dans la région du Darlac, et les lacs au centre Annam, soit environ quatre cents kilomètres à vol d'oiseau. je savais par les on-dit que la région était particulièrement sauvage : un ou deux villages, pas de pistes hormis celle des éléphants sauvages et d'animaux de toutes sortes. A la grande forêt succédaient la forêt clairière, des collines, des hautes herbes gigantesques, tout cela abondamment peuplé de grand gibier. Amateurs de sensations fortes, nous ne pouvions espérer mieux ! Les autorités, en vue de nous assister et de nous éviter de désagréables surprises avaient, durant notre déplacement, confié notre sécurité au capitaine Molinié de la Garde indigène, assisté de six hommes armés.

En dépit de mes ennuis de santé, un matin de novembre nous trouva donc réunis, Chambure, Solages et moi, à Strumgtren. Le capitaine Molinié était là avec ses hommes : les organisateurs avaient bien fait les choses. Vingt éléphants porteurs nous attendaient, et cinq de chasse dont l'un, Bakam, éléphant de Sa Majesté Bao Daï, deviendra mon ami. Il était magnifique ; son cornac parvenait à obtenir de lui l'immobilité la plus complète, sans même respirer, lorsqu'on lui faisait comprendre, à l'aide d'un crochet planté sur le crâne au bon endroit, qu'on allait tirer. Il offrait ainsi aux chasseurs, sur son dos, la stabilité de visée indispensable à une bonne réussite. Après un mois de vie en commun, lui et moi communiquions parfaitement. Il venait chercher dans ma poche des morceaux de

1. Voir carte annexe 1.

sucre et parfois soufflait doucement dans mon oreille... A sa façon, il me donnait sans doute un peu de son amour. Le soir, au campement, on liait ses deux jambes avant, comme à tous les autres. Ainsi entravés, les éléphants ne pouvaient, tout en mangeant, s'éloigner de nous, ce qui permettait de les retrouver à proximité le matin pour les bâter plus aisément à l'heure du départ de l'étape.

Que dire de cette longue randonnée sinon qu'elle fut passionnante ?

Dès les premiers jours, assis sur le howdah, sorte de siège sanglé sur le dos de l'éléphant, le massage du ventre procuré par le roulis lent et régulier du pachyderme en marche avait par miracle mit fin à mes ennuis de santé.

Nous avancions à la boussole, toujours à l'est, vers le soleil levant. Le paysage changeait. Nous partions au lever du jour. Vers midi, à la grosse chaleur, ou parfois tard le soir, nous cherchions l'endroit approprié pour établir nos campements. Le matin, avec nos éléphants de chasse, nous prenions la tête de la colonne. Il n'était pas rare de rencontrer, aux premières heures du jour, cerfs, chevreuils, petites antilopes, qui regardaient avec étonnement ces éléphants surmontés d'une forme étrange. Pour que l'insolite se prolongeât il ne fallait ni parole ni geste. Nous passions en silence, mais devant la colonne d'éléphants porteurs et la voix des hommes, loin derrière nous, nos rencontres fugitives s'évanouissaient sans bruit.

Suivant le cas et la région traversée, nous chassions autour du camp, le matin à l'aube, ou deux ou trois heures avant le crépuscule. Parfois, au cours de déplacements en forêt clairière, nos cinq éléphants, distants l'un de l'autre de cinquante mètres, marchaient en ligne, couvrant en largeur entre deux cent cinquante et trois cents mètres, et nos yeux restaient attentifs à tout ce qui bougeait. Avec son bâton, le cornac assis sur la tête de l'éléphant indiquait parfois la direction et l'emplacement d'animaux ; on les voyait rarement avant lui. Un arrêt brusque, un bâton pointé, je ne vois rien, et tout à coup, à cent mètres, un tigre traverse au galop. Il s'arrête un instant sur un grand tronc d'arbre abattu, comme un gros chat, les quatre pattes ramassées. Il nous regarde puis bondit à nouveau. J'épaule, mais il est déjà parti. Un autre le suit, franchit au galop le même tronc d'arbre, j'ai le temps sans désépauler de tirer. Je ne saurai jamais s'il fut atteint. Nous avons cherché longtemps, scrutant les herbes, le sol, pour y trouver une goutte de sang... Il n'y avait rien car la balle blindée, destinée aux bœufs sauvages, traverse les peaux fragiles sans faire d'hémorragie. Je revois encore ces deux tigres, dans leur galop allongé, souples... Ils étaient superbes.

Sur quatre cents kilomètres, nous ne traversâmes que deux villages. Le premier m'a laissé un souvenir inoubliable. A son approche, en fin d'après-midi, on pouvait distinguer une trentaine de huttes. Les lieux, entièrement déserts, semblaient pourtant habités : le toit des cases fumait encore. Sans comprendre, nous nous installâmes sous un bel arbre, les éléphants à l'écart, nos tentes plantées. Pourquoi ce village mort, pourquoi cette absence de vie ? Nous allions bientôt le savoir. En effet, au bout de dix minutes, arriva une très vieille femme appuyée sur un bâton ; puis une autre, puis une troisième. Elles nous regardèrent. Enfin, un vieillard fait son apparition. Nos interprètes, habiles et affables, entament la conversation. Peu à peu le centre du village se garnit. Les hommes n'ont qu'un pagne, les femmes ont les seins nus. Ce sont des Moï. Au bout d'une heure, tous les habitants semblent de retour, en tout une soixantaine. La conversation devient générale. La curiosité a fait place à la peur, des rires fusent, et bientôt autour de nous, tout un monde est rassemblé. Grâce aux interprètes, Molinié nous explique. Ce village n'avait jamais vu de Blancs. Notre arrivée, détectée d'assez loin, leur a fait craindre le pire : pillards, collecteurs d'impôts, guerriers. Leur angoisse était grande. Ils ont fui dans la forêt pour avoir le temps de réfléchir et de décider des mesures à prendre. Maintenant, ils regardent avec intérêt les tentes, le matériel. Ils savent que nous venons chasser, peut-être même tirer le « cop » (tigre). Justement, il y en a un qui, la veille, a attaqué une vieille femme à la rivière, et l'a en partie dévorée.

J'allai sur place, vis l'emplacement et trouvai en effet les restes relativement frais d'un corps déchiqueté, sûrement par un vieux tigre, de ceux qui attaquent les humains lorsqu'ils sont affamés et plus assez lestes pour attraper les animaux agiles et robustes. Dans ce cas, une femme isolée allant laver son linge ou chercher de l'eau à la rivière est un gibier de choix.

Le vieux tigre ne devait pas être loin. Ce genre de carnassier a l'habitude, dans des cas similaires, de rester aux alentours pour surveiller son repas du lendemain avant que d'autres ne viennent s'en emparer.

Très vite, sans rien toucher, je décidai d'établir un affût à proximité, sur la haute branche d'un arbre. J'y passai une partie de la nuit, une lampe électrique sur la tête, prêt à éclairer la scène si la lune venait à disparaître, ou si j'entendais le bruit, facile à discerner, du craquement des os de l'appât humain. Mais je restai en vain six heures de suite, les yeux rivés sur des chairs meurtries qui commençaient à sentir : le tigre repu devait dormir non loin. Je descendis de ma grossière échelle, dévoré par les moustiques ; en m'endormant, j'avais encore l'horrible impression de voir par moments des chairs remuer sous la lumière blafarde de la lune, et me sentais poursuivi par leur odeur.

Le village était si accueillant que nous décidâmes de rester une journée de plus. L'emplacement agréable des tentes, la proximité d'une rivière où l'eau coulait claire et pure, une population souriante et les poitrines de ces dames, tout nous y incitait. D'affût au tigre, il n'était plus question, car, retourné sur les lieux dans la matinée, le chef du village nous dit que l'appât avait disparu, entraîné en forêt. J'avais manqué de patience.

Notre équipement comportait notamment une glacière à gaz et un groupe électrogène. Nos nouveaux amis n'avaient jamais vu d'électricité ni de glace. Une ampoule vissée et dévissée créait pour eux la lumière miracle ; un moteur à essence consacrait l'étonnante puissance des Blancs. Ayant réuni une partie des hommes en demi-cercle autour de moi, je fis passer un cube de glace entre leurs mains. Le froid était pour eux une chose inconnue. Avec la température ambiante, le cube ayant circulé entre trente mains, il n'en restait naturellement plus grand-chose dans la dernière. Je fis demander par l'interprète, avec une grosse voix, « qui avait volé le froid ? » La consternation se lut sur tous les visages et il fallut mes explications pour les voir à nouveau sourire, et brusquement comprendre.

Alain de Solages me suggéra alors de leur montrer quelques tours de prestidigitation comme je savais en faire. Je m'y appliquai, faisant disparaître un œuf sous un bol, mangeant une fourchette sous leurs yeux, ou bien encore tranchant une ficelle au beau milieu pour la rendre intacte à celui qui l'avait coupée. Jeu facile pour moi, prodige pour eux. J'étais décidément l'homme magique.

Entre les indigènes et nous s'étaient établies des relations simples et affectueuses. Depuis cette date, je me suis souvent demandé ce qu'il était advenu de ces gens, de ces enfants, dans la tourmente des guerres successives qui avaient apporté la haine et la souffrance, laissant un pays dévasté, moins libre que jamais, soumis à d'autres chefs, dans un régime d'intolérance, de pauvreté et de délation et ayant engendré la tragique fuite des boat-people. Quel changement, lorsqu'on pense qu'en 1927, avec La Rozière, nous allions sans armes, du Nord au Sud, par la Route Mandarine, où bon nous semblait ! Pour quelques piastres on achetait du riz, essentiel de notre nourriture ; l'accueil était simple, amical, et si on ne parlait pas la langue, on pouvait s'expliquer par gestes en riant.

Nous quittâmes ce village laissant derrière nous de l'aspirine, de l'exoseptoplix, de la quinine et probablement des regrets. Ils nous suivirent avec des cris de joie et d'amitié en nous souhaitant une heureuse fin de voyage. Longtemps après notre départ, nous allions être pour eux, sans doute, l'objet des conversations, le soir autour du feu.

Continuant notre marche, nous établissions nos campements suivant l'inspiration, à la recherche des bœufs sauvages, des buffles ou des gaurs. Par moments, dans notre marche vers l'est, la progression en forêt se faisait avec peine ; les lianes, les branches laissaient indifférents nos gros pachydermes, mais nous frappaient désagréablement le visage. Il fallait avancer avec précaution pour ne pas se faire jeter bas de son siège par une branche refusant le passage. Solages cassa sa carabine, le canon et la crosse pris entre une liane et son estomac.

Les jours passaient. Certains soirs, rassemblés autour d'un grand feu, pendant que cuisait le dîner, nous parlions politique, mais comme tout cela semblait loin ! Un beau matin, à mi-parcours de notre randonnée dans les hautes herbes, une panthère noire passa entre les jambes de l'éléphant de Solages sans qu'il puisse la tirer. Sa monture eut si peur qu'elle partit au pas de charge, balançant dangereusement son cavalier, seul à ne pas rire, avec un cornac momentanément impuissant.

Dans ces herbes gigantesques, de plus de deux mètres de haut, il nous arrivait souvent d'approcher de très près certains animaux. Voir le plus grand bovidé du monde, le gaur – que j'avais déjà eu l'occasion de rencontrer lors de ma première équipée, avec La Rozière –, ne pas s'inquiéter outre mesure de la présence d'un de nos pachydermes, était un spectacle surprenant. Un soir, après avoir chassé, comme nous revenions en tête de la colonne d'éléphants dans l'obscurité la plus complète, mon cornac, en pleine forêt dense, arrêta brusquement Bakam. Surpris, je me penchai vers lui. Dans un souffle il me dit : « Hong bo », ce qui signifiait : « Monsieur, éléphant. » Aussitôt, partout et tout près, la forêt se mit à craquer doucement puis avec fracas. Des branches se cassaient devant nous, puis à droite et à gauche. Je ne distinguais rien dans la nuit noire, mais je sentais sous moi mon éléphant trembler de peur. C'était hallucinant. Un troupeau d'éléphants sauvages se trouvait sur notre passage. Immobiles, anxieux, craignant la charge, nous entendîmes avec soulagement le bruit décroître petit à petit. Ils avaient dû avoir encore plus peur que nous.

Au fur et à mesure de notre progression, le paysage se modifiait. Nous approchions du Darlac. Les collines se faisaient plus importantes et les pistes plus faciles. Enfin, le « poste du lac » fut en vue. Nous y étions attendus.

Après avoir parcouru plus de quatre cents kilomètres en trente-cinq jours, les éléphants étaient fatigués, et je sus beaucoup plus tard que le mien avait été long à retrouver sa forme. Malgré toutes ces fatigues, notre expédition avait connu le succès escompté. La liaison avait été relativement facile entre le Cambodge et les contreforts de l'Annam, et la chasse un succès avec de beaux trophées. Seuls manquaient au tableau deux tigres : celui qui n'avait pas voulu se faire voir près des débris de la pauvre vieille femme, et celui que j'avais probablement manqué alors qu'il galopait.

Pour célébrer notre arrivée, une fête avait été prévue par le chef de la garde indigène locale. Elle comprenait de nombreuses et lourdes jarres d'alcool de riz, et aussi le sacrifice des buffles. Je n'avais jusqu'alors jamais assisté à la fête du buffle, dont précisément c'était l'année. On commençait par immobiliser l'animal en lui coupant le jarret, puis on lui enfonçait une lame dans le cœur, pour le dépecer ensuite.

Nous dûmes aussi, impérativement, goûter en l'aspirant avec un roseau creux l'alcool de fermentation du riz contenu dans ces nombreuses jarres. La coutume précise que si dans chaque jarre, le niveau du liquide, bien en vue, ne baisse pas devant les yeux de celui qui vous l'offre, vous faites une grave entorse à la politesse. En revanche, si, désinvolte, pour faire plaisir, vous buvez une gorgée à toutes les jarres, vous finissez vacillant sur vos jambes, et les tripes en feu. Tout l'art consiste en fait à aspirer doucement, pour faire baisser le niveau du liquide dans le col de la jarre ; on vous en sait gré, après quoi vous pouvez délicatement, sans que le roseau ait quitté vos lèvres, ressouffler l'alcool sans l'avaler. Nul n'est censé s'en apercevoir ; l'honneur est sauf, votre estomac aussi.

Finie la chasse... Je rentrai à Saigon. Il fallait sans tarder penser à mon voyage en Chine où j'étais attendu en décembre.

Avant de partir de Paris, j'avais pris contact avec Georges Mandel pour lui proposer le choix d'un nouveau Gouverneur général afin de remplacer Brévié dont je ne voulais plus, pleinement d'accord en cela avec mon associé Charles de Breteuil ; notre journal, *les Annales coloniales*, suivait évidemment les mêmes orientations. Je suggérai Raoul Dautry, ancien directeur général de la SNCF et en même temps, comme directeur de l'Ecole coloniale, le général Catroux. Finalement, ce dernier fut nommé Gouverneur général.

Dans mon dernier entretien avec le ministre, nous avions aussi abordé le problème de la Mandchourie envahie par les troupes du Mikado. Je savais qu'il était politiquement difficile pour la France de prendre position dans ce conflit, mais le ministre devait avoir son idée, ou peut-être bien l'accord tacite du président du Conseil, sur la position qu'il comptait adopter. Il avait insisté pour que j'aille voir en Chine le général Tchang Kaï-Chek afin de l'assurer de notre aide par tous les moyens. Je devais aussi l'informer que par le Tonkin – le chemin de fer passant par le pont de l'Arbalète et Yunanfou –, nous pourrions s'il le désirait lui faire parvenir toutes sortes de matériels. Je n'avais pas pensé à signaler cette conversation à mon ami Georges Bonnet, ministre des Affaires étrangères. J'eus peut-être tort, mais les événements se succédèrent à un tel rythme que très vite la France, dans tout l'Extrême-Orient et en Chine, fut paralysée et incapable d'agir. La guerre en Europe, l'occupation de l'Indochine en 1942 par les forces nippones, avaient exclu pour nous toute possibilité d'intervention dans ces pays.

En janvier, je restais à Saigon le temps de préparer mon départ. On savait que j'allais quitter cette ville pour Hanoi puis San Francisco ; mais à part quelques intimes, on ignorait ma destination chinoise. Hubert de Chambure parti, Solages et moi habitions la villa du gouvernement, mise, suivant la coutume, à la disposition du député. A vrai dire, je préférais celle de la Société des Terres rouges, où depuis si longtemps, comme inspecteur, j'avais mes habitudes. A la villa, le téléphone sonnait sans arrêt. On voulait me voir, me parler avant mon départ. En pareil cas, les sollicitations de dernière heure se manifestent toujours avec insistance, ainsi que les demandes d'intervention à ne pas oublier dès l'arrivée à Paris. Dans d'autres cas il me fallait obtenir sur place, avant d'être trop loin, l'avancement réclamé. Même notre ravissante Miss Saigon, qui était vendeuse dans un magasin de luxe de la ville, demanda à me voir ! On ne résiste pas facilement à une jeune et délicieuse beauté vietnamienne. J'acceptai de la recevoir, et cet épisode me montra une fois de plus ce qu'est la chance – ou la malchance – et quelles conséquences peuvent entraîner leurs revirements les plus futiles en apparence.

Elle vint, désirable, élégante, vêtue d'une de ces charmantes robes de son pays en soie jaune, au large pantalon blanc flottant. Elle voulait, me dit-elle, partir pour San Francisco avec moi afin d'être hôtesse d'accueil à l'exposition. L'idée était excellente et de bonne propagande ; cependant elle me paraissait quelque peu tardive et difficilement réalisable face à une administration jalouse de ses prérogatives et de ses décisions.

Le téléphone interrompit notre conversation : je devais me rendre au Palais du gouverneur. Je remis à un peu plus tard la décision du voyage de Miss Saigon, la laissant momentanément en compagnie de mon ami Solages, heureux de l'aubaine. Le soir, revenu juste avant le dîner et attendu en ville où je repartis aussitôt, je ne pus encore rien décider pour elle. Et de contretemps en contretemps, je quittai Saigon sans l'avoir revue. Plus tard, aux USA, j'appris qu'une administration indochinoise tatillonne et compliquée n'avait pas voulu envoyer à San Francisco la jolie Vietnamienne aux yeux d'or et aux petits seins fermes. Et plus tard encore, j'appris un jour sa mort de la main des Japonais, pour avoir hébergé chez elle un planteur résistant recherché par la police nippone. A quoi tient une existence ! La chance vous colle à la peau ou elle vous abandonne sans raison. Il est probable que si elle était partie avec moi elle aurait eu la vie sauve. J'y pense toujours.

Quelques jours après notre entrevue, le pilote Lacaze sur Dewoitine, d'Air France, me déposait à Hanoi.

CHAPITRE X

Chez les maîtres de la Chine – Madame Tchang Kaï-Chek – Six cents langues de faisans – Hong Kong – Un message pour le président Roosevelt

Au Tonkin, un télégramme jaune officiel m'apprit que j'étais attendu en Chine. Après avoir pris congé du Gouverneur général et rempli toutes les formalités nécessaires, je quittai Hanoi par le train pour Yunanfou. Ce voyage, effectué en wagon spécial, ne m'a, curieusement, laissé que peu de souvenirs. Seul m'a frappé le passage de ce merveilleux pont de l'Arbalète, ouvrage digne d'Eiffel, accroché aux pans des montagnes qui permettait au petit train tiré par une locomotive haletante de grimper allégrement de la plaine à la région des montagnes. Fini les rizières à perte de vue, fini le fleuve Rouge, dont le nom vient de la couleur des alluvions qu'il charrie toute l'année.

On sait que si les Américains avaient osé, pendant la guerre du Vietnam, faire sauter en période de crue les digues de ce fleuve, une grande partie du Nord-Tonkin aurait été envahie par les eaux. Les digues rompues signifiaient des populations affamées ou noyées, des transports interrompus, la guerre probablement terminée. La trop scrupuleuse et puritaine Amérique ne l'a pas voulu. Elle s'est même opposée à la destruction des centrales électriques et des centres de production. En revanche, Haïphong, d'où arrivait le matériel de guerre russe, fut maintes fois bombardée, sans grand succès. On a beaucoup dit, et la presse s'en est fait l'écho, que la guerre d'Indochine, qui laisse encore de nos jours des traces dans l'âme américaine, avait été volontairement prolongée en vue de maintenir en activité une partie importante de la flotte marchande du Pacifique, en mal d'emploi. Il paraissait nécessaire, affirmait-on, de conserver des équipages pour éviter aux marins le chômage ; il était également indispensable, assurait-on, de donner à l'économie américaine le temps et les moyens d'amortir rapidement l'ensemble de ses bateaux de commerce, vestiges de la guerre du Pacifique.

L'accueil à Yunanfou fut simple et chaleureux. Le soir même, je dînais « en famille » chez Mme Tchang Kaï-Chek. Le Maréchal, ancien disciple de Sun Yat Sen, premier fondateur de la République de Chine, n'était pas là. Retenu momentanément à Chung King par des réunions importantes, il me priait d'aller l'y rejoindre. Son épouse présida le dîner, où nous étions six. Elle m'avait placé en face d'elle ; elle devait avoir quarante-cinq ans. Un joli visage, régulier, sans rides, des yeux qui savaient vous quitter pour revenir pleins de chaleur. Il émanait de cette femme quelque chose d'attachant, une façon d'être qui vous mettait tout à fait à l'aise. J'avais à mes côtés le docteur Kung, ministre des Finances, et Tivi Soon, frère de la présidente et beau-frère du docteur Kung. Ce dernier, habillé à la chinoise en lainage gris, avec qui le lendemain j'allais avoir une conversation passionnante, parla peu ce soir-là. Tivi Soon, par contre, vêtu comme un Américain dont il cherchait à prendre l'accent, était affable, décontracté, particulièrement aimable et bavard. Manifestement il était l'homme d'affaires privé de toute la famille. Vivant une partie de l'année à New York, il était en quelque sorte devenu leur conseiller financier, en raison de ses compétences bancaires. Nous nous exprimions en anglais. Ils me questionnèrent sur la France, sur les intentions d'Hitler, sur les forces britanniques. Ils envisageaient déjà la guerre en Europe comme une éventualité inéluctable, et m'en donnaient les raisons. Tivi Soon m'entretint également de la situation économique des USA, du potentiel de production de la General Motors, de la Maison Lazard et de Altschul, leur principal associé à New York qu'il connaissait fort bien.

Au cours du repas, je demandai le nom du plat que nous servaient deux femmes et un vieillard. Son goût était nouveau pour moi, et sa consistance particulière. On m'apprit qu'il s'agissait d'un plat extrêmement rare, exclusivement composé de plusieurs centaines de langues de faisans. Elles me parurent un mets si merveilleux que je voulus par la suite faire une expérience similaire. Un soir de novembre, en Alsace, où nous avions au tableau plus de six cents de ces oiseaux, je conviai mes jeunes invités à venir chacun avec une paire de ciseaux. Ils passèrent près d'une heure avec moi à les plonger dans le larynx de ces volatiles pour dégager leurs langues le plus profondément possible. Puis je laissai à la cuisinière le soin de choisir elle-même la meilleure façon de les accommoder, n'ayant moi-même aucune recette précise. J'ajoutai qu'en Chine, il n'y avait rien de meilleur. On nous servit nos six cents langues... Hélas ! Malgré toute l'habileté et la patience qu'avait nécessité leur préparation, elles se révélèrent d'affreux petits bouts de caoutchouc, durs et tout à fait immangeables ! Comme quoi les Chinois, qui savent manger les pattes et les becs de canards, ont une science culinaire aussi raffinée que celle des Occidentaux.

La soirée s'avançant, rendez-vous fut pris pour le lendemain. Je quittai la pièce par une curieuse porte toute ronde, pour gagner ma chambre où plusieurs petits cadeaux m'attendaient : une robe de chambre en bourre de soie spécialement chaude et remarquablement légère, une autre pour ma femme, des pipes à eau, des biscuits secs, des bâtonnets de table en ivoire et des bols de porcelaine.

Le lendemain, le docteur Kung me fit savoir que le voyage pour Chung King s'annonçait problématique ; mais Tchang Kaï-Chek l'avait chargé d'un message. « Le Maréchal, me dit-il, apprend que vous allez aux USA. Vous verrez Roosevelt. Il veut que vous lui disiez – et nous ne cessons de l'en avertir par notre ambassadeur, qu'il semble ne pas écouter – qu'il nous est impossible de comprendre la politique américaine en ce moment. L'Amérique nous aide effectivement, et des possibilités importantes nous sont offertes pour acheter du matériel... Mais nous qui savons que la tartine chinoise est trop grande pour le beurre japonais, nous ne comprenons pas qu'elle vende aux armées du Mikado les déchets de fer qui nous reviennent sous forme de balles, d'obus et de matériels divers. Pourquoi aussi leur procurer du pétrole qui facilite leur transport ? Si cette politique changeait, la Chine coûterait moins cher au trésor US et les hostilités se tariraient d'elles-mêmes. »

Bien entendu je promis d'en parler à Roosevelt si je le voyais, et quittai le surlendemain l'hospitalière maison avec autour du cou la décoration de l'Ordre de Jade, dont j'avais été fait Commandeur. Tivi Soon, en me conduisant à la gare, me fit promettre d'aller le voir dans sa maison de Hong Kong où il serait sous peu. Je m'y engageai : il m'en avait tant parlé que j'avais envie de la voir.

Le soir, j'étais de nouveau à Hanoi, riche d'une nouvelle expérience et chargé d'une mission officieuse, délicate il est vrai, entre le gouvernement chinois et celui des USA. C'était passionnant.

Quelques jours plus tard, à Hong Kong, j'arrivai de bonne heure en auto pour dîner chez Tivi Soon. Il m'avait convié en fin d'après-midi, pour admirer, m'avait-il dit, du haut de sa maison dominant la côte, le spectacle du coucher de soleil rougissant les falaises qui descendaient jusqu'à la mer.

Une luxueuse maison m'attendait, et sur le pas de la porte, une grande silhouette mince et élégante : Mme Tivi Soon. Nous étions seulement trois. Je me souviens de la beauté de la maîtresse de maison, de ses mains ravissantes, de ses doigts effilés qui portaient un gros cabochon d'un vert d'émeraude ; elle était vêtue d'une robe jaune pâle. L'ensemble était d'un effet saisissant, autant peut-être que le clair de lune se mirant dans une mer d'argent, que je contemplai après le dîner, debout, en haut d'une longue et impressionnante succession de marches qui se perdaient en bas dans le déferlement des vagues. Le tout était d'autant plus frappant et extraordinaire que si les marches du haut avaient environ vingt-cinq mètres de largeur, celles du bas, pour combattre l'effet de perspective, étaient beaucoup plus larges, probablement le double. Ce trompe-l'œil était si parfait qu'il donnait vraiment l'illusion d'une mer toute proche, alors qu'il fallait, disait-on, être fort bien portant pour descendre les marches en six ou sept minutes et les remonter en quinze. Une vraie et superbe chinoiserie, en somme, et une belle leçon de beauté.

Un matin, je quittai Hong Kong, ses couleurs vives, sa baie, ses jonques, ses quais grouillants, son trafic, ses cars-ferries aux incessants va-et-vient. J'avais rencontré les personnes qu'il convenait de voir. Pris en main par le directeur de la Banque d'Indochine, j'avais goûté au fameux canard laqué dans les restaurants spécialisés, et parcouru les magasins, les échoppes exiguës des bijoutiers où l'on était sûr de trouver de multiples souvenirs. Je fis une ample récolte de petits cadeaux pour ceux qui s'étaient dévoués à l'Exposition française de San Francisco afin d'en faire un succès, comme M. Verdier, propriétaire du plus grand magasin de cette ville, « Le City of Paris », qui avait accepté la présidence du Comité d'organisation de la manifestation. Pour avoir souvent correspondu avec lui, je savais qu'il m'attendait avec son équipe, et je connaissais les soucis et les difficultés qu'il avait rencontrés. Je voulais donc, dès mon arrivée, lui témoigner notre reconnaissance pour le travail accompli avec ses collaborateurs.

L'hydravion, dont j'étais le seul passager, me déposa à Manille où le consul de France m'accueillit. Manille, première escale du Pacifique, dont je revois le grand hôtel avec piscine au bord de la mer, et sa rangée de cocotiers...

CHAPITRE XI

Le Pacifique en hydravion – La Golden Gate Exhibition – A la recherche du Président – La Ligue Henri IV – Journalistes indélicats – Les inquiétudes de Georges Bonnet, ministre des Affaires étrangères

Le 2 février 1939, au lever du jour, je quittai les Philippines et retrouvai avec le même plaisir le gros hydravion quadrimoteur pansu, à douze places, quitté la veille, dont j'allais être pour toute la traversée du Pacifique jusqu'à San Francisco, l'unique et seul passager. En 1939, ce vol durait six jours avec six escales ; aujourd'hui, avec un avion à réaction, il dure douze heures.

Notre premier arrêt fut l'île de Guam, importante base navale stratégique américaine appartenant jadis aux Espagnols. Elle avait été cédée aux Etats-Unis en 1898, et allait devenir un nœud important de câbles sous-marins dans cette partie du monde. Sur les eaux calmes d'une large baie, l'hydravion évolua lentement pour venir, docile et sans heurt, accoster au ponton permettant de gagner la terre. Une charmante surprise m'attendait au bout de l'estacade : trois grandes et minces silhouettes féminines, une blonde encadrée de deux brunes, qui m'accueillirent en souriant. Elles étaient les épouses d'officiers américains en manœuvres dans les hautes montagnes de l'île. Souvent seules, leur principale distraction était d'assister à l'arrivée de l'hydravion qui n'avait lieu qu'une fois par semaine. Aussi un Français tombé du ciel, sorte d'oiseau migrateur inconnu dans cette partie du monde, les enchanta, d'autant plus qu'il parlait leur langue. Nous dînâmes tous les quatre à la même table dans le restaurant de fortune, tristement vide, de la Pan Am. Le contact fut excellent ; les questions fusèrent. Je satisfis de mon mieux leur curiosité. Elles rirent beaucoup, se montrèrent tout à fait détendues. « Elles aimeront la France, pensai-je, voudront la visiter. En définitive, j'aurai bien joué mon rôle d'ambassadeur en servant le rayonnement de mon pays... »

Elles adoraient les cartes et surtout le poker. J'y jouai volontiers pour finir la soirée, mais peu familier du poker américain, le résultat fut catastrophique : en deux temps et trois mouvements elles m'avaient pris les quelques dollars US que je possédais. Momentanément ruiné, mais amusé et toujours souriant, je n'avais plus qu'à regagner pour la nuit le dortoir militaire entr'aperçu avant le dîner, longue baraque triste où m'attendaient, pour moi tout seul, vingt lits vides alignés... Toutes trois voulurent m'accompagner. J'émis l'opinion logique qu'une seule suffisait pour me permettre de retrouver le chemin et s'assurer de mon bien-être. Mais non... elles insistaient pour venir toutes les trois – ce qui ne faisait pas mon affaire ! Et devant les marches en ciment de mon cantonnement militaire, après quelques discrètes effusions, elles repartirent en m'assurant qu'elles seraient le lendemain matin au départ de l'avion.

En fait, je quittai Guam sans avoir eu droit à leurs adieux matinaux. Mais de l'avion, face au vent dans la baie, juste avant l'envol, je crus distinguer au travers du hublot, au loin sur l'estacade, trois fines silhouettes, arrivées sans doute en retard. Elles agitaient frénétiquement de leurs mains foulards et mouchoirs... J'eus comme un petit pincement au cœur et regrettai presque de n'être pas resté au moins trois jours, puisqu'elles étaient trois !

De Guam, le 27 février 1939, huit heures de vol suffirent pour nous relier à l'île de Wake, minuscule mais enchanteur atoll de corail. Pendant l'approche et durant son survol, juste avant l'amerrissage, il apparut comme une tache rose délavé, entourée d'un univers bleu et vert sous un ciel de pourpre. Un couple, comme des gardiens de phare, assurait la surveillance et la garde d'un petit « rest-house » semblable à une maison de poupée perdue dans l'immensité d'une mer s'étendant alentour jusqu'à l'infini. Il n'en était pas moins tout à fait confortable. J'y pris un bain d'eau douce, chauffée au moyen d'un panneau de serpentins exposé durant le jour aux rayons du soleil. Juste avant le dîner, dans l'obscurité, le gardien m'emmena au bout d'une longue et mince passerelle jetée sur la mer, avec l'idée de me faire pêcher des poissons attirés par la lumière d'une torche électrique. J'en choisis un, le vis frétiller dans l'épuisette pour le retrouver fort bien grillé, quelques minutes plus tard, dans mon assiette. L'équipage, bien que très aimable, dîne à part, et moi seul de mon côté. La jolie hôtesse, si attentive et prévenante à deux mille mètres d'altitude, m'ignore avec une superbe indifférence dès que nous sommes à terre.

Après Wake, un autre atoll, « Midway », servit de relais ravitailleur et d'auberge pour la nuit. Là, nous croisâmes le premier vol expérimental sans passager du super Boeing qui deux mois plus tard allait relier New York à Lisbonne.

Au cinquième jour de vol, nous amerrissons à Honolulu. Notre arrivée annoncée par radio me vaut l'accueil chaleureux de journalistes avides des impressions du seul passager de l'avion, et aussi celui d'une charmante dame, Mrs Lester Mac Coy, qui me prend en charge ; « parce que vous êtes Français », me dit-elle. Elle m'emmena dans une somptueuse propriété et me fit visiter avec fierté une succession de longues serres remplies d'orchidées magnifiques aux mille délicates couleurs. J'appris au passage qu'elle était la femme la plus riche de l'île. Dans sa piscine, un haut plongeoir muni d'un système électrique faisait monter et descendre le tremplin de saut à la hauteur désirée. Je nageai en eau tiède et restai dîner. L'hospitalité fut accueillante, simple, très américaine, comme si nous étions des amis de toujours ; nous évoquâmes les noms d'amis communs en Europe.

Le lendemain j'étais à San Francisco. Toujours par liaison radio, j'appris que M. Verdier, du « City of Paris », m'attendait avec toute son équipe non pas à la base des hydravions de la Pan Am, mais au débarcadère de l'exposition, dans l'île de la Golden Gate, où la compagnie d'aviation avait courtoisement détourné le vol afin de permettre un amerrissage exceptionnel attendu par toute la presse. « Noble man drops in », titra le lendemain un des journaux.

Cérémonies, discours, manifestations officielles en jaquette et chapeau haut de forme se succédèrent pendant quelques jours, me mettant au contact des autorités locales. Je reçus très officiellement des mains du maire une reproduction en carton-pâte doré des clés de la ville. A cette époque, la Californie était l'Eldorado des Etats-Unis. Les gens me témoignèrent très vite, par leur façon d'être, combien les relations entre nous pouvaient être faciles et agréables. Ils se montraient généreux, le cœur sur la main. Ils voulaient que l'Amérique, dont ils étaient si fiers, plaise aux étrangers. Je conserve d'eux un souvenir qui n'est pas près de s'effacer, et je conseille toujours aux Français de visiter la Californie.

Je ne perdais pas de vue la mission confidentielle dont j'étais chargé par mes amis chinois auprès du président Roosevelt. Obtenir une entrevue se révéla chose malaisée. Sollicité par téléphone, notre ambassadeur, M. de la Boulaye, me parut réticent. Il insistait pour connaître les motifs de ma demande ; je ne pouvais que lui répéter que j'arrivais de Chine avec un message pour le Président. La conversation me laissa l'impression très nette qu'il ne fallait pas compter sur son intervention. Là-dessus, Cutler, le président américain de l'exposition, comme je lui faisais part de mon désir de rencontrer Roosevelt, leva les bras au ciel : « Mais Franklin Delano est mon grand ami ! Je vais très facilement arranger un entretien. » Fort de cette assurance, je ne cherchai plus à convaincre notre ambassadeur.

Enfin, tandis que je rencontrais les personnalités les plus diverses – dont Eve Curie, qui par sa beauté, son intelligence et son nom, apportait une si jolie image de la France – je me trouvai en plusieurs occasions aux côtés de Mme Roosevelt. C'était une grande dame un peu froide que des on-dit scandaleusement malveillants ont, après la guerre, accusé d'avoir eu des relations suivies avec un représentant du KGB qui informait Moscou des pensées secrètes de son mari... Elle se montra charmante à mon égard ; je pensai qu'elle pouvait être l'intermédiaire rêvée pour transmettre le message chinois au Président, si par malchance l'entrevue de Washington devait se révéler difficile, voire impossible. A l'occasion d'une de nos rencontres, je lui confiai mes préoccupations et, dans une brève note, tout en comptant toujours sur la possibilité d'une audience, je résumai l'anxiété de l'entourage de Tchang Kaï-Chek devant l'appétit d'expansion nippone en Mandchourie.

Ce séjour à San Francisco se termina pour moi par une soirée tout à fait imprévue, au cours de laquelle un discours improvisé allait me valoir des applaudissements. La veille de mon départ, en effet, notre consul général M. Gaucheron me fit savoir qu'une « Ligue Henri IV » souhaitait me recevoir le soir même, vers dix-neuf heures, autour d'un verre. Je devais apprendre à cette occasion l'existence de cette Ligue, qui regroupait en Californie des émigrés français, cuisiniers, maîtres d'hôtel, boulangers, blanchisseurs, teinturiers, personnel de maison, tous mariés à des Américaines ou à des Américains et parlant le français.

La soirée commença mal : M. Gaucheron avait omis de me préciser qu'il s'agissait aussi de présider un banquet de quatre mille couverts, à l'occasion de la fête annuelle de la « Ligue Henri IV », et ce fut en costume de ville que je me présentai pour trouver, à ma grande confusion, le comité invitant, hommes et femmes, en smoking, cravates noires et robes de soirée... Trop tard ! Le repas se déroula dans une immense salle remplie de centaines de tables jusqu'aux galeries supérieures. Puis le président de la Ligue me demanda de prononcer quelques mots à l'issue du repas. « Pas plus de cinq minutes, précisa-t-il ; tout le monde est ici pour s'amuser... » Après avoir entendu l'exposé du trésorier sur la situation financière de l'association, je pris la parole, non sans avoir ostensiblement retiré ma montre de mon poignet pour la poser devant moi, et je commençai par demander à l'auditoire d'excuser ma tenue, ajoutant que si j'étais en défaut, ils ne l'étaient pas moins, puisque ce dîner de la « Ligue Henri IV » ne comportait pas de poule au pot. Après quoi, je brossai un rapide tableau de la Chine, parlai de mon vol en solitaire pour traverser le Pacifique, de la guerre japonaise... et j'abordai enfin les inquiétudes de la France et de l'Europe devant le martèlement sourd des bottes hitlériennes à la frontière du Rhin. Sur quoi, regardant ma montre, je me rassis, ayant parlé six minutes.

Alors le président se leva, me prit par la main et insista pour que je continue de parler de la France et de l'Europe. En riant, je me tournai vers les assistants et leur demandai s'ils voulaient encore entendre une voix française, bien que leur président m'ait spécifié que cinq minutes de discours étaient un temps maximum, que j'avais déjà dépassé. A leurs protestations, je compris qu'il me fallait continuer. Puisqu'ils voulaient parler de la France, on allait en parler.

Sortant un dollar de ma poche, je leur demandai s'ils savaient ce que cette pièce apportait au monde : non pas des rêves de puissance, ni même celui de la suprématie de l'argent, mais l'immense espoir au cœur des hommes, avec le mot « Liberty » gravé dessus. Je leur dis que de cette liberté le peuple américain devait être le gardien, tâche ingrate il est vrai, mais qui en faisait le plus grand peuple du monde en raison même de ses responsabilités. Je rappelai en parallèle la position de Lord Crew, ambassadeur de Grande-Bretagne auprès de Guillaume II. Si l'Allemagne avait eu connaissance en 1914 de la décision irrévocable de l'Angleterre de joindre ses forces militaires à celles de la France, l'empereur n'aurait jamais pris le prétexte de Sarajevo pour provoquer l'enchaînement inéluctable menant à la Première Guerre mondiale. J'insistai sur le fait qu'en 1939, l'Amérique se trouvait dans la même situation que la Grande-Bretagne en 1914. « Il faut, leur dis-je, intervenir quand il est encore temps, sinon le peuple américain ne sera pas le garant de la paix du monde et de sa liberté. » Je précisai mes craintes devant la montée d'un hitlérisme inquiétant. Je leur dis que je craignais la signature d'un pacte de non-agression entre la Russie et l'Allemagne, d'où naîtrait obligatoirement une guerre dans laquelle la France serait entraînée. A moins... à moins, disais-je, que l'Amérique n'affirme sa détermination à mettre ses forces à la disposition de ceux qui seraient attaqués. Telle devait être son ambition pour éviter à la France un long cortège de souffrances.

Je me tus. Et je vis tous ceux qui m'écoutaient monter sur les tables et jeter leurs serviettes en l'air en signe d'enthousiasme. J'avais réveillé chez eux une forme d'inquiétude pour leur lointaine mère patrie. Ils furent nombreux, pendant plus d'une heure, à venir me serrer la main à la table du comité. J'avais l'impression d'avoir dit devant la presse présente ce qu'elle devait entendre, et servi ainsi la cause de l'Europe et de la paix.

Je quittai le lendemain San Francisco par l'avion de nuit, sans avoir eu confirmation de mon entrevue avec Roosevelt. Je savais seulement qu'en arrivant à Washington je devais contacter le général Watson, un de ses attachés militaires, au courant de ma demande.

Ce trajet de nuit de San Francisco à Washington fut marqué par une conversation dont je ne pouvais guère, sur le moment, imaginer les conséquences, qui furent extrêmement fâcheuses. Vers une heure du matin, l'avion s'arrêta à Salt Lake City, pays de Mormons, pour se ravitailler en essence et permettre aux passagers de prendre, à l'aéroport, une rapide collation. Là, comme j'étais assis au bar, une femme et deux hommes s'installent à mes côtés. Ils veulent des nouvelles de France, et comme ils sont particulièrement sympathiques, je parle devant eux très librement, comme je l'ai toujours fait durant tout mon séjour en Californie.

Ma confiance avait été abusée : en arrivant à Washington, j'ouvre les journaux, et lis avec stupeur, en première page des quotidiens du matin, qu'un député français rentre de San Francisco pour regagner la France car il croit à la guerre. Sidéré, je retrouve presque mot pour mot ma conversation au bar de Salt Lake City, retransmise par la grande presse. Les trois Américains du bar n'étaient pas des passagers... mais des journalistes !

Cette publicité me valut, dès mon retour à Paris, un appel téléphonique de Georges Bonnet, ministre des Affaires étrangères. Il tenait à me voir rapidement et me proposait neuf heures trente, au Quai d'Orsay, le lendemain matin mardi. J'avais déjà une réunion à la même heure, à la banque. Alors Bonnet me dit d'un ton sec : « Venez à huit heures. » J'acquiesçai. Que me voulait-il ? Je l'ignorais encore, mais il avait eu le temps de me dire : « Jean, je vous croyais un ami... » ce qui ne m'avait pas paru de bon augure.

Mardi. A sept heures trente, je quitte La Celle-Saint-Cloud ; à huit heures moins cinq, je monte le grand perron du ministère des Affaires étrangères. En haut des marches, un huissier m'attend pour me conduire chez le ministre.

L'appartement occupé par Georges Bonnet au Quai d'Orsay avait été installé en 1937 pour recevoir le roi et la reine d'Angleterre durant leur séjour en France. Depuis cette date, il était mis à la disposition du ministre. Les salles de bains avaient été spécialement étudiées pour recevoir les hôtes royaux. La baignoire de la reine était en argent, celle du roi en or. Il était exactement huit heures du matin lorsque l'huissier m'introduisit dans la chambre du ministre. A travers la porte de la salle de bains entrouverte, j'entendis Georges Bonnet m'appeler. Je le trouvai dans son bain, un plateau de petit déjeuner en travers de la baignoire. Accueil sans cérémonie qui prouvait combien nos relations étaient d'ordinaire cordiales et empreintes de simplicité... Toutefois, ce jour-là, l'atmosphère me semblait un peu tendue.

Assis sur un tabouret au pied de la baignoire, j'écoute le ministre me rappeler les titres des journaux américains, et le texte communiqué aux quotidiens français par l'agence Havas, où il était clairement spécifié que, croyant à l'imminence de la guerre, je rentrais d'urgence en France pour assister aux séances du Parlement et à l'élection du président de la République.

Savon en main, Georges Bonnet m'explique que ces déclarations d'un parlementaire en mission sont pour lui, en ce moment, d'autant plus intempestives qu'il fait l'impossible pour obtenir la visite à Paris de Ribbentrop, son homologue du IIIe Reich : « Et vous choisissez précisément ce moment pour aller claironner aux USA que la guerre est inévitable ! Vous desservez la politique que je conduis. »

Je comprenais à présent pourquoi la veille, il m'avait gratifié au téléphone de paroles qui semblaient mettre en doute notre amitié. Je lui expliquai le piège de Salt Lake City, les journalistes américains que j'avais pris pour de simples touristes et ma désagréable surprise en lisant les journaux dès mon arrivée à Washington. Son courroux s'apaisa. Les événements du 15 mars lui donnaient d'autres soucis. Cette date marquait, je le compris très vite dans la suite de notre conversation, l'anéantissement de tout espoir de paix en Europe. Il me raconta sa dernière entrevue avec l'ambassadeur d'Allemagne, Welczeck, qui, le 13 mars, avait nié avec force auprès de lui tout désir d'Hitler d'annexer les Tchèques et les Slovaques ; le Führer ne commettrait jamais une telle erreur, avait-il même déclaré. Deux jours plus tard, il revenait au Quai d'Orsay, revêtu d'une solennelle jaquette, pour remettre à Georges Bonnet un document dans lequel Hitler annonçait qu'il avait envahi la Tchécoslovaquie. « Jamais, me dit Georges, je n'ai vu un ambassadeur aussi embarrassé et aussi piteux que Welczeck, qui ne tenta même pas vis-à-vis de moi la moindre explication. Dans les régimes totalitaires, ajouta-t-il, les ambassadeurs sont rarement prévenus des intentions de leur gouvernement. » Plus tard, on apprendrait que l'ambassadeur Soaritz devait ignorer jusqu'à la signature du pacte liant Hitler à Staline...

Bref : ce matin-là, au pied de la baignoire du ministre des Affaires étrangères, j'avais l'impression qu'il ne restait plus rien des accords de Munich ni de la déclaration franco-allemande. Mais je ne me doutais pas à ce moment-là, malgré mes inquiétudes, que quelques mois plus tard, le 3 septembre, autant à propos de la Tchécoslovaquie que de l'invasion de la Pologne, l'Angleterre et la France entreraient en guerre.

Là-dessus, « mon ministre » sortant de son bain, je pus constater la véracité d'un dicton bien connu qui déclare que le nez, chez les hommes, a une relation bien spécifique avec une autre partie fort utile du corps humain. Ce que je vis avant qu'il ne s'enveloppe pudiquement était étonnant. Jamais, dans toutes mes pérégrinations, au régiment, dans les salles de sport, nulle part, je n'avais vu un homme aussi gâté par la nature !

CHAPITRE XII

La dernière chasse en Hongrie – Berlin – Retour précipité – Député sous les drapeaux – Edouard Daladier a besoin de calme – Bon pour l'aviation

Mon ami Max Fould Springer, dont j'appréciais la vivacité d'esprit, l'intelligence mordante, le savoir-faire et la grande culture, avait de surcroît le goût de la chasse. En Hongrie, près de Györ, il possédait une superbe chasse de perdreaux où à deux reprises il m'avait déjà convié. Dans l'été 1939, je reçus de lui une troisième invitation. Malgré l'assombrissement de la situation politique, je pensai pouvoir m'y rendre en passant par Berlin, où m'appelaient les championnats du monde de tir olympique ; de là, j'envisageais de gagner la Hongrie en automobile, avec Alain de Solages, également invité.

Je me souvenais de mon premier séjour hongrois, en 1932. Nous étions quatre tireurs, Pierre de Brissac, Edouard Heilbronner, Max et moi. Nous habitions sa maison, charmante et confortable demeure, peu éloignée d'une agglomération d'où venaient, chaque fois que nous le désirions, des Tziganes, admirables et bénévoles joueurs de violon grâce auxquels nous dansions la czarda avec les demoiselles très sages du village, ou avec le personnel féminin de la maison, comme le voulait la coutume. L'ouverture de la chasse avait toujours lieu fin août ou début septembre. Nous chassions devant nous en tirant d'innombrables perdreaux gris qui explosaient en bouquets de presque tous les champs de maïs. Chiens et gardes nous aidaient à les ramasser ; nous avions également à notre disposition des gamins en culottes courtes qui enfilaient les têtes des oiseaux morts dans la rainure d'une sorte de planchette, qu'ils portaient autour du cou à l'aide d'une ficelle, de façon à les transporter plus commodément. Je me souviens d'avoir ramené deux cent douze de ces oiseaux dans la même journée. Le résultat total des tableaux nous était donné chaque soir avant le dîner et, en fin de séjour, un amusant et traître petit carton nous rappelait le nombre de cartouches tirées et celui des perdreaux tués par chacun d'entre nous. J'ai conservé le petit carton totalisant les résultats de mon deuxième séjour. On y trouvait mille cinq cent trente-quatre perdrix pour mille sept cent cinq cartouches. Celui de Jean d'Ayen portait mille quatre cent quatre-vingts perdrix pour mille sept cent quatre-vingt-sept cartouches. Je n'avais pas manqué de le taquiner allégrement en lui disant que je tirais mieux que lui, ce qui naturellement n'était nullement prouvé. Je conserve un merveilleux souvenir de ces chasses, de l'hospitalité de Max, des occupations diverses de nos séjours, comme par exemple la visite du château au cent chambres des Esterhazy, dont les écuries prévoyaient la place pour plus de deux cents chevaux ; à cette époque, en effet, il fallait pratiquement envisager une paire de chevaux par chambre, puisqu'il n'existait pas, localement, d'autre moyen de transport ; et certains soirs de fête, le château était plein d'invités.

Cette année-là, à Berlin, je terminai troisième des championnats du monde et second des championnats d'Europe. Je profitai de mon séjour pour observer et analyser la situation politique. Je téléphonai plusieurs fois à Georges Mandel pour m'en entretenir avec lui. Je dînai également chez mon ami Horstman, ex-ambassadeur d'Allemagne au Portugal. Je l'avais rencontré en mainte occasion à Lisbonne, lors de réunions de travail avec les dirigeants portugais d'une plantation de café en Angola dont notre groupe était le principal actionnaire. Dans sa belle maison d'Unterderlinden, je parlai avec lui très librement des événements, et des risques de conflits causés par les coups de force d'Hitler, annonciateurs d'orages. Je refusai encore de croire la guerre possible, après l'avoir crainte lors de mon séjour aux Etats-Unis. J'estimais en effet (je l'avais d'ailleurs écrit dans la presse, à mon retour de New York en mars 1939) qu'en cas d'une guerre en Europe, l'intervention américaine à nos côtés ne faisait aucun doute, et serait déterminante. J'étais convaincu que les services diplomatiques d'Hitler devaient en avoir suffisamment conscience pour l'en avertir et l'inciter à trouver des solutions pacifiques, plutôt que d'engager un conflit mondial dont l'issue serait néfaste aux armées du IIIe Reich. Horstman, lui, affirmait que la situation allemande en 1939 était meilleure qu'en 1914. Cette fois, disait-il, l'Italie serait aux côtés de l'Allemagne, lui apportant ainsi un avantage évident.

Pauvre Hortsman ! Les Russes en occupant Berlin l'ont aussitôt emmené avec eux, et personne ne l'a plus jamais revu. Lalli, son exquise épouse, est morte, a-t-on dit, dans un camp de concentration...

A l'époque, curieusement, je croyais au génie politique d'Hitler. Il irait aussi loin qu'il pourrait, pensais-je, mais éviterait l'irréparable. Je ne savais pas encore qu'il n'était qu'un fanatique, doublé d'un fou incontrôlable et incontrôlé. En quittant Berlin, je commençai néanmoins à prendre conscience de mon erreur, devant les restrictions d'essence, l'inquiétude grandissante de la population et les mouvements anormaux de troupes.

C'est à mon arrivée à Budapest que la situation se clarifia tragiquement, rendant soudain nos projets de chasse aussi chimériques que dérisoires. Dès la première nuit, en effet, je fus réveillé par un appel téléphonique en provenance de Paris. Ma secrétaire m'informait qu'un ordre de mobilisation venait de me parvenir, et que les Chambres étaient convoquées en séance extraordinaire. Cette fois c'était sérieux ; le décor changeait. Abandonnant voiture et bagages, nous prîmes en catastrophe, Solages et moi, le dernier avion pour Paris, n'ayant, pour des raisons de poids, que l'autorisation d'emporter nos fusils. L'Europe venait de tourner une page décisive de son histoire. Elle avait devant elle cinq années de guerre, des morts par millions, et plus tard un traité de paix absurde qui balkaniserait l'Europe au lieu d'européaniser les Balkans...

Elu député d'Outre-Mer, je fus mobilisé dans une unité coloniale, un régiment d'infanterie cantonné à Sarcelles, près de Paris. Néanmoins, sorti major de cheval de ma promotion d'Elève Officier de Réserve à Saumur, je trouvai les bandes molletières moins faciles à mettre que les bottes... De plus, je ne connaissais rien aux maniements de la compagnie, tandis que ceux du peloton ou de l'escadron m'étaient familiers. J'obtins plus tard une affectation plus conforme à mes capacités ; pour le moment, le 2 septembre 1939, il n'y avait à vrai dire rien d'autre à faire que bavarder. Les officiers du mess, estimant qu'un parlementaire devait avoir des informations de première main sur la situation politique, me questionnaient sans arrêt. Pour tenir honorablement mon rang d'informateur, il me suffisait en fait de lire les journaux avec attention, en y ajoutant quelques commentaires saisis au vol dans la salle des pas perdus de la Chambre des députés.

Le soir, je rentrais dîner avec ma femme. Une 15 CV Citroën portant l'insigne du Parlement me donnait de nombreuses facilités et, avec l'accord de mon commandant, je fus plus souvent à Paris qu'à Sarcelles.

Tout au début des hostilités, en ma qualité de secrétaire de la Commission de l'Air, je me rappelle avoir accompagné auprès de Bulitt, ambassadeur des Etats-Unis, une délégation de collègues conduite par Henri Haye, sénateur maire de Versailles. Nous étions venus lui demander, vu l'insuffisance criante de notre équipement aérien, si l'Amérique pourrait nous livrer rapidement des avions de chasse P 36. La réponse nous stupéfia : l'Amérique ne possédait que quelques rares escadrilles de ce type, et ne pouvait s'en dessaisir. Nous fûmes consternés.

Un autre jour, à la Chambre des députés, Genebrier, directeur du cabinet d'Edouard Daladier, m'aborda dans la salle des pas perdus ; « Le président est très contrarié, me dit-il. Les sirènes, lors des incessantes alarmes, l'empêchent de dormir. Ne pourriez-vous pas le loger à La Celle-Saint-Cloud ? » A cette époque, Paule et moi habitions La Châtaigneraie, la demeure de ses parents, où onze ans plus tôt avait été fêté notre mariage. Cette propriété de cinquante-deux hectares avait appartenu à Edmond Blanc, fondateur et propriétaire du Casino de Monte-Carlo, ainsi que le champ de courses de Saint-Cloud et le haras de Jardy. Tous situés aux environs de Paris, ces terrains représenteraient aujourd'hui un capital fabuleux. On dit qu'Edmond Blanc, à la fin de sa vie, se croyait ruiné ; de son vivant, La Châtaigneraie avait été vendue à son ami Rigaud, le parfumeur, puis achetée par mon beau-père en 1920. A son décès elle revint à ma femme et à mes enfants. Au début de la guerre, nous occupions l'habitation principale. L'un des pavillons de gardiens, celui de la Jonchère, avait été transformé pour permettre à des amis de passer le week-end ; plus tard, nous eûmes l'occasion de le mettre à la disposition de Paul Reynaud pour les mêmes raisons qu'invoquait Daladier. Une piste de sable faisait le tour du parc ; le matin de bonne heure, avant d'aller au bureau, j'y donnais souvent des galops à des pur-sang au repos ou trop âgés pour courir. Aujourd'hui, un grand lotissement a remplacé la piste d'entraînement et tous les terrains sont pratiquement bâtis.

J'accédai bien volontiers à la demande de Genebrier, soucieux du repos de son ministre. Nous offrîmes à ce dernier tout le premier étage, nous réservant le second et les salons. Paule lui organisa une salle à manger. Il vint s'installer aussitôt, et plusieurs chambres étant à sa disposition, il fit venir son égérie, la marquise de Crussol. La marquise était charmante, intelligente, fine diplomate, adorant les affaires politiques. Son jugement était sûr, et elle eut sur Daladier une influence certaine. Originaire de Douarnenez, on lui supposait une jolie fortune, dont l'origine provenait de la pêche à la sardine : « Une sardine qui s'était cru sole » : le mot avait vite fait le tour des salons parisiens.

Daladier, lui, attirait la sympathie avec son côté bon enfant, bien français, ne dédaignant pas un verre d'armagnac au petit déjeuner et du champagne au dîner. On l'appelait « le taureau du Vaucluse » à cause de son cou épais et de sa façon de foncer sur les choses. Le 9 septembre, rentré de Sarcelles vers dix-sept heures, comme j'étais assis sur la table d'entrée, feuilletant l'*Agence Economique*, j'entends devant le perron le crissement de gravier provoqué par les freins d'une auto qui s'arrête. La porte d'entrée s'ouvre : c'était Daladier. Je me mets au garde-à-vous devant le président du Conseil, depuis quatre années ministre des Armées.

– Alors, Beaumont, vous êtes bien à Sarcelles ?

– Non, président, pas bien du tout.

– Et pourquoi, cher ami ?

– Parce que je suis un cavalier mobilisé dans l'infanterie, ce qui n'est pas normal.

– Ah ! Alors ?

– Eh bien président, si j'allais dans l'aviation, je crois que je pourrais y rendre plus de services.

– Parbleu, oui ! me dit-il, et tirant comme vous tirez, vous allez devenir un as.

Il exagérait gentiment, mais j'insistai :

– Président, pourriez-vous me faire muter dans l'aviation ?

– Bien sûr. Allez voir Serruys, qui dîne ce soir à côté, au Lys de la Vallée. Dites-lui de ma part qu'il donne des instructions en conséquence. Je suis pleinement d'accord.

Serruys était son chef de cabinet. Je l'aurais bien embrassé, mon ministre ! J'enchaînai par politesse :

– Et vous, président, quelles sont les dernières nouvelles ?

– Ah !... Et avec son accent chantant il poursuit : Nous avons encore gagné cette nuit sept cent cinquante mètres dans la Hardt. Cette guerre, Beaumont, je n'y comprends rien ! Mais vous savez, si pour la gagner je dois faire tuer cinq ou six cent mille Français, je n'en aurai jamais le courage...

Eh oui ! Daladier, c'était bien le reflet de la mentalité française de l'époque. La France ne voulait pas la guerre. Celle de 1914 était encore trop fraîche dans la mémoire de nos concitoyens. Je quittai ce cher homme en le remerciant, et deux heures plus tard, j'allai voir Serruys comme il me l'avait demandé.

A Sarcelles, le lendemain, j'arrivai tranquillement pour faire acte de présence au mess des officiers. Un télégramme jaune officiel m'attendait : « Le lieutenant de Beaumont se rendra boulevard Victor, etc. » ; toutes les précisions suivaient. Il était signé Guy Lachambre, ministre de l'Air.

Boulevard Victor ! J'y cours. On m'examine. J'ai une vue exceptionnelle, 12/10e à chaque œil. Dans un fauteuil spécial, on me bascule et me retourne dans tous les sens. Je suis bon pour l'aviation. Fini Sarcelles ! Je suis affecté immédiatement au Mans afin de passer mon brevet de pilote civil, où, après trois heures quarante de vol, je suis lâché, et le 25 septembre, promu pilote civil, après les trente-cinq heures réglementaires. C'est ensuite Evreux, pour obtenir mon brevet militaire : encore trente-sept heures de vol. Je suis pressé. Je passe parfois des heures à regarder le ciel. Nous sommes déjà en octobre. A la moindre éclaircie, je bondis sur mon moniteur, je me mets aux commandes. Je veux aussi donner l'exemple, et m'élever avec obstination contre certains qui, justement, se disent pas pressés du tout...

CHAPITRE XIII

L'école d'acrobatie aérienne – Le rendez-vous manqué de l'aviation française – Défis à la mort – Une jeune Anglaise « enterre sa vie de garçon » – Blindés ennemis – A cinquante mètres en l'air, j'assiste à l'entrée des Allemands dans Paris

J'arrivai à Etampes fin octobre ; le 2 novembre, j'effectuai mon premier vol en Morane 406, alors le meilleur appareil de chasse de l'armée de l'air. Le séjour à l'école d'acrobatie d'Etampes comportait obligatoirement cent quarante-huit heures d'exercice avant de pouvoir faire partie de la chasse, comme je le désirais.

Sur ce site, en bordure de la Beauce, brouillards et plafonds bas, fréquents en automne, allongeaient la durée du stage en contrariant, presque quotidiennement, nos exercices de voltige. Souvent, profitant du mauvais temps, je laissai les autres officiers jouer aux cartes ou s'ennuyer, et fis de rapides incursions à Paris, au Parlement, afin de humer l'atmosphère et de prendre quelques contacts avec mes collègues. J'allai également voir Paul Reynaud, rue de Rivoli, au ministère des Finances : je voulais savoir ce qu'il pensait de la guerre. Au moment où j'arrivai, il contemplait deux grandes affiches qui venaient d'être déposées sur son bureau. Sur l'une : « La route du fer est coupée. » Sur l'autre : « Nous vaincrons parce que nous sommes les plus forts. » La première évoquait l'affaire de Narvick, où le général Béthouart avait réussi une percée. Paul Reynaud ajoutait en me montrant la seconde : « Il faudra tenir jusqu'à ce que l'Amérique se joigne à nous. »

En ce qui concerne Narvick, je ne percevais pas bien la portée de notre action, mais pour ce qui était des Etats-Unis, j'étais pleinement de son avis. Je me souviens même lui avoir envoyé un de mes articles à ce sujet, écrit à mon retour de San Francisco. J'ajoutai cependant : « Oui, Paul, mais cela va prendre du temps. » Durant une autre de ces brèves incursions, je revois Georges Mandel, assis à son bureau du ministère des Colonies, engoncé dans son col, me disant : « Un général vient de trahir. » Un frisson me parcourut. J'avais peine à le croire. Il faisait allusion à l'affaire Corap, dont l'armée semblait en déroute.

La situation atmosphérique, préjudiciable à l'entraînement régulier des pilotes, me convainquit d'intervenir à plusieurs reprises auprès du président du Conseil et du ministre de l'Air. Je voulais obtenir le transfert de l'Ecole à Alger, sur le terrain de la Maison Carrée, où les cieux plus cléments n'auraient pas entravé si fréquemment nos vols. Je ne pouvais d'ailleurs pas comprendre que les services du ministère n'eussent pas songé à cette solution simple et capitale pour la formation continue de nos pilotes, le centre de Salon-de-Provence ne pouvant suffire. Dès 1937, d'ailleurs, comme je l'ai dit précédemment, j'avais préconisé le dépôt d'un projet de loi portant création d'un important réseau aérien reliant la métropole à l'ensemble de nos possessions d'outre-mer.

D'une part, nous aurions ainsi doté l'Empire d'une solide toile d'araignée, unissant l'ensemble de nos territoires ; d'autre part, c'était le moyen pour notre industrie aéronautique de se développer, tout en permettant de former des pilotes civils dont l'existence comme l'expérience seraient précieuses en cas de mobilisation. Pierre Cot, ministre de l'Air du Front populaire, m'avait répondu en séance que son budget ne pouvait permettre une transformation aussi révolutionnaire, et l'affaire avait été classée et enterrée. Faute de savoir répartir judicieusement ses crédits, notre pays venait de manquer une occasion unique. Et dire que l'année d'avant, en 1936, Léo Lagrange avait disposé d'un budget important pour constituer un ministère des Loisirs ! Il fallait vraiment être aveugle et sourd pour ne pas voir le gigantesque effort du IIIe Reich, qui ne pensait pas, lui, à ses loisirs, mais martelait le sol d'un inquiétant bruit de bottes...

Trente-quatre ans plus tard, en 1971, n'étant plus député, je devais connaître une situation analogue avec une majorité qui n'était plus

Le château de Brissac.

La grand-mère Brissac.

L'équipe de France de football.

Madeleine et Éros.

Chez le roi de Bulgarie.

Le Taj Mahal.

Palais du Maharadjah de Jaïpur.

La maison.

Couverture du *Sport Universel*.
L'arrivée du prix de Châlons.

Lord Derby, Paul Reynaud
et la comtesse de Beaumont.

Max et René de Rivaud.

Nocturne de Longchamp.

Nous avons retrouvé avec joie le charmant hippodrome de la butte Mortemart. Auteuil est aussi coquet sous sa parure de chrysanthèmes qu'aux grands jours d'été sous les roses grimpantes et les hortensias. Mais la Société des steeple-chases a également songé aux pelousards et ceux-ci ont pu hier se féliciter des améliorations apportées à leur sort.

Le Prix Wild Monarch, deuxième épreuve, voyait les jeunes chevaux faire leurs débuts sur les gros obstacles.

On y faisait favori Poncé *sur ses performances antérieures, mais le poulain de M. Fribourg n'a pu rendre six et huit livres à* Terek *et à* Salvator Rosa *qui ont fini très détachés devant le reste du peloton, le premier battant le second d'une encolure.*

Arrivée plus serrée encore dans le Prix de Meudon où Beau Luron *a réussi à régler* Le Pont de Pierre *d'une tête dans les dernières foulées.*

Monté par M. de Beaumont, Bonavico *a gagné de la même façon le Prix Artus Talon. C'est sans doute la première fois qu'un parlementaire passe le winning post d'Auteuil. Tout arrive...*

Elégances d'automne ◆ L'arrivée ◆ « Terek » après sa victoire ◆ M. de Beaumont, député de Cochinchine, qui, montant « Bonavico », a gagné le Prix Artus Talon

La réouverture d'Auteuil en 1938. Article du *Petit Parisien*. « Le Parlement mène à tout. »

Les éléphants.

La carabine cassée de Monsieur de Solages.

Les trois buffles.

La chasse en Hongrie.

Le Dewoitine.

Château de Drumlanrig.

La duchesse de Kent.

Chez M. Niarchos.

Spetsopoula.

Avec le duc de Windsor.

Les trois ducs : le duc de Brissac, le duc de Luynes et le duc de Windsor.

Avec Valéry Giscard d'Estaing.

Avec Sihanouk.

Un jour à Marly avec Georges Pompidou.

socialiste. J'avais eu l'idée de proposer au gouvernement une formule nouvelle, celle des Jeux de France, réservés aux moins de quinze ans, et de créer ainsi, en ma qualité de président du Comité olympique français, la grande fête des écoliers dans un contexte sportif. Pour ce faire, je voulais m'appuyer sur tous les maires de France, et sollicitai tout naturellement l'appui logistique du ministère de la Jeunesse et des Sports. J'en parle à M. Juillet, au cabinet Pompidou. « On devrait vous donner quatre cents millions pour vous aider », me dit-il. Mais au ministère de la Jeunesse, je fus hypocritement combattu. Il fallut attendre 1985 pour qu'un gouvernement socialo- communiste reprenne brillamment mon idée sous le vocable des Jeux de l'Avenir. Par la faute d'un ministre incompétent, Joseph Comiti, et du peu d'intelligence de ses services, on avait perdu quinze ans.

Malgré le temps et le brouillard de la Beauce, nous progressions ; la voltige aérienne nous était devenue familière.

Dès le 15 novembre, en Morane 406, pour nous forger une plus grande maîtrise des commandes, nous passions au ras des betteraves sous les lignes à haute tension, ce qui était strictement interdit. Les vols de groupe en formation n'avaient plus de secret pour nous. Quant à moi, j'avais pris un grand virage : celui de la sérénité. J'avais fait une croix définitive sur l'appréhension de la mort, lot commun des jeunes pilotes. Je considérais qu'avec l'arme choisie et une guerre peut-être longue, nous n'avions, nous pilotes, que peu de chances d'en sortir vivants. Vivre dans la crainte, l'angoisse, l'inquiétude, la frayeur, l'incertitude de ce qui pouvait arriver, était dès lors absurde. Nous étions condamnés, alors autant profiter de la vie !

Parmi les émotions éprouvées, une journée m'a marqué. Nous étions en exercice en vol de patrouille, aile dans aile ; dans ce travail délicat, le chef de patrouille doit être obligatoirement un pilote chevronné pour éviter les accidents au moment des figures près du sol. Il faut savoir que l'homme de tête est le guide ; les autres le suivent aveuglément, les yeux rivés sur l'aile qui les précède, sans rien regarder d'autre. Le maintien de la distance d'aile à aile n'est possible qu'en jouant continuellement de la commande des gaz : trop de gaz, on risque de se heurter ; pas assez, on s'éloigne et la formation est rompue. Dans le travail à basse altitude et surtout en rase-mottes, le moniteur doit prendre certaines précautions élémentaires, sinon, dans un virage à gauche, l'avion de gauche risque de heurter le sol de l'aile, et vice versa.

Ce jour-là, nous étions trois North American au-dessus de la Beauce. La main gauche sur les gaz, je sais que nous piquons vers la terre. La vitesse augmente. Je sens confusément que le sol remonte vite. Brusquement, au tableau de bord, un voyant lumineux s'allume et une petite sirène se met à hurler. Je n'ai pas beaucoup le temps de réfléchir : la commande des gaz ne répond plus. C'est la panne sèche. Nécessairement, je quitte la formation. Inquiet, je remonte légèrement avec la vitesse acquise pour voir où je suis. Je me trouve à moins de cinquante mètres d'altitude, près d'une ferme dont la cheminée fume et m'indique d'où vient le vent. Un chaume est devant moi et le vent, par chance, de face. La seule solution est de vite se poser, les volets sortis au maximum. Je tente ma chance. L'appareil cahote, roule, s'immobilise. Rien de cassé.

Je me mis à chercher d'où pouvait provenir l'arrêt du moteur. Je crus d'abord à la panne électrique, puis à une panne d'essence. Pour vérifier, je tourne la poignée des réservoirs sur réserve. J'attends un peu, branche le contact, mets le démarreur. Et le moteur se met à tourner. Le premier réservoir était bien vide, mais avec la réserve, j'ai une heure devant moi. Me voilà rassuré. Je regarde autour de moi : la patrouille a disparu. Je suis seul. Une route, une ligne téléphonique apparaissent au bout du chaume, assez loin pour tenter un décollage. Les dés sont jetés. Je mets pleins gaz, volets à fond et passe facilement les deux obstacles pour regagner tranquillement Etampes.

Une heure plus tard, le général Brocard me convoque :

– Beaumont, vous ne connaissez pas le règlement ? En panne en campagne, il est interdit aux élèves de tenter de repartir. Vous le saurez la prochaine fois.

Au fond, quoique m'ayant menacé de quelques jours d'arrêt, le général était assez content. Je m'étais débrouillé sans déranger personne. Pour moi, c'était l'essentiel.

Nous eûmes quelques deuils, des accidents mortels chez les jeunes pilotes. Pour le reste, la vie était belle. Une superbe séance de voltige aérienne où l'on se « retournait la crêpe » dans tous les sens nous rendait heureux. On était les rois du ciel. Parfois, bloqués au sol deux ou trois jours de suite, ou une semaine entière, l'inactivité nous permettait d'apprécier la vie tout court. Après les joies du ciel venaient celles de la terre. Elles avaient du bon et nous paraissaient d'autant plus belles que nous semblaient comptés les jours qui nous restaient à vivre. Les officiers habitaient en ville ou dans les environs. Quant à moi j'avais loué une minuscule maison meublée, juste en face de la gare d'Etampes. J'y dînais sagement – quelquefois pas sagement du tout – mais toujours au lit de bonne heure, et jamais d'alcool. Une vieille dame charmante se chargeait de la cuisine, mon ordonnance faisait le reste. Le téléphone sonnait fréquemment. On était en plein dans la « drôle de guerre », et les amis venaient me voir lorsque moi-même je n'allais pas à Paris. Paule, retirée à la campagne dans la Sarthe, faisait de brèves apparitions pour regarder son mari faire des tonneaux lents à la verticale, depuis la route d'Etampes à Orléans.

Autour de nous, ne faisant pas partie du stage, se trouvaient Michel Détroyat, déjà pilote hors pair d'acrobatie, Wimille, Georges Lilaz – celui du Bazar de l'Hôtel de Ville – et le prince Starhemberg, échappé des Sudètes [1]. On se retrouvait tous pour dîner chez les uns ou chez les autres.

Détroyat ne voulait pas s'engager dans la guerre avant d'avoir la certitude qu'avec ceux d'en face on pouvait jouer à cartes égales. Je pouvais le comprendre. Wimille, plein de tempérament, pilote de courses automobiles et aussi pilote estafette de liaison légère aérienne, était beau et doué. Avec lui, je me rappelle un certain soir où, quittant la base pour aller dîner chez des amis, chacun en 15 CV Citroën, nous avions roulé d'une façon démentielle, le pied enfonçant l'accélérateur, ne nous souciant ni des croisements ni des virages... Cette route avait été ce jour-là cent fois plus dangereuse que toutes nos acrobaties aériennes. Nous étions fous ? Peut-être. Mais nous vivions face à la mort, et la vie, en attendant l'épilogue que nous jugions inévitable, était superbe ; nous voulions l'emplir de joies fortes, de frénésies, d'aventures. Nous avions le sentiment qu'il fallait saisir vite, au passage, tout ce que l'existence pouvait apporter

1. Autrichien. Il fonde les Heimwehren, de type fasciste. Reçoit d'importants subsides de la grosse industrie. Soutient la politique de Dollfuss, chancelier d'Autriche. Devient vice-chancelier sous Schussnig. S'oppose à l'Anschluss. Se réfugie en Autriche après l'annexion de l'Autriche par Hitler. Revient en Europe pour servir la France puis les Alliés. Il rentrera en Autriche en 1955 malgré l'opposition socialiste, et mourra en 1956, à l'âge de cinquante-sept ans.

d'agréable ou de beau. La mort, on s'en foutait. Si elle devait venir, eh bien ! elle viendrait.

Un soir, deux officiers du même stage me proposèrent de dîner avec moi à Paris. En riant, avec cette insouciance de la vie qui nous caractérisait, ils me dirent : « Capitaine, c'est peut-être notre dernier dîner ensemble... qui sait ? » Etant le plus âgé, je me fis un plaisir de les inviter. Mais il nous fallait trois femmes. J'en trouvai deux. La troisième, Edith, une jeune Anglaise, fut amenée par l'un d'entre eux. Je suggérai d'aller chez les Russes... Schéhérazade.

La salle est comble, la musique tzigane, le champagne excellent ; beaucoup de jeunesse, beaucoup de beautés sont assemblées autour des tables. La petite Anglaise est tout à fait délicieuse. Nous dansons... Vers minuit – il faut être sérieux – j'évoque la nécessité du retour vers Etampes. Mais la météo est, paraît-il, formelle : il fera très mauvais temps demain sur toute la France. Alors nous prolongeons un peu la soirée jusqu'au moment où Edith, d'une voix douce, me dit qu'elle doit rentrer et me demande de la ramener. J'accepte. Je sais les autres filles en bonnes mains. Et me voilà parti pour la déposer boulevard Julien-Potin à Neuilly.

Elle est jolie, Edith, de la personnalité, un teint exceptionnel. Elle est drôle, a des remarques amusantes. Elle me dit :

– Vous rentrez ce soir à Etampes ?

J'acquiesce.

– Alors, un verre d'eau avant de repartir ? Vous montez, je vous l'offre.

Je montai... et j'avoue être resté plus de temps qu'il n'en fallait pour boire un verre d'eau. Avant de nous séparer, elle me dit :

– Jean, voulez-vous me faire très grand plaisir ?

– Oui, bien sûr.

– Alors, venez demain à Saint-Augustin. Je me marie. J'épouse un de vos copains des Roches. Il m'avait tellement parlé de vous qu'il fallait que je vous connaisse, et ce soir, avec vous, j'ai enterré ma vie de garçon.

J'étais passablement surpris, mais sans l'ombre d'une hésitation je promis d'être présent le lendemain.

Le destin en décida autrement. A midi, une réunion d'officiers avec le général Brocard me priva du plaisir d'entrevoir la jolie Edith dans sa robe de mariée. Elle partit pour l'Angleterre... je ne l'ai plus jamais revue. Elle est morte, m'a-t-on dit, dans un des bombardements de Londres.

Etampes, c'est terminé. La drôle de guerre aussi. Les hostilités sont entrées dans une autre phase : la Pologne est rayée de la carte, les panzers entrent en France.

Le Centre d'Instruction de Chasse (CIC) de Chartres nous reçoit. J'ai le commandement d'un groupe de chasse équipé de Morane 406. Notre rayon d'action en matière de défense aérienne du territoire ne dépasse pas Chartres, la gare et les environs immédiats. La formation comporte beaucoup de très jeunes pilotes et quelques réservistes ; peu de casse, encore aucune défection. Nous avons tous, lors de nos vols, rencontré divers pépins mécaniques sans gravité : sur nos tableaux de bord, de temps à autre, des voyants lumineux s'allumaient ou s'éteignaient sans raison, des moteurs refusaient de se mettre en marche, des freins freinaient mal ou des hélices s'abstenaient de changer de pas... rien d'autre que le train-train journalier d'une grande base aérienne. Ainsi je m'étais trouvé un jour dans l'obligation délicate d'atterrir sur une roue. Ce jour-là, il me fallut tourner plusieurs fois autour des hangars abritant les pompiers pour obtenir leur concours, et me décider, ne pouvant faire autrement, à tenter cette manœuvre ! Après avoir appliqué toutes les consignes prévues par le règlement, j'amorçai doucement ma descente pour venir me poser sur la piste, tout près des extincteurs. Au contact du sol, à ma surprise, je sentis très nettement, dans un cahot, que ma deuxième roue avait heurté légèrement le sol. Elle était bel et bien sortie sans que je le sache. J'appris qu'un système de sécurité indiquait parfaitement la situation : j'avais tout simplement oublié de le regarder. Une autre fois, par temps superbe et visibilité parfaite, je vécus quelques-unes de ces secondes qui marquent un homme. Nous étions en l'air, trois appareils en alerte et en mission de surveillance. Nous montions en spirale à trois mille mètres, suivant les instructions. A peine avions-nous atteint cette altitude que je vois devant moi l'appareil de tête piloté par un officier tchèque battre des ailes, basculer franchement et foncer vers le sol. A mon tour, je plonge, passe immédiatement mon hélice au grand pas pour suivre. Je vois à perte de vue les champs de la Beauce, mais pas d'avion. Mille mètres plus bas, mon Morane se met à vibrer violemment. Je m'inquiète. Sur le tableau de bord, le compte-tours moteur, survolté, indique des vitesses de rotation dépassant de beaucoup les limites autorisées, et « bouf ! », comme une allumette, je prends feu. Immédiatement j'applique les consignes d'urgence, ferme les réservoirs d'essence, ouvre le carburateur en grand, coupe le contact, rétablis doucement en ligne de vol, déboucle mes attaches de siège, fais très attention de ne pas les confondre avec celles de mon parachute, ouvre la carlingue et, au moment même où je m'apprête à passer sur le dos pour m'éjecter d'un coup de manche, le feu s'éteint...

Tout cela en beaucoup moins de temps qu'il n'en faut pour l'écrire. A mille mètres, je remets l'appareil en ligne de vol. L'hélice tourne normalement par la force du vent. Rien dans mon dos, rien en l'air. J'entame un grand cercle, puis un deuxième... Tout paraît normal. J'ouvre l'essence, remets le contact et les gaz. Tranquillement, sans un hoquet, le moteur repart. J'accélère, il répond. Cela paraît rassurant et inattendu. En regardant dans le rétroviseur je constate que la sueur coule sur mon visage. Je n'ai pas eu le temps d'avoir vraiment peur... J'ai eu simplement très chaud !

A terre, j'appris la raison du plongeon du Tchèque : un carré blanc au sol, indiquant la fin de l'alerte. Quant à l'officier mécanicien, il m'expliqua les raisons de mon embrasement : le mécanisme de changement de pas de l'hélice n'avait pas fonctionné et l'hélice était restée au petit pas. La pression de l'air en piqué sur les pales, comme le vent sur les ailes d'un moulin, avait aussitôt entraîné le moteur à une vitesse de rotation très supérieure à la normale. L'essence non consommée injectée à haute dose dans les cylindres s'était répandue sur les pipes d'échappement encore rouges de chaleur due à la montée, et dans une explosion brutale avait pris feu. En fermant l'essence, j'avais désalimenté le feu qui s'était éteint de lui-même.

Le soir, je dînai à Chartres au restaurant, avec la comédienne Renée Saint-Cyr et Irène de Funès, la sœur de Louis. J'eus de quoi alimenter la conversation.

Mais l'époque des « petits pépins », je le sens, est en train de prendre fin... Je rencontre l'aventure, pour la première fois, en surveillance, à mille mètres d'altitude, à la verticale de la gare de Chartres. Là, je croise un Heinkel 111, sans doute occupé à prendre des photos. Pendant quelques instants, les yeux rivés sur lui, je mets les gaz à fond et ne le quitte plus de vue. Pour l'attaquer, je dois monter. Je grimpe. Enfin je le trouve dans mon collimateur. Au moment où je crois pouvoir lui tomber dessus avec canon et mitrailleuse, un épais nuage blanc l'absorbe. A la sortie du nuage, rien en vue. Le Heinkel, malgré mes recherches, a disparu ... et reste introuvable. Il a dû me voir et virer brusquement de cent quatre-vingts degrés. Dommage ! Je viens néanmoins de vivre mes premières minutes d'intense excitation de chasseur aérien.

Et puis les événements se précipitent. Le 5 juin, j'apprends par un des lieutenants du groupe de chasse basé comme nous à Chartres que douze Morane 406 doivent être livrés à Persan-Beaumont, au nord de Paris, où ils sont attendus. Un avion de transport ramènera les pilotes le soir même à la base.

Le matin, de très bonne heure, j'assiste à leur départ. A midi, au mess, à ma grande surprise, je retrouve un des officiers ayant pris part à cette mission.

– Nous y avons été, me dit-il ; mais nous n'avons pas pu nous poser.

En quelques mots il me raconte : « Nous étions au-dessus du terrain, préparant notre virage d'approche, lorsque juste en dessous de nous une succession de geysers de couleur chocolat soulève de place en place l'herbe de l'aérodrome. Dans mon casque, le téléphone grésille et m'incite à regarder à la verticale au-dessus de nous. Brusquement je réalise : une nappe d'avions à croix gammée, juste au-dessus du terrain, bombarde la base ! Nous sommes situés exactement entre eux et le sol. Dans ces conditions, impossible de se poser ni même d'attaquer, ils sont au moins une centaine et trop haut.

« A peine remis de mon étonnement, le téléphone crépite à nouveau dans mes oreilles. C'est le chef de groupe qui fait savoir qu'il faut dégager et le suivre.

« Le tout n'a pas duré vingt secondes !

« Nous reprenons de l'altitude. La formation est rompue. Nous suivons l'appareil de tête. De nouveau le téléphone : " Suivez-moi, on va faire un tour. mais ouvrez l'œil ! " Nous nous dirigeons vers l'est, à deux mille mètres d'altitude.

« Alors, dans le triangle Sézanne-Vitry-Le-François-Saint-Dizier, nous apercevons de longues colonnes grises de chars à l'arrêt. Par curiosité nous survolons : des croix noires apparaissent sur les engins. La Flak immédiatement se déchaîne... Cette fois encore nous dégageons rapidement... »

C'était clair : lui-même et les autres pilotes venaient d'assister au ravitaillement en essence d'une division blindée de chars allemands ! Je parus tellement incrédule qu'il appela un autre officier. Mot pour mot, ce dernier confirma.

« Mais alors, dis-je, le front est enfoncé ? »

Je restai consterné.

Aussitôt le déjeuner terminé, je me précipite au téléphone. J'appelle la Jonchère où je pourrai peut-être joindre Hélène de Portes, et, par son intermédiaire, Paul Reynaud. Personne ne répond. J'appelle à son domicile de l'avenue Foch. Elle n'est pas là. Un peu plus tard, enfin, je réussis à la joindre et à lui expliquer la raison de mon appel en donnant des détails.

Elle me répond : « Je préviens Paul tout de suite. Téléphone demain à neuf heures. »

A neuf heures, le lendemain, je suis en ligne. Paul a parlé avec Gamelin. Ce dernier est très mécontent de mon intervention. Il a dit, paraît-il, que mes renseignements étaient faux. Que s'ils étaient vrais, il le saurait. Que je ferais mieux de ne pas répandre des bruits alarmants et stupides... Bref, tout le monde est énervé : Hélène parce que je lui ai fait faire un faux pas, Paul, pour avoir l'air de savoir ce que Gamelin ignore... Cependant la vérité éclatera le 7 juin : c'est bien une division blindée allemande qui est pratiquement en vue de Paris.

Je voudrais, puisque j'évoque celui qui fut notre général en chef, raconter une anecdote que je tiens de Jean-Michel Renaitour, qui durant la drôle de guerre, en tant que président de la Commission de la Marine nationale, se trouva un jour assis à un dîner à côté de lui. Vers vingt et une heures trente, Gamelin regarde sa montre. Jean-Michel Renaitour lui demande :

– Vous avez encore du travail ce soir ?

– Non, répond-il, mais je dois rentrer. Madame Gamelin n'aime pas que je me couche après dix heures du soir.

Mes compagnons du CIC de Chartres avaient survolé les chars allemands du côté de Vitry-le-François ; peu de jours plus tard, moi, à bord d'un petit avion monoplace, j'allais assister à cinquante mètres en l'air à l'entrée des Allemands dans Paris.

Ce jour-là, à la base, tout paraît calme. Le ciel est d'un bleu délavé, uniforme, sans un nuage, et vide. Assis à même le sol, mon cocker Dick à mes côtés, j'ai le dos appuyé à l'un des hangars et suis d'humeur morose en raison des récentes nouvelles. Tout à l'heure, comme hier, comme tous les jours en fin d'après-midi, des bombardiers lourds vont décoller devant nous dans un vrombissement qui fait trembler les vitres du hangar, pour remplir des missions que j'ignore. Ils reviendront à la tombée de la nuit. Nous attendrons anxieusement leur retour pour compter les absents. Hier, au retour, deux équipages manquaient et l'un de ces gros oiseaux semblait prêt à rendre l'âme tant il crachait une épaisse fumée noire.

Au mess des officiers j'ai, à l'heure du déjeuner, circulé autour des tables. Aux sièges vides j'ai constaté le nombre de pilotes manquants. En dix jours, les deux tiers du personnel navigant ont disparu : sur cent trente pilotes il n'en reste qu'une trentaine. La situation me semble de plus en plus inquiétante.

J'ai besoin d'action. Délaissant mon journal, je passe au bureau du colonel. Il me paraît fatigué ; il est sans nouvelles et sans ordres pour nous. La permanence de la défense du territoire est prévue : deux pilotes polonais admis dans l'armée française et un lieutenant d'active sont de garde pour l'assurer.

L'oisiveté me pèse. Pour me détendre un peu les nerfs, l'idée me vient de faire un tour en l'air. Un minuscule monoplace Caudron est sur la piste. Il fera l'affaire. Cet appareil, réquisitionné sans doute dans un club civil, affiche de toute la largeur de ses ailes des cocardes tricolores quasi indécentes. Il est en état de vol avec son plein d'essence. Un mécanicien m'aide. Je m'installe. Le moteur part au quart de tour. A trente-cinq kilomètres à l'heure je décolle et l'indicateur de vitesse, le « Badin », m'indique bientôt que ma vitesse de croisière oscille entre quatre-vingt-quinze et cent kilomètres à l'heure.

Je fais un tour de piste à cinquante mètres d'altitude, scrutant prudemment le ciel. Les immenses cocardes me paraissent d'un goût douteux et bien tentantes pour un avion ennemi. A la réflexion, je me rassure : en volant très bas, aucun avion de chasse ne peut m'attaquer. Je sais que je prends ainsi peu de risques.

Le petit moteur tourne rond, l'air est serein et calme. La route longeant le terrain d'aviation n'est qu'un long défilé de voitures. Toutes progressent péniblement en direction de Chartres. C'est l'exode, la fuite éperdue, le déplacement de toute une population. L'envie me prend de déterminer jusqu'où s'étend cette ligne de véhicules. Toujours à cinquante mètres d'altitude, je prends la direction de Rambouillet. L'agglomération, le château du président de la République, puis la forêt, l'auberge du Grand Cerf... Tout cela passe doucement sous mes ailes. Je fais du tourisme. C'est enchanteur.

Au Perray, je poursuis. La route est un peu moins surchargée de voitures ; je ne me rappelle pas avoir survolé le château de Versailles, où j'ai probablement dû passer. En revanche, l'aérodrome de Villacoublay présente un extraordinaire aspect de désolation et d'abandon. Pas une âme en vue ; au sol, des carcasses d'avions noircies par le feu.

Je rends la main et plonge vers la Seine. Me voilà, toujours au ras des arbres, au-dessus de Billancourt. L'usine Renault paraît sans vie. J'hésite un instant et finalement me décide à suivre la Seine en guise de voie d'accès vers le centre de Paris.

J'ai l'impression d'être un papillon dans une ville déserte. A quatre-vingts kilomètres à l'heure, je descends au ras de l'eau. Je saute les ponts l'un après l'autre, frôle l'or des chevaux du pont Alexandre III et me voilà devant le pont de la Concorde, face à la Chambre des députés. Je vire à gauche. Je n'oublierai jamais l'étrange et stupéfiante vision de l'obélisque planté, solitaire, sur l'immense place. Autour de lui, pas une voiture, pas un être humain, pas une âme. Un désert. Les toits verts de l'église de la Madeleine m'attirent... Les boulevards sont dépeuplés, les magasins du Printemps semblent fermés... Et c'est là, au loin, dans la partie montante de la rue Lafayette vide, que j'aperçois une longue masse gris sombre occupant toute la largeur de la chaussée. Des gens courent, comme s'ils fuyaient devant ce qui ressemble à un convoi militaire.

J'ai conscience du changement de situation. Le tourisme, c'est fini. L'inquiétude fait place à la curiosité et la prudence me conseille de faire rapidement demi-tour. Au ras des toits, je vire.

Pour le retour, je reprends le même chemin de la Seine, volant à la hauteur des ponts juste pour pouvoir les franchir. Puis à Versailles, je survole l'allée de la Reine, la gare de triage du Perray ; enfin je retrouve la route de Chartres où l'exode plus effiloché semble moins dense.

A l'aérodrome, en bout de piste du terrain, je me pose et roule jusqu'au hangar. Personne ne m'attend. En enlevant ma combinaison, je me demande si ce 13 juin 1940, je n'ai pas assisté au ras des toits à l'entrée des troupes allemandes dans la capitale.

J'ai raconté plusieurs fois cette anecdote. Edmond Marchegay, un de mes amis centraliens, brillant ingénieur électronicien, m'a dit avoir lu un article relatant mon équipée. Celui qui l'avait écrit disait avoir vu au-dessus de la Seine, face à la Chambre des députés, un petit avion jaune, à larges cocardes tricolores, survoler la Seine. Edmond n'a jamais pu se rappeler d'où venait cet article. Peut-être, un jour, le signataire se fera-t-il connaître...

Le lendemain matin, dès huit heures, le colonel me communique ses ordres. « Vous partez, me dit-il, demain pour Cazaux, dans la Gironde. Vous fixerez vous-même l'heure du départ. Le plus tôt sera le mieux. Sur place vous recevrez d'autres ordres. »

CHAPITRE XIV

Le Parlement à Bordeaux – « Le général de Gaulle refuse d'aller à Londres » – Première tentative pour gagner l'Angleterre – Aux commandes des « Dewoitine » – Seconde tentative pour gagner Londres – Vichy

Le soir même à dix-huit heures, je transmets les ordres aux trente-deux pilotes de mon groupe de chasse, réunis dans une salle de travail.

– Prévenez tous les mécaniciens, indiqué-je. Nous partirons à six heures du matin ; les appareils, moteur tournant, devront être rassemblés en ligne à cinq heures quarante-cinq.

Une voix s'élève :

– C'est de bien bonne heure, mon capitaine !

– Je sais. Mais nous devons être à Cazaux [1] le plus tôt possible et le plus tôt sera le mieux.

Une autre voix suggère :

– Sept heures, ne serait-ce pas préférable en raison de nos effets personnels qui doivent prendre la route et nous rejoindre ?

Je maintiens :

– Nous décollerons à six heures. Nous nous poserons au Mans pour faire le plein d'essence.

Je fais venir Jean Delemer, un merveilleux copain de l'école des Roches qui, pilote amateur, avait été mobilisé dans l'aviation, et je lui donne rendez-vous dans mon petit appartement, à l'ombre des flèches de la cathédrale de Chartres, où je fais rapidement mes bagages et prends congé de ma gentille propriétaire, chez qui j'avais fait installer une ligne téléphonique personnelle pour être à même

1. Base aérienne dans les Landes.

d'être constamment en liaison avec le Parlement, ma famille et mes amis.

J'explique mes projets à Jean Delemer :

– A cinq heures quinze, je serai au terrain. Tu prendras ma 15 CV Citroën munie de mon insigne parlementaire. Tu colleras dedans mes bagages, les tiens, plus trois jerricans d'essence. Tu quitteras Chartres dès six heures en suivant d'abord le camion, qui doit partir à la même heure avec les cantines de tout le groupe. On se retrouvera à Cazaux. Débrouille-toi. Rejoins-nous vite. Bonne chance...

Le lendemain à cinq heures trois quarts, comme prévu, les moulins des trente-deux « taxis » tournent déjà. Je confirme la première escale : Le Mans, à six heures. Tout le monde décolle.

Le terrain du Mans, je le connaissais bien pour y avoir subi, avant d'aller à Evreux, mon examen de pilote civil. J'y retrouvai le même chef de base. Il me questionna :

– D'où arrivez-vous, mon capitaine ?

– De Chartres.

– Sans blague... Vous ne savez pas ?

– Quoi ?

– Vers six heures trente la base a été bombardée par deux vagues de plus de cent avions allemands. Les bâtiments sont détruits, les hangars aussi. Il ne reste rien.

Ainsi le sort avait parlé ! Si nous étions partis à sept heures comme me l'avait suggéré l'un des pilotes, peu d'entre nous auraient survécu à ce bombardement. Brusquement me revient en mémoire la vision du Heinkel 111 disparu dans un nuage. C'est sûrement lui, l'espion photographe, qui nous a valu cette charmante visite.

Au Mans, les pleins sont faits ; c'est de nouveau l'envol. A Tours, je vois le terrain vide, aucun signe de vie. Le plafond est très bas. Je vole à la boussole, tantôt dans la crasse, tantôt dans le soleil qui permet fort heureusement le regroupement des « 406 ». Enfin, par beau temps et visibilité parfaite, la Gironde et Bordeaux sont en vue. Tranquillement nous nous posons à Cazaux. Il ne manque personne.

Une fois là, en l'absence de tout ordre, nous nous demandâmes assez vite à quoi nous servions. Certains d'entre nous commençaient à envisager de gagner l'Angleterre. Le Parlement était retranché à

Bordeaux, à la Chambre de Commerce, dans les affres d'une guerre que l'on savait perdue.

J'appris au téléphone que Paul Reynaud me cherchait : il voulait me demander, précisément, de l'emmener outre-Manche. « Allez le voir, me dit le colonel commandant de la base. Par la même occasion vous me donnerez des nouvelles de ce qui se passe. » Avec un ordre de mission en bonne et due forme, datée du 16 juin 1940 et signé du lieutenant-colonel Nuville, je décollai à dix heures du matin en Morane 406 et me posai dix minutes plus tard à l'aéroport de Bordeaux.

Me dirigeant vers les bâtiments administratifs, je rencontre le général d'aviation Brocard – ex-pilote de 1914 de l'escadrille des Cigognes, et ex-commandant de la base aérienne d'Etampes où j'avais accompli mon stage d'acrobatie. Son accueil est très chaleureux. J'explique la raison de ma venue. Au même moment apparaît le général Picard. Brocard me présente.

Apparemment ce général n'aime pas beaucoup les parlementaires :

– Vous n'avez rien à faire ici, me déclare-t-il sur un ton peu affable. Rentrez dans le rang. Vous avez un ordre de mission ?

– Oui, mon général.

– Donnez-le-moi.

Il s'en empare, retourne dans le bâtiment, revient au bout d'un instant, me le tend. Je lis : « Il est ordonné au capitaine de Beaumont de rentrer à son poste. »

C'est évidemment un ordre. Je n'ai plus qu'à obtempérer. Je replie le papier, le mets dans ma poche et me prépare à partir. J'attends un court instant afin de saluer poliment le signataire de l'ordre, en conversation avec Brocard. Mais à cet instant il se tourne vers moi et me dit – toujours aussi sèchement :

– Redonnez-moi votre ordre de mission.

Je lui tends la feuille.

Il rentre au bureau pour en ressortir aussitôt avec le papier qu'il me tend. « Allez », me dit-il.

Je lis l'ordre de mission. C'est exactement le même. Il a simplement ajouté de sa main, après « rentrer à son poste », les mots : « aussitôt sa mission à Bordeaux accomplie [1] ».

1. Ordre de mission : annexe 2.

Je salue très réglementairement, et grâce à l'intervention de Brocard, me voilà libre d'aller à la recherche de Paul Reynaud.

A la Chambre de Commerce de Bordeaux où siège le Parlement, la première personne que je rencontre est Jean Mistler, président de la Commission des Affaires étrangères. Je croise ensuite différents collègues, dont le maire de Bordeaux, Adrien Marquet. Ayant enfin obtenu l'adresse de Paul Reynaud, je m'y rends. Paul et Hélène de Porte habitent un minuscule hôtel particulier, écrasé entre deux maisons. En face d'une entrée exiguë, un raide escalier en bois mène au premier étage. Assis à une table dans une demi-obscurité, se tient un planton. J'explique les raisons de ma venue. A peine ai-je terminé qu'un grand officier supérieur en kaki descend pesamment les marches ; l'endroit est sombre, je n'ai pas le temps de reconnaître son grade. Je vois une étoile, et à tout hasard, le salue.

Le planton gravit les marches et revient quelques minutes plus tard pour me prier de monter.

Ce n'est pas Paul Reynaud, mais Hélène qui me reçoit.

– Paul ne te verra pas, dit-elle. Il a renoncé à aller en Angleterre, mais il est absolument furieux. Il est en train d'écrire une longue lettre à Churchill. Il te verra un autre jour. Tu as reconnu qui vient de descendre l'escalier ?

– Non.

– C'est de Gaulle.

– Ah ?

– Oui. Paul est en complet désaccord avec lui parce qu'il refuse d'aller à Londres.

La phrase tinte encore à mes oreilles. Je n'ai jamais revu Hélène pour lui demander des précisions sur cette affirmation, qui paraît aujourd'hui si contraire à la réalité.

Pauvre Hélène ! Je l'aimais bien. Elle était vivante, passionnée, amusante. Elle aimait jouer un rôle politique. Bien plus tard, à Vichy, je rencontrai Reynaud sortant d'un hôpital à la suite d'un accident d'auto. Il avait la tête entourée de bandes Velpeau. Il en était sorti avec seulement une large déchirure du cuir chevelu, mais Hélène à ses côtés avait été tuée. Comme je l'interrogeais sur les circonstances exactes de cet accident, il me répondit : « Pendant que je conduisais la voiture, Hélène m'a dit brusquement : “ Paul, tu m'aimes ? " J'ai dit : " Oui, bien sûr " en regardant la route, droit devant moi. Mais elle a ajouté : " Dis-le-moi mieux que cela, dis-le-moi dans les yeux. " Je l'ai regardée, je lui ai dit ce qu'elle voulait entendre, mais je n'ai pas vu venir brusquement un virage. La voiture a fait une embardée, puis dérapé contre un arbre. Sa tête a porté violemment contre la carrosserie. Brutalement pour elle, tout était fini. Jean, c'est affreux. »

Et j'ai cru voir Paul pleurer.

Après mon entrevue avec Hélène de Portes, je voulus en savoir plus. J'allai à la recherche des dernières nouvelles auprès de ceux qui pouvaient m'en donner.

Weygand avait remplacé Gamelin. On parlait du « réduit breton », du départ d'un bateau pour l'Afrique du Nord, d'une complète association avec la Grande-Bretagne avec une monnaie commune. Devant la débâcle des armées, la confusion, le chaos politique, les dissensions, l'incohérence et les divergences de vues, je compris que nous avions très probablement perdu la guerre. Je rentrai à Cazaux avec la conviction que la continuation des hostilités n'était possible qu'en Angleterre.

Ce même jour, 16 juin, je réunis tous les pilotes de mon groupe. Je voulais connaître leurs pensées, tâter leurs opinions, savoir les suites qu'ils voulaient donner aux nouvelles que je leur rapportais de Bordeaux. Il n'était pas possible de rallier l'Angleterre en Morane 406, la distance étant trop grande pour leur autonomie en carburant. L'Espagne offrait des possibilités, mais conférait le titre de déserteur. Personne n'y a même songé. A mon avis, il fallait tenter de trouver un bateau à La Rochelle pour gagner les côtes anglaises. Tout le monde se rallia à cette idée. Jean Delemer, arrivé de Chartres le matin même avec ma 15 CV Citroën, accepta de repartir pour La Rochelle, muni d'un ordre de mission « bidon » l'autorisant à circuler avec ma voiture.

Delemer parti, en raison même de notre désœuvrement, les conversations allèrent bon train. Nous nous réunissions dans la journée pour discuter longuement, chacun apportant ses idées ou des nouvelles plus ou moins fantaisistes. On faisait le point en vue d'une décision encore hypothétique à prendre... Nous étions tous un peu perdus, d'autant plus que notre envoyé à La Rochelle avait emporté la presque totalité de notre argent disponible afin de régler la dépense de l'éventuel bateau.

Pour m'occuper, un après-midi, passant devant les appareils de chasse Bloch 155 qui se trouvaient là, je demandai au colonel l'autorisation d'en essayer un. Un mécanicien m'indiqua la vitesse d'acrobatie pour les loopings, tonneaux déclenchés, tonneaux lents. Il me sembla très au courant. Après avoir passé plus d'une heure en carlingue pour me familiariser avec l'habitacle, je bouclai ma ceinture. Pas de problème. Face au vent, je laisse courir, l'avion est lourd, je décolle. Hélice au petit pas, je grimpe. Bien calé dans mon siège, les sangles solidement serrées, parachute bien en place, je grimpe toujours. Je suis méfiant et préfère atteindre une bonne altitude.

Il commence à faire frais. A deux mille mètres, l'altitude me paraît suffisante. Je décide de commencer par un looping. Je pique du nez, regarde le badin, redresse doucement à la verticale, accélère à fond pour passer sur le dos. Mais le moteur ne trouve pas son rythme, l'avion peine et refuse de boucler la boucle. Brusquement, je sens l'avion vibrer et partir en vrilles sur la queue.

A Etampes, nous avons appris à connaître cette situation peu habituelle où les commandes s'inversent. Manche au ventre, je coupe les gaz. L'appareil hésite, glisse en arrière sur la queue, se rétablit lentement. J'enfonce le manche sous le tableau pour lui permettre de reprendre de la vitesse et remets les gaz. L'altimètre indique cinq cents mètres. Bigre ! J'ai perdu quinze cents mètres en quelques secondes. Si je n'avais pas agi avec la plus extrême prudence en montant à deux mille mètres, j'aurais été, c'est le cas de le dire – dans le lac : en effet, je me trouvais juste au-dessus du lac de Cazaux.

Bien qu'assez calme, je suis refroidi et je n'ai plus envie de poursuivre l'expérience. Un petit tour au-dessus des bois des Landes suffira à mon bonheur avant de me poser sur la piste de départ délaissée et déserte. En regagnant les hangars, je cherche l'imbécile qui m'a donné de fausses indications de vitesses d'acrobatie : je suis bien prêt à lui casser la figure puisqu'il n'a pas réussi à me casser la mienne ! Plus tard, en effet, on me confirmera qu'un looping avec cet appareil lourd n'était possible qu'à une vitesse bien supérieure...

A peine les pieds à terre, le colonel me demande. Il ignore évidemment tout de nos projets. Cependant, il voudrait savoir ce que signifient tous les conciliabules tenus dans le hangar entre les pilotes. Je le tranquillise. Là-dessus, coup du sort : en fin d'entretien, il me fait savoir que le départ de tout notre groupe est prévu à neuf heures du matin dans un avion de transport Bloch 210, communément appelé dans l'armée de l'air « le cercueil volant ». Nous devons aller à Toulouse prendre livraison de trente-deux Dewoitine 520.

C'en était fait de nos projets londoniens. Nous dûmes partir sans avoir revu Jean Delemer. Je ne retrouvai ni ma voiture ni même notre argent. Mais je sus plus tard qu'à La Rochelle, tout avait fort bien marché : un bateau nous attendait vingt-quatre heures plus tard pour gagner les côtes anglaises. A quoi tient le destin ! Si nous avions réussi à joindre l'Angleterre, combien d'entre nous, pris dans le blitz de Londres, auraient vu la fin de la guerre ? Je me suis souvent posé la question. Décidément, l'homme propose et Dieu dispose !

A Toulouse, à l'usine Dewoitine, il nous faut choisir trente-deux appareils. Ils sont, nous le savons, les plus rapides, les meilleurs chasseurs, devançant les Messerschmitt. En somme, l'avion idéal que tout pilote de chasse rêve d'avoir entre les mains.

Pour moi, Bordeaux et sa mélasse sont un peu oubliés. Je retrouve avec plaisir mon instructeur d'Etampes. Il m'indique un appareil qui a déjà fait ses preuves : il a vu le feu avec trois balles dans une jante, mais il est bien réparé. Ce sera le mien.

L'après-midi, au terrain, notre nouvelle monture se révèle parfaite, fine, rapide. A peine remue-t-on les doigts et les pieds qu'on est obéi. Les volets permettent un atterrissage facile. Nous sommes joyeux. Demain nous devons rejoindre Perpignan, proche de l'Espagne. Serait-ce une escale pour tirer tout droit sur Alger ? Nous nous posons la question et attendons les ordres.

A Perpignan, mon ami Loïc Costa de Beauregard nous voit arriver avec surprise. Nous ne sommes manifestement pas attendus. Il faut patienter.

Avant le déjeuner, je fais plus ample connaissance avec mon Dewoitine 520. Je le monte à mille puis à deux mille, puis à quatre mille cinq cents mètres. Je veux connaître sa vitesse maximum en piqué. A quatre mille cinq cents mètres, je bascule, et légèrement sur le dos, l'hélice au grand pas, à pleins gaz, je fonce vers la terre. L'altimètre m'indique très vite deux mille cinq cents mètres. Le badin, lui, sept cent quinze kilomètres heure. Je redresse doucement, reviens à trois cent soixante kilomètres heure, fais un tonneau lent, puis un deuxième en prenant la côte pour axe. L'avion est merveilleux. Dommage de ne pas l'avoir eu plus tôt, à Chartres, contre le Heinkel 111. Après la guerre, au Fouquet's, j'ai rencontré Doré, un pilote d'essai de chez Dewoitine. Nous avons parlé du 520. Il m'a dit l'avoir poussé jusqu'à sept cent trente au badin, quinze kilomètres de plus.

Au sol, à midi, nous apprenons notre prochaine destination : Le Luc, près de Saint-Raphaël et Sainte-Maxime, non loin du golfe de Saint-Tropez où est basé le groupe de chasse du 3/9. On nous laisse entendre qu'il s'agit d'opérer en couverture des bombardiers qui vont déposer leurs charges sur Milan et Turin.

A quinze heures, les ceintures d'attache sont bouclées. Je donne des ordres : nous décollerons les uns derrière les autres, et formerons comme un long serpent de mer en longeant la côte.

Ce court déplacement est un de mes plus fabuleux souvenirs touristiques de guerre. J'étais en tête, suivi de trente appareils. Par moments, je donnais une légère pression sur le gouvernail, à droite ou à gauche, et voyais tout le monde sur mes arrières. Nous volions entre cinquante et cent mètres d'altitude pour descendre de temps à autre au ras de l'eau, comme sur l'étang de Vaccarès, où seuls les derniers voyaient les oiseaux s'envoler ; ou bien je m'amusais à donner l'illusion de frôler de l'aile les Causses rouges, entre Marseille et Toulon. Tous les pilotes suivaient. Où je passais, ils passaient.

Au Luc, nous fîmes une seconde tentative pour gagner Londres – et elle échoua comme la première.

A notre arrivée, le terrain est dégagé. Il fait un temps superbe ; c'est presque dommage de se poser. Au mess, le soir du 18 juin, on ne parle que de l'adjudant Le Goarec. L'après-midi même, avec un Dewoitine 520, au-dessus du golfe de Saint-Tropez, il a descendu en dix minutes trois « Macchi », les avions de chasse italiens. En trois passes, ces trois appareils étaient en flammes. Les pilotes sautaient en parachute dans les eaux du golfe. On raconte qu'à ceux, armés d'un fusil de chasse, venus en barque les ramasser, ils criaient très fort en français : « Ne tirez pas ! Ne tirez pas ! Nous sommes Italiens » de peur qu'on ne les prenne pour des Allemands. Ah ! si toutes les guerres pouvaient ressembler à celle du golfe de Saint-Tropez !

Au Luc, le responsable de la base était le commandant Viguier, un remarquable officier, de même que son second, Henri Lumière, officier de réserve. Originaire de Lyon, Lumière descendait des deux frères dont le nom est lié à la découverte du cinématographe. L'affaire Lumière, cliente de la banque Rivaud, m'était bien connue.

En deux jours, nous fûmes fraternellement adoptés par tous, mais nous n'avions aucun ordre et par conséquent rien à faire. Les événements allaient vite. On ne parlait pas encore d'armistice, mais je sentais que le mot était dans l'air. Ici, au Luc, nous étions coincés : l'Afrique était trop loin, seule l'Angleterre était envisageable avec des Dewoitine, mais pas à partir du Luc. Pour cela, l'idéal aurait été de rejoindre Cazaux.

J'y réfléchis. Bientôt ma décision fut prise. Si elle échouait, c'était le Conseil de guerre. Bah ! A Dieu vat ! A la poste du Luc, un matin, je m'enfermai dans une cabine et appelai la base :

– Je veux parler au commandant Viguier.

Et après avoir pris la précaution de mettre un gros mouchoir devant l'appareil, j'engage le dialogue suivant :

– Allô, commandant ?

– Oui.

– Ici Roussy de Salles.

(J'avais pris le nom de l'adjoint du général d'Harcourt, commandant la chasse.)

– Ah, bonjour, Roussy de Salles, vous allez bien ?

Il le connaît... Je tremble un peu mais poursuis :

– Oui, commandant. N'avez-vous pas chez vous un groupe de Dewoitine 520 avec le capitaine de Beaumont ?

– Oui, bien sûr.

– Il faut leur dire de la part du général d'Harcourt de regagner sans délai Perpignan.

– Bon, merci, j'agis en conséquence, répond mon cher commandant sans soupçonner la supercherie.

Quelques instants plus tard, je me pointe à la base avec une vieille 202 Peugeot, louée au Luc, au marchand de fruits et légumes qui, n'ayant pas d'essence, l'a aussitôt mise à ma disposition moyennant finances. Au bureau, le commandant Viguier m'accueille :

- Beaumont, d'Harcourt vient d'appeler. Vous devez rejoindre d'urgence Perpignan.

– Oh, pas possible, commandant, nous en venons !

Et j'ajoute hypocritement :

– Peut-être – sans vouloir faire de mauvais esprit – faudrait-il comme dans l'armée, attendre le contrordre ?

Il rit, mais précise :

– C'est sérieux, préparez-vous.

Naturellement j'obtempère, sachant que ce n'est pas à Perpignan que nous irons mais à Cazaux. De là, je suis certain de faire le plein d'essence grâce à un autre colonel dont je ne me rappelle plus le nom, dont je connais le frère, les idées et surtout les moyens dont il dispose pour notre ravitaillement. Ensuite, avec les Dewoitine, nous atteindrons sans problème l'Angleterre. Tout cela est risqué, je le sais, mais correspond à nos vœux à tous. Par conséquent, je n'en parle à personne. Ils étaient tous d'accord pour partir en bateau de La Rochelle ; une autre formule dans le même but reste valable, et ma conscience est tranquille.

Le temps se gâte. Je réunis les pilotes, officiers et sous-officiers, donne mes instructions : « Nous allons à Perpignan, ce sont les ordres. Nous ferons comme pour venir : vous me suivrez. Tout le monde doit être prêt en début d'après-midi. »

Ainsi, pendant le vol, je leur expliquerai par téléphone la nouvelle destination, et tous se retrouveront à Cazaux au lieu de Perpignan.

Il est midi. Le temps, très couvert, est bouché. Brusquement il se met à pleuvoir. Nous déjeunons. Le ciel roule de gros nuages, la pluie tombe, une vraie pluie tropicale. Pas question de décoller, encore moins de voler. Ce sera pour demain, mais comme le temps presse, je précise : sept heures du matin.

Dès six heures, tous les Dewoitine sont prêts, les pilotes aussi. Le terrain n'a pas eu le temps de sécher. Il est détrempé, couvert de larges flaques d'eau dans l'axe d'envol. Je m'inquiète. Un lieutenant d'active voit mon trouble, vient vers moi :

– Capitaine, j'ai plus d'heures de vol que vous. Je vais rouler au sol d'abord et décollerai le premier si je vois que tout va bien.

Je le vois mettre les gaz, courir sur l'herbe, passer dans les flaques, piquer du nez dangereusement pour l'hélice dans chacune d'elles, et prendre l'air. Train d'atterrissage rentré, il repasse en rase-mottes, bat des ailes... tout va bien ! C'est mon tour. Je prends le même axe, mets progressivement les gaz à fond. Je garde un peu le manche à moi pour éviter que l'hélice ne frappe le sol. Première flaque... deuxième flaque. Ah ! ces maudites flaques ! A la troisième, je ne rends pas assez la main : l'appareil n'est pas encore en ligne de vol, fait un bond, se soulève, se met aussitôt en autorotation, l'aile droite touche et laboure le sol. Je comprends qu'il est inutile d'essayer de décoller. L'appareil retombe lourdement sur ses deux roues. Le bout de l'aile est tordu. Une vigne est au bout du terrain : je donne un grand coup de pied et freine brutalement. L'appareil pivote durement sur lui-même. La vigne est tout juste évitée... Je rentre doucement en roulant.

Je suis catastrophé. C'est fini. Nous ne décollerons plus, c'est trop risqué.

Le jeune lieutenant repasse en rase-mottes, je lui fais signe de partir... Je crois savoir qu'il a réussi à passer en Afrique où il a trouvé une fin tragique.

Tout le monde se retrouve dans les baraques. Les commentaires vont bon train. J'affiche une grande sérénité devant l'adversité, mais je ne suis pas tranquille pour autant. Malgré la pagaille générale – qui est grande – je sais qu'une malchance, un hasard, peut tout compromettre. L'employée de la poste peut parler, une vérification de l'inspection de la Chasse est possible... Roussy de Salles lui-même peut contacter la base... Mon beau stratagème peut être découvert. Bref, je ne suis pas du tout à l'aise.

Le temps presse, il faut partir. L'aile est-elle réparable ? Aux ateliers mécaniques, la partie endommagée est déjà démontée. La tôle est passablement enfoncée, tordue, mais l'aile n'a pas souffert. A trois, nous travaillons une partie de la nuit pour lui redonner une apparence normale. Pour ce faire, le « système D » est la meilleure tactique : il consiste en l'occurrence à bourrer de papier journal l'intérieur de la cavité qui, ainsi remplie, reprend sa forme initiale. Le soir même, cette partie endommagée trouvera sa place sur l'aile, solidement rivée par une multitude de vis à bois donnant l'impression d'une grande fixité. Ainsi réparé, le Dewoitine pourra décoller à neuf heures comme prévu. Encore une fois nous tenterons notre chance. En attendant, je vais dormir.

Le 18 juin, à neuf heures, tous les avions sont en ligne. Le terrain est presque sec. Les hélices tournent au ralenti. Dans ma carlingue, je fixe ma ceinture. Et à ce moment-là – à l'instant même où je me dispose à refermer l'habitacle –, je vois venir en courant vers moi Henri Lumière, qui me fait de grands gestes avec ses bras. Arrivé à ma hauteur, à travers le vent de l'hélice, il me crie :

– Changement de programme ! Coupez !

Avec une résignation toute philosophique, je coupe. Et j'apprends par le commandant Viguier l'intervention furibonde du général commandant la région, spécifiant que le général d'Harcourt n'avait pas à donner d'ordre dans sa région. Nous devions, sans discuter, attendre les siens. Le lendemain, la radio nous fait connaître l'interdiction de vol de tous les appareils militaires ; confirmation nous en est donnée le jour même par le commandant.

Pas de chance. Nous voilà immobilisés au sol. La confusion s'étend et notre moral flanche. Décidément, le destin ne veut pas que nous allions en Angleterre !

La guerre semblait perdue. L'avenir s'annonçait sombre. Le Parlement, disait-on, allait se réunir à Vichy. De Gaulle, à Londres, avait lancé l'Appel du 18 juin – que je n'avais pas entendu. Curieusement, je ne saurais expliquer pourquoi, cet appel évoqué par des amis ne m'a pas marqué. Pourtant j'aurais dû y souscrire avec enthousiasme... Je suppose qu'après mes fortes tensions nerveuses, un ressort avait dû se casser en moi. Tous mes essais pour aller en Grande-Bretagne avaient échoué ; je crus préférable de défendre sur place ce que nous avions à défendre, plutôt que de tout abandonner à un occupant avide de tout avaler. J'avais femme, enfants, personnel, amis, tout cela dispersé dans la nature. Il fallait regrouper, voir venir et surtout réfléchir.

Avec la voiture du marchand de légumes, j'embarquai mes affaires, donnant comme excuse au commandant du 3/9 [1] qu'il me fallait troquer le képi pour la casquette de parlementaire. Et me voilà quittant la base pour Sainte-Maxime, où je retrouve une amie de longue date, Adry de Carbuccio qui m'accueille chaleureusement. Logé et nourri, je vais me baigner à midi sur la grande plage de Beauvallon. Fait assez hallucinant pour qu'on en parle, j'y suis tout seul... ou presque. Une grande et belle femme se baigne aussi. Nous

1. Voir annexe 3.

faisons connaissance. Elle est Américaine et attend de regagner son pays. Moi, je veux retrouver le Parlement à Vichy. J'y pars deux jours plus tard.

A Vichy, j'eus parfois la sensation d'être hors du temps, un peu perdu ; la tourmente avait été déstabilisante, et les séances historiques du Parlement, tenues au casino de la ville, s'avéraient tout à fait déprimantes. Du jour au lendemain, je me retrouvais dans un monde tellement différent de celui des pilotes que j'en souffrais étrangement, sans toutefois en percevoir vraiment les raisons. Je trouvais l'ambiance détestable, la recherche systématique de boucs émissaires responsables de la défaite parfaitement injuste et malhonnête, les séances du Parlement vaines – alors qu'elles étaient très probablement nécessaires –, et la course à l'obtention de certains portefeuilles ministériels puérile et même choquante. Pour moi, il aurait fallu surtout trouver des hommes d'autorité prêts à discuter avec l'occupant. Devant la mécanique en pièces détachées de notre IIIe République, le maréchal Pétain m'apparaissait – comme d'ailleurs à la plupart des Français – un recours dans l'adversité, tandis que le général de Gaulle surgissant de Londres me semblait un garant de notre vitalité. Sa présence en Angleterre donnait d'ailleurs un démenti aux assertions d'Hélène de Portes à Bordeaux.

Jean-Michel Renaitour me convainquit de ne pas voter les pleins pouvoirs à Pétain. Il me conseilla de m'abstenir et je fus d'accord. Nous n'assistâmes pas au vote final. Par négligence je laissai les bulletins de vote à ma place, oubliant et ignorant que Tixier-Vignancourt pourrait voter à ma place. Ce qu'il fit.

CHAPITRE XV

Paris occupé – Abattement et désarroi – « Primum vivere » – Des vaches et de l'essence – Expéditions dans le Loir-et-Cher – Eva Fuhrich – Un grand regret – En prison chez les ducs de Bourbon

Je regagnai Paris peu de jours plus tard.

Commençaient quatre années d'occupation, et une pénible étape de ma vie. Que devenir ? L'ambiance et l'état d'esprit qui prévalaient à Vichy n'étaient pas du tout de mon goût. Londres ? Le destin avait semblé prendre un malin plaisir à contrarier, par deux fois, mes tentatives pour y aller. Du reste, on s'y refusait à accueillir des parlementaires, jugés responsables de tous les malheurs de la France. J'avais l'impression d'avoir raté le coche. Le train partait, je demeurais seul sur le quai. Par la suite, une loi inique serait promulguée, rendant inéligible tous ceux qui avaient voté les pleins pouvoirs à Pétain. De sorte que pour moi, c'en serait fini de la politique. J'allais reprendre le chemin de la rue Notre-Dame-des-Victoires et peu à peu les rênes du pouvoir à la banque, non sans avoir tenté, sur le conseil de Jean-Michel Renaitour, devenu député-maire d'Auxerre, de me présenter en 1950 au Conseil général, dans le canton de Crusy-le-Châtel, dans l'Yonne. Les bulletins portant mon nom, le jour de l'élection, seront considérés comme nuls, alors même que j'avais toutes les chances de mon côté...

Mais j'anticipe. De retour de Vichy, j'eus l'impression que Paris était vide de la plupart de ses habitants. Seuls circulaient camions et voitures gris-vert de l'armée d'occupation. Le métro, cependant, marchait. Les Allemands ayant réquisitionné le château de la

Châtaigneraie, je m'installai à Auteuil avec un vieux vélo pour tout moyen de transport individuel. Paule, en sûreté à Hendaye avec les enfants, ne m'inquiétait pas. Il ne me restait qu'à réorganiser ma vie, à tâcher de voir clair parmi tant de bouleversements, à déterminer où était mon devoir et comment le remplir. Je ne vis d'autre alternative que de laisser passer la tourmente en cherchant à rendre service autour de moi, autant que je le pouvais. Je m'y attelai.

Cette période, néanmoins, me laisse un souvenir de frustration en même temps que de désarroi. Combien de fois ai-je amèrement regretté de ne pas participer à l'immense aventure des forces qui, nous le savions, s'organisaient, en même temps que se mettait sur pied la formidable machine de guerre américaine ! Alors que j'avais tout donné, et même secrètement ma vie, puisque je me jugeais condamné par les risques de mon état de pilote, je me trouvais finalement engagé contre mon gré dans une forme de vie contraire à mon tempérament, où ma survie et celle de mon entourage paraissaient l'essentiel de notre raison de vivre... A ce pénible confinement s'ajoutait un abattement profond. Etait-ce le contrecoup d'une trop forte tension, de la démentielle succession d'efforts fournis par le jeune pilote que j'étais, engagé au combat dans la chasse après trois cent quatre-vingts heures de vol à peine, alors que neuf mois plus tôt je ne savais pas piloter ? Mes nerfs soumis à trop rude épreuve avaient-ils brusquement lâché ? Toujours est-il que je me sentis au creux de la vague. J'étais une fourmi, entraînée dans un tourbillon sans savoir où elle allait. L'ironie du destin, sa force d'opposition à toutes mes tentatives étaient si fortes qu'elles écrasaient à présent toutes mes velléités d'action. Je cessais d'être acteur ; je devenais spectateur d'un combat qui me dépassait. Je n'avais désormais d'autre rôle à jouer que de protéger, défendre, aider, ruser éventuellement, en m'installant dans une guerre dont j'avais la conviction qu'elle durerait longtemps, même si pour moi son issue ne faisait aucun doute.

A la banque, quelques employés étaient revenus, la caisse honorait les chèques tirés par la rare clientèle, le téléphone fonctionnait à nouveau. Tout semblait rentrer dans l'ordre. Au bureau de la rue Notre-Dame-des-Victoires, nous demeurions en liaison télégraphique constante avec l'Indochine. Cela dura jusqu'à l'invasion japonaise qui allait mettre fin aux transferts de fonds et à toutes formes de relations.

De ma permanence politique, je délivrai à tous mes amis et à leurs connaissances des certificats de démobilisation. Ils avaient l'air vrai : grâce à l'imprimeur de la banque Rivaud arrêté plus tard par la Gestapo, j'avais rapidement fait confectionner des tampons de caoutchouc, et imprimer des formulaires copiés sur d'authentiques documents. Ainsi, en cas d'interpellation dans la rue, leurs possesseurs pourraient justifier de leur démobilisation et paraître en règle avec les autorités occupantes.

Grâce à Renaitour, avec lequel j'étais resté en contact, je pus me procurer des bicyclettes neuves, non seulement pour mon usage personnel mais pour tous ceux qui autour de moi en auraient éventuellement besoin. Un jour, revenant précisément d'un achat de vélo et descendant l'avenue Paul-Doumer avec une amie qui inaugurait son nouveau moyen de locomotion, et pédalait hardiment sans se préoccuper du vent qui soulevait ses jupes, un ouvrier gouailleur, témoin ravi, lui cria : « Eh petite ! Baisse le capot, sinon on va voir le moteur ! » Paris n'avait pas encore perdu son esprit !

« Primum vivere » allait désormais devenir la devise de nombre de Français. Le rutabaga remplacerait la pomme de terre introuvable, le lait et le sucre seraient rares même avec les tickets, le beurre inexistant, l'huile détestable, le poisson et la viande exceptionnels, et le marché noir florissant – mais pas à la portée de toutes les bourses. Il fallait se débrouiller.

Malgré l'occupation par la Luftwaffe de notre maison de La Celle-Saint-Cloud, je décidai avec le régisseur de la propriété, revenu lui aussi, d'acheter des vaches qui pourraient pacager dans les quarante-deux hectares de paddocks, et donner le lait dont on manquait autour de moi. Je m'inscrivis au bureau de secours du quartier et à l'entraide d'hiver du Maréchal, dont les papiers à en-tête – dus toujours au complaisant imprimeur de la banque – allaient plus tard me donner toutes les facilités pour circuler sur les routes. Mon projet de ferme à La Celle-Saint-Cloud me donna également l'occasion d'améliorer mes moyens de transport. Des autorisations de circuler étaient en effet accordées aux camionnettes chargées du ravitaillement de la population. Une Simca 5, transformée par un habile carrossier mécanicien, eut très vite l'air d'une voiture de livraison ; le maire de La Celle-Saint-Cloud me délivra une attestation pour ravitailler en lait les habitants du village. A la préfecture de Versailles une gentille mignonne, sur les ordres du préfet, M. Gerbault, et sur présentation du véhicule, me remit le précieux certificat de transport dit S.P. (« Service Public »), qui m'autorisait en outre à circuler dans les départements limitrophes. J'avais droit à une allocation d'essence de dix litres par mois. A Versailles, pendant l'Occupation, Gerbault a accompli tout ce qu'il pouvait pour défendre courageusement les intérêts de ses concitoyens. Il n'en a pas moins été fort mal traité à la Libération.

Un de mes amis, Raoul Heilbronner, avant de quitter la zone occupée, me procura une sorte d'essence synthétique de couleur brun foncé, sentant très fort le goudron. Un fût de deux cents litres de ce carburant me fut livré, ce qui permit au moteur de ma Simca de tourner à peu près correctement, à condition toutefois de garder le starter fermé. Deux cents litres, ce n'était pas beaucoup, mais mon chauffeur, Aimé Longy, fit si bien qu'avec ces deux cents litres, j'ai pratiquement roulé durant toute la guerre. Longy avait un copain, patron d'un bistrot au Bourget, où les aviateurs allemands réglaient leurs consommations de vins et d'alcools au moyen d'essence ; le copain nous en revendit régulièrement. Il fallait procéder avec la plus extrême prudence, l'essence allemande, teintée en vert clair, étant facilement reconnaissable. Trois ou quatre pour cent de mon ingrédient brun, mélangés à l'essence allemande, transformaient magnifiquement la couleur et l'odeur, ce qui était essentiel en cas de contrôle. Longy partait avec sa fiole en poche, gagnait l'arrière-boutique du bistrot et la versait dans un bidon de pétrole. Le tour était joué ! Il revenait par le métro avec un liquide qui ne craignait aucune inspection des feldgendarmes allemands, que nous appelions « les plats à barbe » en raison du collier de métal qu'ils portaient autour du cou.

Grâce à cette méthode ingénieuse, je pus rouler autant que je le pouvais, quoique de façon illégale. Le garage de ma maison comprenait deux Simca 5 et une Simca 8. Toutes ces voitures circulaient à tour de rôle avec la même plaque d'immatriculation. N'ayant qu'un « S.P. » pour plusieurs voitures, il fallait obligatoirement le déplacer, ainsi que la plaque, système qui me valut quelques émotions. Un matin, vers dix heures, en allant à mon bureau, une surprise désagréable m'attend en sortant de Neuilly. Je viens avec mon « S.P. » de livrer des pommes de terre, du bois et des légumes de la Châtaigneraie à mon ami Renée Saint-Cyr. Abordant l'avenue de la Grande-Armée, je m'aperçois que toutes les voitures sont soigneusement canalisées vers l'Etoile par la police allemande. Place de l'Etoile, les issues latérales sont toutes interdites. En progressant, je constate qu'il en va de même des rues transversales des Champs-Elysées, toutes fermées à la circulation. Devant le Fouquet's, vers le Rond-Point, l'avenue m'offre le spectacle inquiétant d'une longue file de voitures immobilisées. Tout de suite je comprends que je suis pris dans une souricière, destinée au contrôle par les Allemands de la circulation des voitures civiles. Mauvaise affaire : je roule en Simca 8, avec une autorisation de circuler pour une Simca 5. Que faire ?

Au culot (mais le cœur battant) j'avise l'hôtel de la Païva, actuellement Cercle du Travellers, à l'époque réquisitionné pour servir de mess à des officiers allemands. Soigneusement, sous l'œil attentif d'une sentinelle, je range ma voiture le long du trottoir, au milieu d'autres voitures allemandes. Puis, sans me presser, très sûr de moi, j'aborde l'immeuble par la grille d'entrée de l'hôtel, avec la même sensation que l'on doit éprouver en pénétrant dans un essaim de guêpes. Avec autorité, je demande au planton de garde si l'oberlieutenant Karl Schmitt est de service. Si oui, je voudrais lui parler.

Karl Schmitt, fort heureusement, est inconnu... J'exprime mes regrets, ressors le plus naturellement du monde en abandonnant ma voiture, et, toujours sans me presser, me dirige à pied en direction du rond-point des Champs-Elysées, pour constater qu'effectivement les Allemands procèdent au contrôle de toutes les voitures civiles. Sur le bord des trottoirs, des gens pleurent. Je ne m'attarde pas davantage et, avec la même désinvolture, je prends le métro pour aller au bureau.

Repassant vers cinq heures de l'après-midi au rond-point des Champs-Elysées, je trouvai les contrôles levés et ma voiture toujours à la même place, bien gardée par une sentinelle.

Ce sacré « S.P. » devait être prolongé régulièrement à la préfecture de Versailles. A chaque fois, j'engageais avec la préposée une amicale conversation, lui apportant un peu de beurre ou un poulet soigneusement empaqueté. Une fois, je l'invitai à partager mon repas. Elle paraissait enchantée et grâce à elle, lorsqu'on diminua la quantité des « S.P. » de moitié, je me retrouvai dans la bonne moitié. En la regardant mieux, je pensai qu'elle valait plus qu'un déjeuner... Peut-être un dîner au marché noir, au bord de la Marne, un soir d'été ?...

Avec les vaches mises dans les paddocks des chevaux à la Châtaigneraie, j'avais en partie résolu le problème du lait, dont profitaient autour de moi les enfants et les amis. J'organisai aussi, grâce à mon ami Solages, de solides bases de ravitaillement en poulets, beurre, pommes de terre et lapins : ses nombreux amis fermiers du Loir-et-Cher, au lieu de livrer leurs marchandises aux coopératives des Allemands, conservaient en cachette leur production, que de temps à autre je venais chercher, malgré l'interdiction formelle faite aux particuliers de transporter des denrées par la route. J'avais aménagé, dans le coffre arrière de ma Simca 8, un emplacement recouvert par une plaque de contreplaqué peinte en noir, et solidement vissée avec trente ou quarante vis qui me servait de cachette. On ne pouvait l'ouvrir qu'en dévissant toutes les vis, ce qui prenait environ vingt minutes. A chaque voyage les vis étaient recouvertes d'un solide vernis noir ne laissant pas de trace. Avec l'aide d'une Allemande, Mme Fuhrich, dont je reparlerai plus loin, j'établissais sur le papier de l'entraide du Maréchal de superbes ordres de mission en français avec traduction dans le plus pur style allemand officiel, un cachet à l'appui, donnant un caractère d'authenticité à une signature bidon. Ces ordres de mission complétaient le S.P. dont je disposais déjà. A chaque fois j'exhibai avec candeur mes faux documents. Comme je n'avais pas de coffre à ouvrir, on me laissait repartir tranquillement car, suivant mes dires, à sa place se trouvait un grand réservoir d'essence. Le bouchon de remplissage, pour donner plus de véracité à ce que je racontais, avait l'air d'en sortir, et comme les militaires allemands ne connaissaient pas la carrosserie de la Simca 8, j'étais à peu près tranquille.

Une fois, cependant, mon angoisse fut si grande que mes mains se mirent à trembler désespérément en présentant mes papiers à deux feldgendarmes suspicieux et voulant à tout prix savoir ce qu'il y avait derrière le dossier arrière de la voiture. J'avais beau répéter qu'il n'y avait rien qu'un réservoir d'essence, ils semblaient très inquisiteurs. La chance, toujours la chance, voulut que mon cher Longy, le chauffeur, ait ce jour-là une petite valise qu'on lui fit ouvrir. Elle contenait un bon gros saucisson et un kilo de beurre. Longy, qui avait sa part dans le coffre, avait simplement voulu l'améliorer en douce... Saucisson et beurre furent confisqués, et la prise dut paraître suffisante par rapport à notre ordre de mission : les feldgendarmes nous laissèrent repartir sans autre formalité. Quant au coffre, archibourré, il contenait vingt-cinq kilos de beurre et vingt poulets déplumés.

Une autre fois, un des fermiers de Solages nous avait réservé une jolie jeune chèvre marron qu'il amena jusque devant le perron de la maison pour nous en faire la surprise au moment de notre départ.

La chèvre, embarquée sans trop de difficulté, se tient tranquille et propre pendant le voyage. Elle passait de temps à autre la tête par la fenêtre, comme un chien, apparemment heureuse et peu effrayée de son aventure. Installée dans le jardin de Paris, la question de savoir qui la tuerait se posa. Naturellement, nous ne trouvâmes personne. Pendant un mois la chèvre brouta l'herbe et les fleurs. Elle aimait passionnément les papiers qui traînaient et faisait des incursions dans le seau à ordures avant qu'on ne le mette dans la rue. La nuit, elle couchait sagement sur de la paille, au garage, et dès le matin suivait familièrement le personnel jusqu'à la cuisine pour recevoir un croûton de pain. Bientôt elle fut tout à fait apprivoisée ; elle venait à ma rencontre, me donnait un coup de langue sur les doigts, se laissait caresser. Plus question de la manger... Mais la garder à Paris paraissait difficile car elle salissait tout sur son passage. La cour, le jardin, le garage, tout sentait la chèvre ! Il a fallu l'emmener à la Châtaigneraie et la lâcher dans un paddock. Sur le moment, refusant la compagnie des vaches, elle préféra me suivre jusqu'à la voiture. Je fus triste de la quitter...

Six mois plus tard, allant voir les vaches et ne la trouvant plus, je me suis informé.

Nous l'avions mangée...

A chaque retour de mes déplacements chez Solages, je sortais mes richesses, les déposais dans la cour du garage et prévenais mes amis. Je faisais deux parts égales, l'une pour la maison et l'autre pour ceux qui n'avaient pas les mêmes possibilités ni les mêmes moyens. J'allai ainsi voir Colette, l'écrivain, dans son appartement du Palais-Royal ; Bertrand de Jouvenel m'avait dit qu'elle manquait de tout et je lui apportai du beurre et un poulet. Elle me reçut enveloppée dans une couverture, un chat sur les genoux, soupesa le poulet et me dit :

– Oh, qu'il est lourd !

– Non, Madame, il est normal, pas plus d'un kilo quatre cents, ai-je répondu.

Avec un sourire malicieux elle reprit :

– Vous verrez, jeune homme, en vieillissant tout pèse plus lourd !

Une autre femme, Mme Michels, vint souvent me voir pendant cette période. Elle était la femme de Charles Michels, un de mes anciens collègues au Parlement, avec lequel j'avais été en commission d'enquête en Afrique du Nord pour étudier le projet Blum Violette. Député communiste, il avait été fusillé par les Allemands. Elle savait que je l'aimais bien. Je garde d'elle le souvenir d'une femme durement touchée, mais digne dans son malheur. Pour elle, j'avais toujours une part des razzias des fermes du Loir-et-Cher.

J'avais décidé d'apprendre correctement l'allemand ; Berlitz m'adressa un excellent professeur. Il arrivait le matin dès sept heures trente, et jusqu'à neuf heures nous travaillions. Au bout d'un mois, le professeur changea. Je vis arriver une dame aux cheveux noirs, à l'abondante poitrine et aux jambes velues comme un grenadier. Très libre de son temps, elle me proposa de remplacer ma secrétaire, Mlle Mirgon, gravement malade. Ainsi entra dans ma vie Eva Fuhrich, juive allemande vivant en France depuis une dizaine d'années après avoir perdu sa famille et fui le Reich en raison de ses origines. Chaque jour, depuis l'occupation de Paris, elle vivait dans la crainte d'être dénoncée et arrêtée ou contrainte de porter l'étoile jaune. Elle me confia ses angoisses : je la calmai. Désormais, elle s'appellerait Eve Fournier, pour conserver les mêmes initiales. Elle recevrait des documents prouvant qu'elle était secrétaire, et serait domiciliée à ma permanence. Elle dirait que sa vraie carte d'identité avait été égarée avec ses bagages durant l'exode. Elle préciserait être née en Algérie et ne pouvoir pour le moment, faute de correspondance, présenter aucune autre pièce d'identité.

La ruse fonctionna parfaitement jusqu'à la fin de la guerre. Eva m'apprit l'allemand et fut une excellente secrétaire. Elle eut même le courage de protester par écrit, avec véhémence, contre ma détention à la Conciergerie au moment de la Libération.

Elle était bien placée pour connaître la vérité, ayant vécu à mes côtés pendant trois ans.

Je mettais ainsi au service de mon entourage les ressources diverses – papiers, alimentations, transport – dont je pouvais disposer. Sauf une fois – et je le regrette encore. Ce fut le jour où Gérard Bonnet, dont la mère était la veuve de Jules Henry, notre ambassadeur en Turquie pendant les hostilités, vint me trouver : elle avait été embarquée par la Gestapo. Il voulait essayer de la sauver. Elle se trouvait aux environs de Paris, me dit-il, dans un train stoppé en raison de bombardements de l'aviation américaine. Il voulait retrouver l'emplacement du train, et enlever sa mère au nez et à la barbe de ses gardiens.

Je pesai le pour et le contre d'une tentative qui me semblait difficilement réalisable. Nous devions tout d'abord retrouver l'endroit où le train était stationné, être sûrs ensuite d'apercevoir et de reconnaître Hélène dans une longue succession de wagons où hommes et femmes devaient être entassés... Il fallait enfin l'enlever à des gardiens sûrement armés jusqu'aux dents, et réussir à franchir les barrages avec un S.P. douteux et non conforme. Un faux ordre de mission, rédigé en allemand par mes soins, risquait fort de ne pas convaincre un gendarme allemand ou français trop zélé.

Faisant la somme des impondérables, je considérai l'entreprise comme vouée à l'échec. Nous risquions, dans une tentative mal préparée et hasardeuse, d'être à notre tour arrêtés. Pour moi ce n'était pas grave, mais pour Gérard, qui avait vingt-deux ans, et en raison même de l'arrestation de sa mère, c'était à coup sûr la déportation. Si j'avais pu prévoir le destin tragique d'Hélène, cette charmante amie morte à Ravensbrück peu avant la libération du camp, je pense aujourd'hui que j'aurais certainement pris tous les risques et joué quitte ou double.

Juin 1941. J'apprends par les journaux que des cartes « interzones », permettant la circulation entre les zones dites occupée et libre, viennent d'être créées par les autorités occupantes.

Tout de suite, je réfléchis au moyen de m'en procurer une. L'Occupation me pèse, ainsi que mes contraintes journalières et ma quasi-inaction. J'ai envie de m'évader, de respirer. Et surtout j'ai un projet en tête : réunir un groupe d'hommes capables et compétents, dans divers domaines, susceptibles de former des équipes qui, à la fin des hostilités, pourront prendre la relève et contribuer à la remise en route du pays. Je souhaite pouvoir voyager librement dans toute la France afin de prendre contact avec tous ceux qui, comme moi, ont le désir de travailler en ce sens. Je n'ai malheureusement aucun prétexte valable à fournir aux autorités allemandes pour l'obtention d'un « ausweis » permettant de franchir la ligne de démarcation.

Finalement le hasard se chargea de régler le problème : passant rue Oudinot, où se trouvaient encore après l'armistice les vestiges du ministère des Colonies, je rencontrai Surcouf, du cabinet de Georges Mandel – et arrière-petit-fils du célèbre corsaire de Saint-Malo – et lui soumis le cas. Il me répondit en riant que c'était lui qui avait la charge d'établir ce genre de sauf-conduit pour le compte du ministère ; et dès le lendemain j'avais le précieux document, valable jusqu'au 12 juillet.

En réalité, malgré mes velléités de travail, je ne savais pas très bien où me diriger en zone libre. J'hésitais entre Lyon, où j'avais de nombreuses relations, et une invitation de Renée Saint-Cyr, une de mes plus jolies amies, qui avait loué une villa au bord de la plage de la Garoupe, tout près du port d'Antibes. Elle y était seule avec Irène de Funès ; dans une lettre reçue peu de temps auparavant, elle m'incitait à descendre sur la Côte pour profiter du beau temps et de la mer. J'aimais beaucoup Renée Saint-Cyr, personne de qualité, séduisante, pleine de vitalité. J'avais fait sa connaissance à Chartres, où elle s'était déplacée plusieurs fois pour me rendre visite, après avoir tourné *Rose écarlate* à Rome avec Vittorio de Sica. Quoiqu'elle ne fût pas encore pour moi l'amie précieuse qu'elle devint par la suite, je décidai d'accepter cette invitation qui me permettrait en outre de lui rendre bon nombre de ses visites à Chartres. Elle constituerait enfin un alibi, si à mon retour en zone occupée on me posait des questions gênantes.

J'arrivais à la Garoupe par un temps radieux. Renée et son amie allaient faire le marché à bicyclette et toutes deux veillaient aux soins de la table. Le 12 juillet fut vite arrivé. N'ayant pas réussi à trouver les contacts recherchés, et rien d'important ne m'appelant à Paris, je décidai de prolonger mon séjour auprès de ces deux femmes affectueuses et gaies. Je grattai donc soigneusement, sur mon « ausweis », le 1 de 12, pour en faire un 22 et gagner ainsi dix jours de bonheur... Puis le 21, je repris le train pour Paris.

A l'arrêt de Moulins, qui séparait les deux zones, la patrouille allemande de service au contrôle des autorisations de passage de la zone regarda mon « ausweis » à contre-jour, ce qui n'était pas prévu. L'Allemand crut voir le papier, à l'endroit de la date, légèrement moins épais, peut-être gratté... D'un « Raus ! » brutal je fus sorti de mon compartiment et quinze minutes plus tard les autorités m'avaient écroué sans ménagement dans la prison des ducs de Bourbon [1].

Le gardien-chef – un Français – après m'avoir retiré cravate, lacets et argent, examina mes papiers. Le bonheur voulut qu'il connût mon nom, pas pour des raisons politiques mais parce que turfiste, grand amateur de chevaux de course et parieur de surcroît. Il se rappela avoir joué sur une de mes montes gagnantes, dans le prix de Châlons, à Auteuil, et récolté ainsi un des plus beaux bénéfices de son existence. Du coup, il fut plein de prévenances à mon égard durant ma villégiature forcée.

Mais le plus curieux fut le cas du chef de la Kommandantur de Moulins, un Badois. Comparaissant devant lui, il me demanda qu'elle était ma parenté avec le « Graff Beaumont » qui avait des chasses en pays de Bade. Je lui donnai en allemand les précisions réclamées : le graff Beaumont, c'était moi. Il devint alors aussi prévenant que le gardien de prison, et avec beaucoup de respect, connaissant aussi ma qualité de parlementaire, il me demanda pourquoi j'étais en prison. Je lui expliquai qu'heureux dans le Midi de la France en compagnie de deux jolies femmes, l'esprit bien loin des tracas de la guerre, je n'avais pas résisté à la tentation de prolonger mon séjour enchanteur en modifiant – très légèrement – la validité de ma carte interzone. Raide et empressé, il me tendit aussitôt le téléphone. « Herr Graff, me dit-il, appelez votre secrétaire à Paris, et qu'elle vienne vous chercher avec un autre ausweis en règle. »

J'étais ainsi probablement tiré d'affaires, mais en attendant, je voyais devant moi une quinzaine de jours à passer parmi soixante compagnons.

Nous étions tous étendus à même le sol, de jour comme de nuit, sur des matelas, dans une vaste salle sans chaise ni table - ni éclairage nocturne. Dès mon entrée, on m'indiqua la paillasse du dernier

1. Voir annexe 4.

arrivé, à proximité immédiate du seau, large vase sans couvercle, de cinquante centimètres de haut, situé dans l'angle de la pièce, dans lequel les soixante bonshommes viennent régulièrement déverser le trop-plein de leur nature exigeante. Durant la journée, l'utilisation de ces toilettes rustiques se passait fort correctement. Mais la nuit, ceux qui titubaient de sommeil dans l'obscurité, ceux qui visaient mal ou constellaient les alentours parce que la nourriture de la prison ne convenait pas à leurs boyaux, donnaient à cette pauvre paillasse, en raison de fréquentes erreurs de tir, un arôme tout à fait particulier. Dès le premier réveil – il faut dire que j'avais le sommeil lourd – je me retrouvai prodigalement décoré d'éclaboussures diverses. Le hasard des départs voulut heureusement que dès le lendemain, j'avance de cinq matelas, tandis qu'un des nouveaux arrivants prenait ma place.

J'ai rencontré dans cette prison quelques grincheux, des gouapes, un braconnier, un souteneur, beaucoup de braves gens, mais surtout des hommes discrets qui ne disaient rien. Le troisième jour, pour rompre la monotonie des heures, je proposai à mes compagnons de geôle de leur parler de l'Indochine. Ce fut ma première conférence de détenu. La deuxième fut consacrée à la chasse aux grands fauves en Afrique, en Inde, en Asie. La troisième devait porter sur la civilisation des Incas et la forteresse inviolée du Machu-Pichu.

Elle n'eut pas lieu. Mlle Mirgon, ma secrétaire, avait alerté le cabinet du ministère des Colonies, et mon ami Surcouf avait si bien fait les choses que le cinquième jour, elle apportait en toute hâte le précieux document au Badois de la Kommandantur. Le soir même, je repris le train pour Paris avec elle, et quittai dès mon arrivée la tenue à l'arôme très spécial qui avait vidé le compartiment de ses voyageurs.

CHAPITRE XVI

Deuxième séjour en prison – Une escapade au Portugal – Françoise la patriote – La nuit du débarquement

Deux ans plus tard, en novembre 1943 exactement, je fis un second séjour en prison, à Fresnes, cette fois, et pour un motif dont je n'ai jamais eu connaissance.

Peu à peu, j'avais réussi à constituer le groupe dont j'ai parlé, qui permettrait de trouver par cooptations verticale et horizontale des hommes capables de se consacrer en équipes à la remise en marche de l'économie française, une fois les hostilités terminées. Cette entreprise, qui avait nécessité pendant des mois de nombreuses et discrètes réunions, tant à Paris qu'en province, ne servit en définitive à rien, sinon à donner à ses participants l'impression d'être utiles et de préparer l'avenir. Nous étions un peu plus de deux cents. Deux partirent pour Londres, dont Diethelm. Un autre, Paul Bernard, fut déporté dans un camp de « Nacht und Nebel », sans y mourir. Malgré ces activités semi-clandestines, je n'ai jamais été sollicité pour jouer un rôle dans la Résistance. Ma résistance à moi consistera à ne rien donner aux Allemands et à protéger dans la mesure de mes possibilités ceux des Français qui en avaient besoin.

Je ne suis pas certain du tout, d'ailleurs, que j'aurais fait un bon clandestin. Je sais mal dissimuler, et, si je tente d'altérer la vérité, mon visage me trahit lamentablement. Toutefois, lorsque je pus aider ceux qui avec courage servaient Londres, je le fis toujours sans hésiter. Ce fut le cas lorsque Diethelm m'adressa un jeune inconnu parachuté dans la région de Pontoise. Je fus d'abord méfiant : une provocation était toujours possible. Mais devant certaines preuves matérielles, et Hubert de Chambure m'ayant confirmé sa mission, je mis aussitôt à sa disposition tout ce dont il avait besoin pour passer en zone libre. Peu de temps plus tard, il m'adressa de Lyon une carte interzone m'annonçant en termes convenus son arrivée à bon port, et me communiquant son adresse.

Et ce fut quelques jours plus tard que, sans relation avec cette visite, la Gestapo me cueillit au saut du lit.

Je me retrouvai assis dans une Citroën, qui allait m'emmener en prison, pensai-je, ou pour un interrogatoire. C'est alors que je me souvins brusquement avoir gardé dans mon portefeuille un morceau de la carte interzone, indiquant le nom et l'adresse du parachutiste.

Tandis que mes gardiens discutaient, debout sur le trottoir, je le sortis subrepticement de mon portefeuille et en fis une petite boule que je mis prestement dans ma bouche avec l'intention de l'avaler. Las; le carton était tellement coriace qu'il refusait d'être mastiqué; la boule en elle-même était trop grosse pour être déglutie en une seule fois... Pendant que la voiture roulait sur le pont d'Auteuil, j'entrouvris légèrement la fenêtre, comme pour mieux voir le soleil se lever. Là, profitant d'un moment d'inattention de mes gardiens, le visage tourné du côté opposé au leur, je pris dans ma bouche cette boule rébarbative, et, mettant à profit mes talents de prestidigitateur, je la laissai tomber dehors sans être remarqué.

A Fresnes, je fus fouillé, puis contraint de garder les mains en l'air, le visage contre le mur; si je baissais les bras, fût-ce imperceptiblement, je recevais aussitôt dans le bas du dos un coup de pied admirablement placé et particulièrement vigoureux. Je me félicitais d'avoir fait disparaître à temps le morceau de carte interzone.

Puis, encadré de deux gardiens, je fis connaissance avec ma cellule. Sur le rebord en bois du châssis de la fenêtre, on pouvait lire, gravé sans doute à l'aide d'une épingle « Ici se meurt un pauvre homme, parce que Juif. »

Soudain, je crus entendre une voix sourde m'appeler. Je tendis l'oreille. Effectivement, sortant du mur par un trou de tuyau apparemment sans usage précis, une voix s'informait de mon nom et des raisons de mon arrestation. Ne recevant pas de réponse de ma part, la voix insista :

– Ecoute bien. Tu viens d'arriver. Nous conversons entre nous au moyen de ces tuyaux destinés à un chauffage inexistant. Les Allemands l'ignorent. Nous ne pouvons parler qu'aux heures d'appel, où les gardiens sont tous ensemble. Je vais t'appeler Porthos.

Moi, je serai Aramis. Donne-moi les dernières nouvelles de la guerre. A midi, tu les entendras à nouveau par ta fenêtre. Tout ce que tu m'auras appris, les autres prisonniers vont l'entendre à leur tour. Nous avons entre quatre et cinq minutes, pendant que cesse la surveillance des étages.

Je dis alors ce que j'avais appris la veille à la BBC sur la guerre de Russie : la bataille faisait rage sur le Dniepr et à Stalingrad; on disait même que des armées allemandes étaient encerclées.

Comme annoncé, à midi, par mon vasistas entrebâillé, j'entendis répéter tout ce que j'avais appris à mon correspondant anonyme. Ce « journal parlé » improvisé, à l'insu des Allemands, se reproduisit pendant tout mon séjour.

Quelques jours après mon arrestation, un matin, un vieux gardien ouvrit la porte et dit d'une voix rauque : « Raus... Femme. » Sans comprendre, j'empaquetai mes affaires et le suivis jusqu'au corps de garde, où un sous-officier, claquant des talons, me dit en bon français : « Le docteur Knochen me prie de vous faire savoir que sur ses ordres, vous êtes libéré. »

Quelques instants plus tard je me retrouvai dans la rue avec mon petit balluchon, dans la poche un peu d'argent qu'on m'avait rendu. Il faisait froid, je n'avais pas de manteau. Je pris d'abord un tramway, puis un autre, puis le métro, et arrivai, grelottant, à Molitor, où depuis quarante-huit heures déjà tout le monde m'attendait.

J'appris alors comment j'avais été libéré de Fresnes. Mme Knochen, la femme du chef de la Gestapo, s'habillait chez Maggy Rouff, le grand couturier des Champs-Elysées. Ma belle-mère, ma femme et Renée Saint-Cyr se trouvaient être clientes de la même maison; et toutes trois, qui plus est, avaient pour essayeuse « Madame Maryse ». Mon arrestation ayant fait quelque bruit, Maryse en avait eu connaissance. Un jour d'essayage, elle prit Renée Saint-Cyr à part pour lui signaler la présence dans la maison de Mme Knochen, en lui disant qu'elle pourrait peut-être obtenir d'elle ma libération, d'autant plus que les journaux du jour signalaient qu'en représailles de l'assassinat d'un officier poignardé dans le métro, il était question de faire fusiller en les tirant au sort cent détenus politiques pris dans la prison de Fresnes. La chère Renée Saint-Cyr avait su plaider ma cause avec chaleur et efficacité, et emporté la promesse d'une intervention rapide.

Le destin avait encore parlé : à Fresnes, nous étions environ sept cent cinquante détenus et j'avais une chance sur sept de faire partie du lot des fusillés...

Pourquoi cette arrestation ? La seule hypothèse plausible que j'aie pu faire fut que je la devais à un bref voyage au Portugal, accompli peu de temps avant. Je m'étais en effet rendu à Lisbonne afin de veiller aux intérêts de la Financière des Caoutchoucs dans des plantations de café en Angola; nos amis portugais nous avaient donné l'impression, par certaines prises de position, de mettre à profit les difficultés de communication pour chercher à nous évincer [1]. La nécessité d'étudier de près la situation, mais aussi l'amusement de traverser l'Espagne en pleine guerre pour me rendre dans un pays neutre, m'avaient convaincu de faire le voyage. Mon ami Dumoulin de la Barthète, au cabinet du maréchal Pétain, avait pu obtenir un passeport; la belle Mme de Heredia, épouse d'un de mes collègues de la compagnie que j'allais inspecter, organisa mon séjour dans le plus somptueux hôtel de la ville.

Le moins qu'on puisse dire est qu'il ne passa pas inaperçu. Aussi bien à l'hôtel qu'en ville, je rencontrai des connaissances et croisai des Français qui tous se disaient de la France libre. J'allai voir Sir Eric Philipps, ancien ambassadeur de la Grande-Bretagne à Paris, alors en poste au Portugal et que je connaissais bien. Je lui racontai nos soucis et nos malheurs, lui donnai des nouvelles de ses amis restés en France. Là-dessus, j'appris par la presse locale la mort du duc de Kent, frère du roi, dont l'avion venait d'être abattu au-dessus de l'Atlantique. Sa disparition me consterna en raison de l'affectueuse amitié que je portais à la duchesse. Je lui câblai aussitôt mes pensées attristées, amicales et fidèles. Quelques heures plus tard, à ma grande stupéfaction, je reçus d'elle, à l'hôtel, un câble me remerciant de mon message. Une réponse aussi rapide d'Angleterre me surprit, d'autant plus que la duchesse ignorait mon adresse à Lisbonne.

Je mis à profit mon séjour pour effectuer quelques achats : cigares de La Havane pour René de Rivaud, grand fumeur, et les amis de la banque; savons blancs parfumés, introuvables à Paris, pour Paule et quelques belles amies. Puis, les affaires de la compagnie réglées, je repartis.

Je m'arrêtai deux jours à Madrid où mes amis espagnols me

1. Voir annexe 5.

conseillèrent de ne pas rentrer en France. Mais j'estimai ne pas pouvoir sans déloyauté trahir la confiance de ceux qui m'avaient fait obtenir le précieux passeport; et puis il y avait Paule, les enfants, les équipes en pleine gestation... Ce n'était pas possible. Je n'excluai pas, cependant, l'idée de franchir une autre fois les Pyrénées, à pied et sans passeport.

Est-ce ce voyage qui me valut mon arrestation ? C'est plausible. Lisbonne à l'époque était truffée d'espions de toutes sortes, et mon passage avait été remarqué. Je crois davantage à cette hypothèse qu'à celle d'une dénonciation anonyme concernant la création des équipes pour l'après-guerre. En ce cas, cigares, savons et télégramme m'avaient coûté vraiment cher.

Je ne saurais évoquer cette difficile période sans parler de Françoise, Bretonne de Quimper, qui durant ces années fut tout à la fois maître d'hôtel, cuisinière et femme de chambre dans le petit rez-de-chaussée que j'occupais rue Oswaldo-Cruz, à deux pas de ma permanence parlementaire avenue Mozart. Comment ce curieux et déconcertant personnage était-il entré dans ma vie ? Banalement : elle cherchait une place et sans rien savoir d'elle, j'acceptai ses conditions. Grâce à Françoise, durant l'hiver, le « Mirus » installé dans la cheminée ne manqua jamais des bûches que j'allais chercher moi-même à La Celle-Saint-Cloud; grâce à elle, mes repas étaient soigneusement préparés avec une partie des victuailles venues du Loir-et-Cher; grâce à elle, je trouvai toujours dans mon lit des draps propres et soigneusement tirés. Elle fut une partie de ma vie.

Françoise était patriote. A sa manière, mais jusqu'au bout des ongles. Il lui arrivait de rester des heures assise à la fenêtre, qui donnait de plain-pied dans la rue, tenant bien en vue un journal où figurait la photo de Pierre Laval. Chaque fois qu'un passant se présentait à hauteur de la fenêtre, elle faisait au portrait de visibles et édifiants pieds de nez. La plupart du temps, les gens haussaient les épaules ou riaient. Nous eûmes tout de même de la chance que ces démonstrations n'aient pas d'autre résultat, dans un quartier où les dénonciations étaient fréquentes.

Mais Françoise n'avait pas seulement ses opinions et sa manière de les manifester. Elle avait aussi ses têtes. Cherchant à éviter les restaurants, dont la clientèle m'inquiétait, je déjeunais et dînais le plus souvent dans ce pied-à-terre, où je recevais aussi des invités. Je m'aperçus rapidement que si Françoise se montrait la meilleure cuisinière du monde lorsque je recevais certains amis, hommes ou femmes, tout devenait immangeable lorsqu'il en arrivait - en général des femmes – qui ne lui plaisaient pas... De sorte que je dus bientôt choisir entre la qualité du dîner et celle de l'invitée. Elle alla même plus loin : un soir que l'une des dames dont elle ne voulait pas se présenta, elle l'éconduisit froidement : j'étais parti de Paris, pas question de dîner là... Je ne rattrapai la dame que de justesse, en la voyant par la fenêtre qui enfourchait déjà son vélo. Tout cela me posait bien quelques problèmes, mais je lui portais une réelle affection, pour le respectueux attachement qu'elle me vouait à l'évidence, et qui à mes yeux n'avait pas de prix. Je ne me doutais pas encore de ce que traduisait son comportement.

Dépeindre Françoise n'est pas aisé. Elle était de ces gens dont on dit qu'ils n'ont pas d'âge. Elle devait avoir une dizaine d'années de plus que moi, soit autour de quarante-cinq ans. Un visage sec, des tenues austères, des fichus noirs, des cols montants lui donnaient l'allure de quelque duègne de pensionnat. Elle portait autour du cou une mince chaîne en or de laquelle pendait un petit cœur – son seul bijou je crois. Mais je dois avouer que je n'aurais jamais vu la couleur de ses yeux ni la teinte de ses cheveux si un beau jour, le diable en personne n'avait bousculé l'aspect transparent de nos relations...

Il y avait eu des signes avant-coureurs, pourtant, outre ses antipathies manifestes à l'égard de certaines de mes amies. Ainsi, un dimanche matin, comme j'étais dans ma baignoire, Françoise était entrée sans prévenir et m'avait déclaré qu'elle allait me frotter le dos, qui, disait-elle, « en avait bien besoin ». Habitué à ses lubies, et d'ailleurs amusé, je l'avais laissé faire. Ainsi avais-je pu constater qu'elle jugeait de son devoir non seulement de veiller avec conscience et méthode à la bonne tenue de mon appartement, mais encore de moi, qui en étais partie intégrante et même principale.

Vint la dernière et dure année de guerre. Après un hiver rigoureux, passé sous les vrombissements des escadres de l'aviation américaine qui traversaient le ciel parisien pour aller déverser leur charge sur l'Allemagne, un printemps souriant fit soudain son apparition. Un matin, sortant de mon bain hirsute et à peine séché, je trouvai sur mon lit encore défait une grande brassée de lilas blanc que Françoise avait rapportée du marché. Au même instant, elle arriva, portant le plateau du petit déjeuner.

Les fleurs allèrent sur le fauteuil, le petit déjeuner sur la chaise; quant à Françoise, ne sachant plus où s'asseoir pour me parler et me donner son livre de dépenses, elle se retrouva sur le lit, à mon côté.

Et c'est alors que sans bien m'en rendre compte, d'un geste instinctif d'homme, je sentis que ma duègne de pensionnat avait une peau fraîche, des seins de jeune fille et une jupe qui ne couvrait rien d'autre qu'elle-même...

L'esprit du Malin dut souffler en tempête, ce dimanche matin, dans la rue Oswaldo-Cruz. Françoise, malgré son âge, n'avait encore jamais connu l'étreinte d'un homme. Je pris le petit déjeuner un peu plus tard et compris pourquoi la cuisine avait été, certains jours, si immangeable.

La vie reprit comme si rien ne s'était passé. La Libération intervint; partant pour l'Amérique du Sud, je quittai la rue Oswaldo-Cruz et dus, à regret, me séparer de Françoise qui, me dit-elle, trouva aisément une autre situation. J'eus une fois de ses nouvelles, puis plus rien.

Trois ans passèrent. Un matin, un interne d'hôpital me téléphona : Françoise, malade, voulait me voir. Je devais justement partir à Bruxelles pour quarante-huit heures, appelé par une transaction difficile : impossible de modifier mon emploi du temps. A mon retour, par négligence et aussi par manque de précisions sur la maladie de Françoise, je laissai encore passer deux jours avant de me présenter, en fin d'après-midi, à l'hôpital où elle se trouvait.

Elle était morte le matin même.

L'interne me remit un petit paquet où mon nom et mon adresse étaient écrits d'une main qui avait tremblé. Il contenait la mince chaîne d'or et le petit cœur, à l'intérieur duquel je trouvai une minuscule photo de mon visage. Un peu bouleversé, je n'ai pu contrôler mes larmes, et au moment où je refermais le paquet, l'une d'entre elles est tombée sur la chaîne et le petit cœur en or, ses seuls bijoux. Depuis, à l'époque des lilas blancs, je ne peux m'empêcher de penser à Françoise, ma Bretonne.

Quant à l'Alsace sous l'occupation, je n'en avais aucune nouvelle. J'avais appris que la maison de Diebolsheim, réquisitionnée, était occupée par des civils allemands ayant perdu leur logement lors des bombardements alliés sur leur pays. Elle ne m'appartenait plus... Néanmoins, je voulus voir ce qui se passait. Un matin je pris le premier train pour Strasbourg, mettant aux bagages un vélomoteur Peugeot avec deux litres d'essence odorante et marron. Dans le train, aucune formalité. Je descendis tranquillement à Strasbourg, récupérai mon vélomoteur et me rendis dans mon village.

Les braves gens firent une drôle de tête en me voyant, mélangeant la surprise à l'inquiétude. La maison était effectivement occupée. Les meubles avaient disparu : ils avaient été pris en pension ici et là; je les retrouvai d'ailleurs tous à la fin de la guerre et même quelques-uns de plus, que les Allemands n'avaient pas eu la possibilité d'emporter, provenant sans doute de maisons abandonnées. Les plus étonnés de me voir furent les occupants : ils se croyaient sans doute tout à fait à l'abri d'une visite du propriétaire; Je leur dis que la guerre serait longue, difficile, incertaine, histoire de jeter le doute dans leur esprit sur l'issue définitive...

Mes chiens étaient morts. Plus rien ne me retenait. J'enfourchai mon vélomoteur pour regagner la gare de Strasbourg. A présent, je connaissais le nom des occupants. Il fallait qu'ils sachent que si la guerre tournait mal, et si la maison était abîmée, je n'aurais aucune peine à les retrouver et à leur mettre la main au collet. Je ne pouvais rien faire de plus.

Il devenait évident que la guerre entrait dans une phase nouvelle. Des escadres de bombardiers lourds, frappés de l'étoile blanche américaine, passaient le soir au-dessus de Paris pour pilonner sans arrêt, jour et nuit, la Ruhr et Berlin. Parfois, Le Havre et Brest étaient aussi la cible des bombardiers; on parlait ouvertement d'un débarquement possible sur les côtes de la Manche, ou même en Méditerranée.

Je me souviens de la nuit où tout se précipita.

Ce soir-là, j'étais invité à Louveciennes chez une amie, Monique, qui avait loué une petite maison en bordure des bois, pour fuir la ville et le bruit des sirènes. Monique était venue me voir huit jours auparavant, par une claire journée du début de juin. Longy était allé la chercher chez elle en vélomoteur pour lui épargner métro ou bicyclette. Et j'avais vu arriver cet étrange équipage, l'élégante silhouette en robe légère assise sur le porte-bagages, tenant d'une main un immense chapeau crinoline de même couleur que la robe, et devant, le chauffeur en casquette et gants à crespin. Spectacle inoubliable, conjuguant la drôlerie et la beauté... J'arrivai donc chez Monique, à mon tour, sur ce même vélomoteur – mais sans chauffeur; – apportant en guise de bouquet un poulet de chez Solages, que je remis à une vieille femme, la mère Mulot, qui lui faisait la cuisine.

La soirée fut charmante. Nous écoutâmes les nouvelles de Londres, qui ce soir-là durèrent plus de deux heures d'affilée, prolixité peu habituelle à la BBC. « Robert arrive avec ses choux... Le curé coupe son fromage... Les fleurs d'Anatole tombent du ciel... » Bizarrement, nous eûmes, Monique et moi, l'impression que quelque chose n'était pas comme tous les jours.

En raison du couvre-feu, je passai la nuit à Louveciennes. Au matin, avant même que Monique ne soit réveillée, j'enfourchai ma motocyclette. J'avais pris à l'aller des chemins détournés et peu fréquentés, cherchant à éviter la route de Saint-Germain et les contrôles policiers toujours possibles. Mais ce matin-là, je décidai de longer la Seine en passant devant la maison de Joséphine à La Malmaison.

Durant mon retour vers Paris, je ne rencontrai pratiquement pas de voitures. J'avais l'extraordinaire et curieuse impression de sentir dans l'atmosphère quelque chose de nouveau et d'étrange. L'air était léger, le ciel sans avion. On aurait dit que les bruits de la terre s'étaient tus. Dans Paris, aucune effervescence. Le grand calme.

Arrivé au bureau, j'appris avec stupeur le débarquement, commencé à l'aube, sur les côtes de la Manche. La journée était historique. Le sort de l'Europe était en train de se jouer... et je n'y participais pas.

Je laissai passer quelques jours avant de monter à La Celle-Saint-Cloud. La plus grande partie des occupants étaient partis. A la piscine, des pains de plastic avaient détruit la plupart des cabines; les vitres avaient volé en éclats. La boîte aux lettres, devant la porte d'entrée, laissait voir le courrier entassé non relevé. La maison semblait abandonnée. Portes et baies vitrées étaient ouvertes. J'y circulai sans rencontrer âme qui vive... La maison était vraiment vide. Curieuse sensation.

Je pris les lettres dans la boîte, en fis un paquet et le cachai sous le siège de la camionnette Simca avant de me rendre à la ferme. Je surpris le fermier, sa femme et le jardinier en conversation animée, un verre de Château-Bouscaut à la main. Huit cent mille bouteilles de ce vin avaient été stockées au-dessus des écuries... Je l'avais oublié. Pas eux. Ils fêtaient le départ des occupants, se réjouissant déjà de leur défaite, qui maintenant s'annonçait irrémédiable. Ils m'apprirent que les Allemands avaient laissé des caches d'armes, ne pouvant les emporter. En fin d'après-midi, des résistants se faisant connaître, je leur indiquai les emplacements; ils s'armèrent jusqu'aux dents [1].

1. Voir annexe 6.

CHAPITRE XVII

La libération de Paris – Histoire d'une carabine – Pourquoi n'être pas resté à la campagne? – Troisième séjour en prison.

En fin de semaine nous apprenons avec enthousiasme, par la radio, le succès du débarquement. Les Allemands semblent se préparer à quitter Paris. On dit que les combats de Sainte-Mère-Eglise sont meurtriers; le mur de l'Atlantique est percé; la BBC annonce que les armées déferlent vers Alençon, Le Mans et Paris.

A pied, je passe rue de Rivoli. Des civils à brassards tricolores, armés d'armes automatiques, sortent de l'hôtel Meurice en poussant devant eux des soldats allemands de la IIIe Territoriale qu'ils ont faits prisonniers.

Après avoir traversé la place de la Concorde où de rares voitures civiles, lancées à toute vitesse, font crisser leurs pneus, je contourne le Parlement, pénètre dans la cour par la place du Palais Bourbon. Je retrouve le même spectacle qu'au Meurice. Des civils à brassards, arme automatique à la main, ramassent des prisonniers qui ne font aucune difficulté pour se laisser arrêter. A un mètre de moi, une mitraillette crépite. Un civil vient par inadvertance de poser le doigt sur la détente de son arme. Une volée de balles va déchiqueter la botte et le pied d'un Allemand qui hurle...

Je m'en vais. Je n'aime pas ce spectacle, mais qu'y puis-je? Toujours en badaud, les mains dans les poches mais ouvrant l'œil, j'entre dans l'hôtel de la présidence de la Chambre. Pas une âme. La maison est vide. Je la connais bien et monte aux étages, passe dans la chambre d'Herriot. Sur la table traîne un revolver. Je le mets dans ma poche, pour m'apercevoir plus tard qu'il n'a plus de percuteur.

En redescendant, deux superbes bicyclettes noires de l'armée d'occupation m'attirent l'œil. Elles sont appuyées contre la porte d'un garage. J'en enfourche une et prends l'autre en main. Une heure plus tard, je suis à la maison avec ma prise de guerre.

Le soir même, entra en scène un personnage inattendu, dont le rôle dans ma vie prouve à quel point les machinations du hasard peuvent être, sous des apparences anodines, aussi imprévisibles que maléfiques.

Ce personnage était une carabine, de marque Mauser. Durant cette période agitée de la Libération, où les Français, au lieu de fêter fraternellement la défaite nazie et la paix retrouvée, étalèrent au grand jour rancunes, haines, désaccords et accusations, elle allait me valoir d'invraisemblables ennuis. Pris à partie par des on-dit répercutés dans la presse, j'allais devoir protester avec véhémence contre certaines rumeurs intolérables, m'accusant d'avoir durant les années noires chassé avec des officiers allemands. Ces rumeurs fausses, stupides ou malveillantes, prétendaient se fonder sur cette carabine, découverte avec une étiquette à mon nom avenue de Marigny, dans l'hôtel particulier de Robert de Rothschild qui avait été occupé par l'état-major de la Luftwaffe; ma carabine chez les Allemands était pour certains la preuve irréfutable de ma participation à leurs amusements.

L'histoire de cette carabine – qui d'ailleurs ne m'appartenait pas – est tout autre et vaut d'être contée. Je commets une erreur quand je dis qu'elle entra dans ma vie durant la libération de Paris. Elle y était entrée en 1938, date à laquelle mon vieil ami Elliott du Luart, père de l'actuel sénateur, avait sur ma demande prêté cette arme de chasse à notre ami commun Alain de Solages pour lui permettre de faire avec moi la randonnée de chasse à dos d'éléphant, en Indochine, dont j'ai parlé. La malchance voulut que cette Mauser, prise en écharpe par des lianes, cassât à l'endroit du pontet, devenant inutilisable le reste du voyage au grand désespoir de Solages. En rentrant en France, je fis aussitôt réparer la crosse pour pouvoir la rendre en parfait état à son propriétaire.

La guerre arriva. Mobilisé, je ne pensai plus à cette arme. J'ignorais même qu'elle avait été réparée et livrée, avant les hostilités, à La Celle-Saint-Cloud, où les troupes d'occupation, en envahissant ma maison, la découvrirent dans un débarras avec l'étiquette de Gastine-Renette portant mon nom. Par téléphone, le jardinier m'apprit l'événement. Cette arme de guerre, d'après eux cachée intentionnellement, et contrairement aux instructions des autorités occupantes, méritait une sanction pour son propriétaire. Je devais me présenter immédiatement aux autorités qui, de leur côté, me recherchaient activement.

Je ne savais que faire. Le soir même, André Dubonnet, apprenant mon inquiétude, vint très spontanément et amicalement à ma rescousse. Il connaissait de longue date, disait-il, le général allemand d'aviation Hanesse, avec qui, durant les hostilités, il avait entretenu d'excellentes relations en Allemagne. Il allait prendre le risque de lui téléphoner à l'hôtel Marigny, lieu de sa résidence. On verrait sa réaction.

Coïncidence heureuse : les troupes occupant La Celle-Saint-Cloud étaient aussi des aviateurs, précisément sous son commandement. La carabine, à la suite de son coup de téléphone, prit sans histoire le chemin de l'hôtel Marigny, quartier général de Hanesse, où Dubonnet me précisa qu'elle me serait rendue dès la fin de la guerre. Quant à mes fusils personnels, mes beaux fusils qui avaient avec moi gagné trois fois le championnat de France, et conquis par deux fois une seconde place en championnat du monde, ils avaient été déposés à la mairie du village; ils ont disparu, sans doute écrasés par des tanks, et en 1946, je fus un des premiers clients, à Londres, à commander une paire de Royal Holland, calibre 12, presque au prix d'avant-guerre, à cinq cents livres sterling la paire.

Bref, je considérai comme réglée l'affaire de la carabine Mauser. En tout cas, j'étais loin de me douter qu'après m'avoir valu des ennuis avec les Allemands, elle m'en vaudrait de pires avec les Français...

Le soir même de ma promenade à la Concorde et au Palais-Bourbon, Elliott du Luart m'appela et me demanda si, vu la pagaille générale, ce ne serait pas le moment d'aller récupérer sa carabine à Marigny, chez Robert de Rothschild. Je l'avais oubliée! Je lui conseillai d'y aller lui-même, ce qu'il fit. La carabine était bien là, mais le concierge, constatant qu'elle portait étiquette à mon nom, suggéra que je passe la prendre moi-même.

Le lendemain, juste avant de partir pour le Loir-et-Cher où m'attendait Paule, je me présentai à mon tour, pour m'entendre dire par le même concierge qu'il avait ordre de garder la carabine. Sans comprendre sur le moment la raison de ce changement d'attitude, je prévins du Luart avant de quitter Paris.

Nous ne revîmes jamais la carabine. J'en achetai une autre à son propriétaire, mais l'incident provoqua un peu partout des commentaires sans doute moins imprudents, hélas, que mal intentionnés... Désireux d'en finir, j'écrivis d'abord, puis rendis visite à Alain, fils aîné de Robert de Rothschild, dès son retour de captivité, en mai 1945. L'affaire lui fut expliquée et nous n'en avons plus jamais reparlé; mais je sentis bien qu'elle avait laissé comme une ombre dans nos relations. Aujourd'hui encore je n'y pense pas sans une certaine tristesse. Robert de Rothschild et son exquise épouse représentaient pour moi, dans ma jeunesse, les attentions amicales, la façon familière et un peu paternelle des gens plus âgés regardant avec bienveillance le jeune débutant que j'étais, plein d'enthousiasme et aussi plein d'admiration pour eux. Dans son beau château de Laversine, Robert m'éblouissait. Moi, je le rajeunissais...

Peut-être aurais-je évité ces tracas si, dès le premier appel d'Elliott du Luart, je m'étais rendu moi-même séance tenante à Marigny, et avais récupéré l'arme avant le mystérieux contrordre qui m'empêcha de l'emporter. Mais je dois dire que sur le moment, j'avais bien autre chose en tête.

D'abord, j'avais suivi avec enthousiasme, dans la foule, l'arrivée des blindés de Leclerc, mon ancien camarade sous-lieutenant d'active à Saumur. J'avais l'espoir de le voir et de lui tendre la main. Mais à l'Hôtel de Ville, la foule était si dense que je ne retrouvai aucune connaissance et dînai tout seul d'un sandwich.

Puis, après ma démarche infructueuse avenue Marigny, bien décidé à retrouver Paule, je partis en motocyclette pour le Loir-et-Cher, chez Alain de Solages, où elle m'attendait avec les trois enfants. De la capitale à Coudrecieux, en passant par les plaines de Beauce, les routes étaient particulièrement désertes. A La Cour, j'appris avec consternation que j'avais manqué le passage de l'armée Patton. Décidément, la chance m'avait bel et bien laissé tomber! Olivier de La Moussaye, Laddy du Luart, Alain de Solages, eux, étaient partis avec les troupes américaines. Ils revinrent six mois plus tard pleins de brillants souvenirs et d'admiration pour les boys américains dont ils avaient été les compagnons d'aventure. Pourquoi diable n'étais-je pas resté à la campagne, bien tranquillement! J'aurais moi aussi fini cette guerre dans l'armée Patton. Parlant anglais et allemand, j'aurais certes rendu plus de services qu'à Paris. Mais à l'époque, mes amis et moi pensions fermement servir la Libération en étant à même de nous mettre très vite à la disposition de ceux qui, ayant perdu le contact avec la France, auraient besoin de toute évidence de nos bonnes volontés et de nos connaissances. En somme, notre conception de la Libération fut une erreur. Il existait une complète discordance de mentalité entre ceux qui avaient souffert de l'Occupation et les patriotes courageux des forces extérieures.

Deux jours plus tard, Eva Fuhrich me téléphona. Elle me conseilla avec insistance d'éviter de rentrer en ville : la police française me recherchait comme étant un ami de Pierre Laval. Elle me dit avoir précisé qu'étant ma secrétaire, elle pouvait affirmer le contraire. « J'ai même, ajouta-t-elle, dit ce que vous aviez fait pour moi. » Mais on voulait m'arrêter.

Mon sang ne fit qu'un tour. Au lieu d'écouter ma secrétaire, j'enfourchai mon vélo et rentrai dans la capitale.

Dès le lendemain matin, j'appelle le service de police installé rue de Bassano, dont Eva Fuhrich avait le numéro de téléphone et demande à parler au directeur. Un certain Roland Pré [1] me répond : « Oui Monsieur de Beaumont, nous savons qu'il s'agit d'une erreur, mais il y a des papiers à signer. Voulez-vous passer nous voir ? »

Dix minutes plus tard, avec mon vélomoteur (que je n'ai d'ailleurs plus revu), j'étais rue de Bassano. Ce fut pour m'entendre dire que j'étais arrêté sur-le-champ. Je crus à une plaisanterie. Puis je me mis en colère et exigeai le téléphone. Je voulais parler ou à Gaston Palewski ou à mon ami Pierre Bloch, mon ancien collègue qui, d'après les journaux, occupait une situation au gouvernement provisoire. Pierre Bloch, caché chez un ami à Montmartre, m'avait appelé à l'aide dès les premiers jours de l'occupation de Paris. Il avait quitté subrepticement son régiment, encerclé par les forces nazies,

1. Roland Pré, ingénieur des Mines, fut en novembre 1945, retour de Londres, chargé de l'épuration, puis nommé gouverneur de 3e classe et représentant permanent du ministère des Colonies auprès de l'administration française d'occupation en Allemagne. Trois ans plus tard, il était gouverneur de 1re classe, avec un avancement rapide.

tandis que les prisonniers étaient triés suivant certains critères. Il avait tout de suite compris qu'il avait les plus grandes chances de se retrouver non pas démobilisé mais dans un camp de concentration ou portant l'étoile jaune. J'avais fait le nécessaire pour qu'il réussît à passer en zone libre, et lui avais fourni de faux papiers prouvant qu'il était bien démobilisé.

Hélas! A mon appel téléphonique, je sentis immédiatement mon bon ami Pierre affreusement gêné et réticent.

– Il paraît que tu n'as pas été bien pendant la guerre..., me dit-il, que tu voyais les Allemands.

– Parbleu, oui, j'en voyais tous les jours! Parfois par centaines, dans la rue, dans le métro, ou à la Châtaigneraie, où ils couchaient dans ma maison réquisitionnée. J'ai même été arrêté deux fois par eux, et mis en prison!

Nous en restâmes là. J'étais scandalisé. Je ne lui en veux pas... C'était le climat de l'époque. Mais moi, j'avais pris des risques pour lui au temps de l'Occupation. Lui, à la Libération, n'en avait pas à prendre. C'est toute la différence. A vingt heures, la Conciergerie – dans les mêmes locaux où avaient séjourné Louis XVI et Marie-Antoinette – me reçut sans ménagement. Pour la troisième fois j'étais en prison, sans doute pour ne pas faire mentir le vieux dicton...

J'étais écœuré. Comment était-ce possible, et pour quel motif? Non seulement je n'avais rien à me reprocher, n'ayant trempé dans aucune des affaires de Vichy, et n'ayant eu de rapports avec les Allemands qu'inévitables, lorsqu'ils convoquaient, demandaient à voir mes papiers. Je n'avais jamais rien sollicité d'eux, ni par conséquent obtenu la moindre facilité. Alors? Que signifiait cette arrestation? J'avais, il est vrai, rencontré à mon insu un diplomate allemand en civil, M. Achenbach, lors d'un déjeuner chez mes amis Troubetzkoy... Non, tout cela ne tenait pas debout, c'était absurde. A moins peut-être qu'un cousin portant le même nom de famille n'en ait été la cause. Lui, un artiste, n'était en rien un « collabo », mais il voyait des Allemands.

Dans la cellule, où je fais figure de nouvel arrivant, ils sont déjà six. La pièce sombre mesure un mètre quatre-vingt-dix sur trois mètres cinquante. Je discerne mal les occupants. Mon voisin immédiat, un beau Noir avec une dent en or, me demande pourquoi je suis là. Je suis obligé de lui répondre que je l'ignore et lui retourne la question.

– Oh... moi? me dit-il. Pour la libération de Paris, j'ai touché une mitraillette. Que veux-tu... la tentation a été trop forte, je suis rentré chez moi... j'ai bousillé ma femme. Mais on l'a su, alors j'ai été arrêté... tu comprends?

Eh oui, j'avais bien compris! Sans vouloir insister ni être indiscret, je fis, l'un après l'autre, le tour de mes compagnons de geôle. A mon grand étonnement il y avait là le procureur général de la Cour de cassation, un grand et bel homme à la figure intelligente. Il était effondré. Je compris qu'ayant signé un arrêt condamnant des communistes, il était à son tour inquiet de son sort. Dans un coin, un petit jeune homme à la langue bien pendue avait paraît-il servi de secrétaire bon à tout faire à un officier allemand. Il y avait aussi un directeur de restaurant fréquenté par les Allemands, et trois autres malheureux, victimes de dénonciations, dont un pour pillage.

La nuit venue, mon mouchoir posé à même le sol en guise d'oreiller, il me fallut essayer de dormir. A sept dans un espace aussi réduit, les corps sont à touche-touche et les jambes détendues, sauf pour celui qui se trouve à la hauteur des w.-c. C'était justement ma place. Recroquevillé, la tête plus bas que le reste du corps, je n'étais pas exactement en position confortable pour dormir. Mais ce n'était rien à côté de ma colère.

Me voir mis en prison par des Français, c'était un comble! J'aurais bien aimé étrangler l'imbécile qui, courageusement, avait mis mon nom sur une liste non signée.

Le lendemain, notre gardien de cellule me dit :

– Ah, Monsieur de Beaumont, les premiers arrivés ici, on a cru que c'étaient des traîtres, bien sûr, mais avec un tel déferlement de gens de qualité, on a tout de suite compris qu'il devait y avoir un sacré malentendu, une maldonne!

Il ajouta qu'il me connaissait de réputation et qu'il était prêt à me rendre service. Cet homme a été parfait. Grâce à lui, j'ai eu tous les matins dans la cellule le journal, dont tout le monde profitait. Il téléphonait mes messages, appelait ma secrétaire, ma femme, me rapportait les réponses et me livrait les petits colis qui m'étaient adressés. Il donna même une de mes couvertures à l'acteur Pierre Fresnay, emprisonné dans une cellule voisine. Après ces événements, je suis resté longtemps en rapport avec lui. Lors de sa retraite j'ai pu, grâce à Dany et Roger Saint, lui trouver une place de gardien de bibliothèque chez Saint-Frères. Il y a été heureux et moi particulièrement reconnaissant aux deux frères de m'avoir permis de faire ainsi plaisir à ce très brave homme.

Je savais que Paule et beaucoup de mes amis s'occupaient de moi. Luizet, le préfet, devait intervenir, mais il ne fit rien. Le directeur de la prison, cependant, vint me voir. Il rencontrait des difficultés pour obtenir ma libération.

– Il faut, pour une levée d'écrou, me disait-il, un dossier et un motif d'arrestation.

Ni l'un ni l'autre n'existait...

Malgré les promesses et les lettres encourageantes qui me parvenaient grâce au gardien, je décidai, en signe de protestation et dans l'espoir de hâter une décision qui tardait, de commencer une grève de la faim. Contrairement à ce que l'on pourrait croire, la grève de la faim n'est pas pénible, à condition de pouvoir boire. Je buvais donc tranquillement, dans les w.-c. l'eau qui automatiquement coulait toutes les deux heures. Les deux premiers jours sont les plus difficiles; après, on s'habitue. Au cinquième jour, je dormais dix-huit heures sur vingt-quatre. Au sixième, vingt sur vingt-quatre. Qui dort dîne!

Le septième jour, le directeur de la prison m'annonça enfin la levée d'écrou pour le lendemain. Mon gardien, ce soir-là m'apporta un gros paquet de victuailles envoyé par Monique. Je l'ouvris dans la demi-obscurité de la cellule, et le distribuai à mes codétenus, ne voulant rien avaler moi-même avant d'être sûr de ma libération... Un thermos cependant, marqué « café », me tenta. Un gobelet pour étancher ma soif ne pouvait pas me faire de mal. Ma langue pâteuse, gonflée et lourde, ne réagit pas immédiatement, pendant que d'un trait j'avalais le liquide...

Catastrophe! Ce n'était pas du café, mais du vin rouge. Un demi-gobelet suffit, en cinq minutes, avec un estomac vide, à me rendre complètement ivre et malade. Les murs se mirent à tourner en une sarabande vertigineuse. J'étais incapable de bouger.

Le lendemain matin, le directeur de la prison vint m'annoncer lui-même ma levée d'écrou. En fin de journée, je sortis, vacillant sur mes jambes. Une voiture kaki à étoile blanche, de l'armée américaine, m'attendait devant la porte de la Conciergerie. A l'intérieur se trouvaient un membre du BCRA de Londres, et mon cousin Lecointre; ils me reconduisirent chez moi.

Deux jours plus tard, je déposai, malgré l'avis contraire et l'anxiété de Paule, une plainte en arrestation arbitraire, détention illégale et abus de pouvoir. Les passions de la Libération calmées, le Conseil d'Etat m'accorda gain de cause et trente mille francs de dommages et intérêts. Mon seul regret fut de n'avoir jamais su d'où venait ce coup bas, afin de botter le derrière du coquin qui m'avait mis sur cette fameuse liste.

Les trente mille francs allèrent directement de mon compte au Noël du combattant en Indochine. Quant à moi, huit jours plus tard je partais pour le Chili pour le compte de la Compagnie minière de Mzaïta.

CHAPITRE XVIII

Changer d'air! – Première présidence de société – Rio et Buenos Aires – Les mines de cuivre chiliennes – Aventures en Patagonie – Chili Chico – La fête des Angelitos – Le Cerro Beaumont – Histoire de la compagnie minière de Mzaïta

Ce brusque départ pour le continent sud-américain n'était rien moins qu'un hasard.

Je voulais changer d'air. J'étais dérouté, et dégoûté. J'avais eu, comme bien d'autres, la naïveté d'espérer, entre nos compatriotes, des retrouvailles d'un autre genre. Au-delà des déchirements, des châtiments et même des morts inévitables, je croyais qu'il y aurait l'effusion fraternelle d'un peuple enfin rendu à la liberté. Je m'étais lourdement trompé. La Libération dressa les Français les uns contre les autres.

La victoire, qui plus est, ne revenait qu'aux actes de guerre. Elle oubliait les résistances silencieuses, les ruses, les angoisses, les privations, les souffrances de ceux qui comme moi, à cause souvent de hasards contraires, n'avaient pu rejoindre les armées de la coalition ou celle du général Revers, responsable, disait-on, de la Résistance en France.

Quant aux équipes composées de nombreux techniciens de valeur, regroupés en secret durant l'Occupation pour être prêtes à servir dès la fin de la guerre, prises dans un tourbillon de passions, elles furent vouées à l'anéantissement sans même avoir eu le temps ou la chance de se faire entendre par le Pouvoir. Elles étaient en dehors de la réalité. Seul Diethelm, qui en faisait partie mais nous avait quitté pour rejoindre de Gaulle, revenait investi d'autorité.

J'eus le sentiment d'être tout à fait inutile. Ma femme et mes enfants étaient à l'abri dans le Loir-et-Cher. Mon domicile de La Celle-Saint-Cloud, ravagé par des bombes posées à leur départ par les troupes d'occupation, était inhabitable. En sortant de prison, j'appris que la propriété avait été ensuite pillée, et les huit cent mille bouteilles de Château-Bouscaut emportées, bues ou brisées. Les habitants des environs, me dit-on plus tard, n'avaient pas dessoûlé pendant huit jours... Et je ne perçus aucun dommage de guerre. On ne répondit pas, enfin, à ma demande de réintégration dans l'aviation pour la durée des hostilités encore à courir.

Décidément, la malchance me poursuivait. C'est alors que se présenta l'occasion de ce départ pour le Chili.

La Compagnie minière de Mzaïta, société productrice de cuivre, avait pris dans le groupe Rivaud la suite des phosphates d'Afrique, épuisés; elle trouvait une seconde existence avec les mines apportées à Olivier de Rivaud par son ami Arturo Lopez. Toutes étaient au Chili. Ce fut ma première expérience de présidence de société; je la dus au fait que personne, dans le groupe, n'en voulait, alors que mon prédécesseur Max de Rivaud, depuis la fin des hostilités, cherchait à s'en défaire. Pratiquement aucune information sur la marche des exploitations ne lui était parvenue pendant la guerre, et il n'avait guère envie de s'occuper de la reprise de contact. Livrées à une gestion locale, dépourvues d'ingénieurs compétents, les exploitations manquaient probablement d'une direction capable. Il fallait sans délai se rendre sur place et se renseigner. A la demande de Max de Rivaud lui-même, j'acceptai cette activité qui tombait à pic, et devins président de la société.

Je m'envolai pour Rio via Dakar, par le chemin qu'avait jadis choisi Mermoz. La première escale après le survol de l'Atlantique-Sud fut Natal, au Brésil, et la deuxième Recife. Je garde de Recife un souvenir ébloui. Je changeais de monde. Je sortais d'une vie rétrécie, faite d'inquiétude et de privations. Certes, je n'avais pas trop à me plaindre : après tout, pour reprendre le mot de Sieyès après la Révolution, j'avais vécu, et ce n'était déjà pas mal alors que tant d'autres étaient morts dans la souffrance... Néanmoins, j'accueillis avec enthousiasme, avec ivresse, ce pays nouveau. J'entends encore les sambas et les rumbas frénétiques d'un Carnaval délirant, qui battait son plein jusqu'à l'aube, tandis qu'à l'autre bout du monde continuaient les horreurs d'une guerre pas encore liquidée... A Rio, je renouai avec un luxe de vie révolu depuis quatre ans, dont les moindres détails – savons parfumés dans ma chambre, cigares par boîtes entières, chocolat – m'emplirent d'un plaisir plus grand que je ne l'aurais soupçonné. Une Cadillac avec un chauffeur noir m'attendait pour circuler en ville. Une dame élégante et organisée guidait mes pas avec intelligence et gentillesse. N'ayant ni dollars ni cruseros, je m'endettais auprès d'elle : son sac réglait factures de restaurants et de magasins. A l'hôtel du Copacabana, face à une mer calme et bleue, nos chambres communiquaient. Ce n'était pas Rio : c'était Capoue!

Onze jours – au lieu des deux prévus – se volatilisèrent par enchantement. Puis il fallut bien quitter ce pays où l'amour me tenait pour me rendre à Buenos Aires, dernière escale avant Santiago.

A Buenos Aires, Lou et Juan Larivière me reçurent chez eux, entourés de leurs amis, puis m'invitèrent au Jockey Club, le cercle le plus sélect de la ville. Je visitai avec eux de splendides fromageries, goûtai l'excellente confiture de lait, spécialité du pays. Je parcourus des ranchs où, à perte de vue, parmi les vaches et les bœufs, évoluaient de gracieuses autruches plus petites que celles d'Afrique. Les *peones*, habiles cavaliers, les capturaient au galop au moyen des *bolas*, des boules liées entre elles qui, lancées avec adresse, s'enroulaient autour de leurs pattes. Le temps me manqua pour essayer.

La ville elle-même me parut riche. Devant les vitrines, je fus pris d'une boulimie de chemises, de chaussettes, de souliers de cuir. Ici, pas besoin de tickets de rationnement! La charmante Colette, épouse de Lou Larivière, me servit de guide pour mes emplettes. Toutefois, à cette époque encore proche, il était hors de question pour une dame de qualité, surtout si elle était belle, de se promener dans la rue avec un homme autre que son mari ou son frère. Nous dûmes nous conformer à ces exigences d'un autre âge. Elle m'indiquait par signes la devanture du magasin où elle me conseillait de m'arrêter. En retour, j'indiquais du doigt la porte à franchir. Si c'était la bonne, elle acquiesçait de la tête, puis venait discrètement me rejoindre pour m'aider à choisir et régler mes achats, après quoi nous ressortions séparément. Ainsi les convenances de l'époque étaient-elles respectées. Mais je lui rappelais en riant combien Paris la trouvait séduisante, et les succès qu'elle y avait remportés...

Cependant le devoir m'appelait ailleurs. Nous visitâmes encore le port de plaisance où les somptueux yachts étaient ancrés dans la rivière, les uns près des autres. Instruments d'ostentation, ils ne sortaient presque jamais en mer. Aux beaux jours, leurs propriétaires venaient prendre le thé à bord...

J'ai bien regretté de n'être plus jamais retourné dans ce beau pays, six fois plus étendu que la France, accroché à la cordillère des Andes et à ses sommets neigeux. Aujourd'hui, les avions vont vite, trop vite et trop loin. Ils ne se posent plus ni à Natal ni à Recife; on n'atterrit plus dans la baie somptueuse de Rio, en plein cœur de la ville. Buenos Aires n'est plus pour beaucoup qu'une courte escale dans un aéroport comme n'importe quel autre. Le charme des voyages que j'ai connu autrefois est rompu.

Je quittai Buenos Aires par le train : les avions de l'époque ne franchissaient pas encore régulièrement les Andes. Le voyage dans un train de nuit jusqu'à Santiago fut froid. J'y attrapai, dans des draps douteux, quelques parasites encombrants.

On était en mars 1945. Je fus accueilli au Chili par M. Bourdel, directeur de la Compagnie minière de Mzaïta. Deux jours après mon arrivée à Santiago, pendant la nuit, j'entendis dans un demi-sommeil, par la fenêtre entrouverte, une clameur suivie de cris stridents; dans la rue, des gens semblaient courir. Mon lit se mit à tanguer comme une couchette de bateau pris dans la tempête. En même temps, un grondement de tonnerre, suivi de vibrations et de craquements assourdissants, faisait trembler l'hôtel « Le Carrera ». Les yeux encore lourds de sommeil, j'allumai et vis le lustre suspendu au milieu de la pièce se balancer à la façon d'un encensoir en faisant cliqueter ses cristaux. Au bout d'un moment, le bruit semblant décroître, j'éteignis tranquillement pour retrouver le sommeil. Le lendemain matin, j'appris par le garçon d'étage que, pour m'accueillir, la terre du Chili avait tremblé force quatre sur l'échelle de Richter. L'hôtel, construit suivant les normes « antiséisme », n'encourait aucun danger d'effondrement. Mais en ville, crevasses sur la chaussées et maisons lézardées me rappelèrent les événements de la nuit.

Vint ensuite la visite complète des installations minières dépendant de la Compagnie. Là, je découvris éberlué un monde dont j'ignorais tout. Dans la Fonderie de Chagres, les exploitations de Melon, les galeries d'El Nilhue, je vis des installations vétustes, délabrées, qui certes fonctionnaient encore, mais où la vie paraissait dure et sans espoir. Je circulai partout, posant des questions, réfléchissant, me gardant de tout commentaire hâtif, tans les façons de voir qui prévalaient ici me semblaient différentes des nôtres. A Disputada, l'un des plus grands centres miniers de la Compagnie, ma stupeur ne fit que croître. La direction engageait les ouvriers avec un contrat d'une durée de trois ans. La mine, éloignée de tout centre urbain, située à trois mille deux cents mètres d'altitude, était ensevelie sous la neige plus de sept mois par an. Pendant toute la durée de leur engagement, les mineurs travaillaient sous terre. Ils étaient logés, nourris, habillés; quelques distractions étaient prévues; mais pendant les trois ans, ils ne voyaient pour ainsi dire pas la lumière du jour. En fin de contrat ils percevaient d'un coup l'intégralité de leur salaire. Certains, nantis de ce pécule, descendaient alors dans la plaine, prenaient femme, achetaient un petit commerce ou un lopin de terre. Ils étaient rares. La plupart, ne sachant rien faire d'autre, renouvelaient leur contrat et restaient là des années...

Ma doctrine fut vite établie : il fallait refondre totalement l'organisation de cet univers de troglodytes. Je devais coûte que coûte faire de ces mines des installations rentables alors même que le prix du cuivre baissait, tout en donnant à ces hommes une vie meilleure. Tâche difficile... Mais il était hors de question que ma première présidence de société fût un échec.

De retour en France, je confiai mes soucis à un ami, Ramin, qui avait fait partie durant l'Occupation de mes fameuses équipes. Il travaillait à Pennaroya, dont Henri Pagezy, également un ami, était le grand patron. Grâce à lui et à ses ingénieurs, j'allais trouver les cadres nécessaires, insuffler une nouvelle énergie à cet appareil de production dont le potentiel me paraissait si riche.

Durant les années suivantes, la Compagnie minière de Mzaïta fut totalement réorganisée sur les plans administratif et technique. Amicalement et intelligemment aidés et conseillés par la direction de Pennaroya, nous aboutîmes non seulement à d'importants progrès dans les prix de revient de la production, en augmentation sensible, mais aussi à une meilleure rationalisation du travail et à la création de nouveaux emplois. Des ingénieurs détachés d'Europe apportaient leurs connaissances. Au moment de l'arrivée au pouvoir de M. Allende, les bénéfices dépassaient régulièrement les quinze millions de dollars distribuables.

Ma vie avait pris un tour nouveau. Désormais je vivais en avion, partageant mon temps entre l'inspection régulière des plantations d'Extrême-Orient et le Chili, où je me rendais presque chaque année. Impossible de tout dire des péripéties, des anecdotes, des activités de ces années! Au Chili, j'ai rencontré peu d'hommes politiques. En revanche j'y connus des hommes de presse, tel Edwards, propriétaire du « Mercurio », et sa charmante épouse Chabella, qui m'emmenèrent à la chasse aux tourterelles en bordure de la cordillère. Mais surtout, je fus mêlé à la vie quotidienne de tous ceux dont le métier touchait à l'exploitation minière; et, dans ce beau pays, j'appris à connaître des régions et des mœurs hors du commun. J'aimerais au moins raconter l'extraordinaire périple d'exploration minière que j'effectuai, lors de mon dernier séjour, en compagnie de Roland Ritter et Léon Dujour, de Pennaroya, irremplaçables auxiliaires de ma réussite comme président de Mzaïta, et merveilleux compagnons.

Après huit années d'efforts, en effet, au cours desquelles nous avions donné à l'ensemble des exploitations existantes un rythme de production amélioré, il nous fallut songer à parachever l'entreprise en la mettant à l'abri des fluctuations du cuivre. Pour cela, nous cherchâmes à diversifier ses activités en trouvant de nouveaux centres d'exploitation minière. Ce fut le but de ce dernier voyage, où rien ne manque pour les amateurs d'aventure.

Lors de leur dernier séjour à Santiago, Ritter et Dujour avaient prévu et mis au point la visite d'un nouveau gisement de molybdène, susceptible, disait-on, de rivaliser avec ceux de Climax, au Canada, et de révolutionner l'existence de Mzaïta. Cette initiative correspondait pleinement à ma volonté de donner à notre société une assise d'exploitation plus large, bien que le cuivre fût déjà largement bénéficiaire; aussi avions-nous hâte de nous rendre sur place.

Un matin de bonne heure, nous décollons dans un bimoteur à six places pour gagner Chili Chico, petite ville située à la pointe extrême du sud chilien, en bordure de la Patagonie argentine. Assis à côté du pilote, dans l'avion tout neuf de la Compagnie minière d'Aysen, j'aperçois fugitivement sous les ailes de l'avion, malgré le temps bouché, défiler à basse altitude entre les nuages les cimes neigeuses et tourmentées de la cordillère des Andes. Après quatre heures de vol, toujours dans la crasse, le niveau d'essence se trouvant au plus bas, je demande quand est prévu notre atterrissage. Je m'entends répondre que nous devrions déjà être arrivés depuis longtemps; mais la densité des cumulo-nimbus est telle que le pilote ne sait pas au juste où nous sommes. L'avion est tout neuf, et les appareils de bord ne sont pas encore réglés sur la longueur d'ondes de Santiago...

Dois-je préciser que cette réponse ne met pas complètement fin à mes appréhensions? Je me raisonne : si nos vies sont en danger, celle du pilote ne l'est pas moins. Sans doute aurais-je été moins rassuré si j'avais pu prévoir que deux mois plus tard, ce même pilote, dans un accident grave, rendrait infirme à vie la femme d'un de nos ingénieurs, Alain de Saccazan, en lui brisant la colonne vertébrale...

Puis, par bonheur, la couche de nuages s'entrouvre et nous voyons la terre. Le bimoteur, comme un avion de chasse, s'engouffre dans cette percée et descend en spirales serrées. Derrière moi Ritter et Dujour, flegmatiques, semblent plutôt amusés. Le sol monte rapidement. Nous avons quitté la région des hautes montagnes, une plaine marron surgit brusquement, l'épaisse couche de nuages est traversée. Le pilote lève son pouce en signe de satisfaction. De la main il montre au loin un terrain plat, où peu après nous nous posons. Une cabane en torchis, une biroute déchirée indiquant d'où vient le vent sont les seules indications nous permettant de savoir que nous sommes sur un terrain d'atterrissage.

Après une bonne heure d'attente dans le vent froid des Andes, surgissent deux voitures d'un autre âge. Valises en main, nous y montons pour gagner Chili Chico où nous sommes attendus. Je n'oublierai jamais cette petite ville, située au bord du lac Aysen, extrême frontière sud entre l'Argentine et le Chili. Un restaurant froid, plein de mouches, aux tables recouvertes de toile cirée, nous accueille pour déjeuner. Après le repas, nous nous mettons en chemin vers l'embarcadère pour traverser le lac en bateau. Aux carrefours, le vent est si violent qu'il nous fait passer d'un côté à l'autre de la chaussée sans qu'on puisse lui résister. Agrippé à mon chapeau, je lutte, arc-bouté contre la violence des rafales qui font chanceler mes pas.

Au bord du lac, le vent semble se calmer. Un vieux, très vieux bateau nous attend, dont la chaudière est alimentée par des bûches. Pour rejoindre la rive opposée, il faudra compter deux heures.

Le lac est superbe, désert et moutonne comme en Méditerranée. A l'horizon, pas une voile, pas un bateau de pêche, pas un oiseau. Pour atteindre le lieu de rendez-vous où nous attendent le directeur de la mine et nos chevaux, seul moyen de transport rapide dans cette partie du monde, il nous faut, au bout du lac, traverser un étroit goulet, malheureusement placé face au vent. Par trois fois, la chaudière poussée à son maximum, le bateau tente en vain de franchir ce passage. Le vent est si fort que la frêle embarcation, lancée avec toute sa puissance, est d'abord ralentie, puis stoppée, puis finalement repoussée dans le détroit à son point de départ.

Continuer dans ces conditions devient inutile, voire dangereux. La décision est prise : il ne faut pas insister mais sortir au plus vite de la passe où le vent s'engouffre, atteignant son maximum de violence. Le bateau est échoué non loin de là, sur une plage de galets. Nous y passons la nuit, mes compagnons et moi, dans nos sacs de couchage. Au petit jour, un vent moins démentiel permet de déséchouer le bateau et de passer.

Pendant deux jours, nous chevauchâmes, couchant à la belle étoile. Notre objectif était une auberge, distante de cinquante kilomètres et lieu de rassemblement des habitants du pays, qu'ils soient éleveurs de moutons ou mineurs.

Durant notre parcours, quelle que soit l'altitude, je constatai avec étonnement une absence complète de vie. Pas de mouches, pas d'oiseaux, pas de lézards; pas même un de ces grands condors capables d'emporter un mouton... Rien que des pierres, toujours des pierres.

Vision digne de l'époque mérovingienne, en arrivant aux abords de l'auberge : un lourd chariot bâché aux roues grinçantes, tiré par trois paires de bœufs accouplés.

Ses occupants allaient au même endroit que nous, pour « fêter », je l'appris plus tard, la mort d'un enfant en bas âge.

L'auberge me fit penser aux fortins de l'armée américaine du temps des westerns dépeints dans les magazines de mon enfance : une haute clôture faite de pieux fichés côte à côte dans le sol, taillés vers le haut en pointes acérées, entourant plusieurs constructions en bois. L'une d'entre elles devait être la salle des banquets, les autres des logements. Nous y passâmes la nuit. Les lits, formés de deux planches accolées, très souples, de la longueur d'un homme, étaient recouverts d'un très mince matelas bourré d'herbes sèches, le tout reposant à chaque bout sur des rondins. Pour une personne qui dort sur le dos, la rusticité de cette couche rend la nuit inconfortable; mais pour ceux qui comme moi dorment sur le ventre, le résultat est franchement désastreux.

Vers une heure du matin, le bruit de plusieurs coups de feu m'enleva toute velléité de sommeil. Ritter, parti en reconnaissance, revint au bout d'un instant. Deux familles s'étaient réunies pour fêter ensemble la mort de leurs deux jeunes enfants. On appelle ce genre de réunion la *Fête des angelitos* parce qu'on considère que de si jeunes âmes innocentes vont sûrement tout droit au paradis, et qu'il faut s'en féliciter ensemble et s'en réjouir. Nous avions vu à l'auberge, sur la table du banquet, les deux petits cercueils blancs contenant les « angelitos ». Malheureusement, plus tard dans la soirée, l'alcool aidant, le père d'une des deux familles avait prétendu que son *angelito* était plus beau que l'autre. Sous l'injure, un pugilat avait aussitôt mis aux prises les deux familles, qui se battaient, me dit Ritter, à coups de cercueils. Pour les séparer et remettre de l'ordre, rien de mieux que de tirer des coups de feu; ce que venait de faire le patron de l'auberge.

Le lendemain matin, de nouveau à cheval, nous quittâmes l'auberge pour rejoindre la mine de molybdène. Sur la carte, cette montagne ne portait aucun nom. Mes deux compagnons suggérèrent de lui donner le mien. L'idée était amusante, j'acquiesçai. Depuis ce jour elle fut pour nous le « Cerro Beaumont ».

Au fur et à mesure de notre progression, nous montions en altitude, l'air devenait plus frais, les routes inexistantes, les chemins malaisés. Une seconde halte nocturne avait été prévue dans un petit chalet perdu dans la montagne, dont une mère et ses deux filles assuraient l'entretien. A elles trois, courageusement, elles avaient continué, à la mort du chef de famille, d'élever leurs moutons.

Les murs de bois étaient entièrement tapissés à l'intérieur de plusieurs couches de vieux journaux, collés les uns sur les autres à même le bois pour calfater les joints des planches et abriter les trois pièces du vent et du froid. L'accueil de ces trois femmes fut chaleureux et plein de gaieté. L'une des filles était jolie. Nous la saluâmes, de bon matin, au moment de quitter les lieux. A cheval, sans selle, elle allait au ravitaillement à la ville, distante de trente kilomètres. Deux sacs vides pendaient de part et d'autre de sa monture. Elle les rapporterait pleins le soir même, pour remplacer ce que nous avions consommé pendant notre séjour. J'admirai le courage et la vaillance de ces femmes, seules loin de toute civilisation. Que deviendraient-elles au seuil de la vieillesse?

Tard le soir, nous arrivâmes enfin au Cerro Beaumont. Le froid piquait, de lourds nuages noirs cachaient la partie haute de la montagne et l'entrée de la mine. Les tentes furent rapidement dressées, le dîner pris autour du feu, et dans ma tente, enfoui tout habillé dans mon sac de couchage, le sommeil me gagna sans tarder.

Le lendemain, réveillé par les conversations des hommes et surpris par la demi-obscurité sous ma tente, j'ouvris le zip avant pour constater avec étonnement qu'une mince couche de neige, tombée pendant la nuit, recouvrait le sol et surtout le dessus de ma tente, voilant ainsi la lumière du jour et me faisant croire qu'il était encore très tôt le matin.

Nous visitâmes sous la neige les galeries percées à flanc de coteau, écoutant les suggestions des deux ingénieurs qui vivaient sur place, dont l'un était Alain de Saccazan, et vérifiant leur matériel.

Notre périple avait duré un peu plus longtemps que prévu. Les jours avaient passé à la vitesse du vent de Chili Chico. Deux semaines à cheval, couchant le plus souvent à la belle étoile dans des régions sauvages où les pierres succédaient aux pierres, n'avaient pas altéré notre bonne humeur. Mais le temps pressait. Il fallait repartir, couper par la montagne, tirer au plus court pour retrouver le pilote à l'endroit où il nous avait déposés, et retourner à Santiago où m'appelaient quelques obligations sociales.

Pour le retour, nous étions quatre : Ritter, Dujour, le guide et moi; nous disposions de huit chevaux, soit une monture de rechange pour chacun d'entre nous. Le froid pénétrant de la montagne avait disparu. Nous voulions parcourir l'étape du retour en une seule journée au lieu de deux initialement prévues. Dujour, d'accord avec le guide, pensait que si nous étions prêts avant le lever du jour, nous franchirions sans difficulté les cent vingt kilomètres nous séparant du terrain d'aviation. Nous avions pour tout bagage un léger sac de toile arrimé sur le dos d'un poney, avec des sandwiches et un thermos de café. Cette nourriture ascétique devait nous permettre d'arriver à destination. Il fallait cependant faire vite pour éviter de manquer l'avion et le voir repartir sans nous, n'ayant aucun moyen de l'avertir d'un changement d'horaire ou de programme.

Nous franchîmes plus de vingt cours d'eau dans la journée. Dans les uns, souliers et chevilles étaient mouillés; dans d'autres, avec de l'eau jusqu'aux genoux, on se tordait les pieds sur les galets ronds, traîtres et glissants. Par deux fois il fallut nous dévêtir complètement pour traverser de larges rivières en tenant la queue des chevaux pour qu'ils nous remorquent ainsi que les vêtements. Entassés dans un chapeau ceinturé sur le haut de la tête, ils arrivaient presque secs sur la berge opposée.

Les poneys non montés suivaient comme des chiens. De temps à autre, on changeait de cheval en transportant simplement la couverture pliée en quatre de l'un sur le dos de l'autre, et l'on repartait en file indienne presque sans s'arrêter. Le crépuscule vint, puis la nuit. Le guide, très silencieux, chevauchait en tête. J'étais sidéré de la résistance des chevaux et aussi de celle de mes deux compagnons. De temps en temps, j'éclairais ma montre de mon briquet pour voir l'heure. Vers dix heures du soir, rompant le silence et en espagnol je posai timidement à la cantonade la question : « Es muy largo ? » (Est-ce encore loin ?) Encore quelques kilomètres, me dit-on, et je n'insistai plus. Vers onze heures, nous abordons une large route. Dans l'obscurité, après quelques instants d'une progression silencieuse, nous apercevons loin derrière nous des phares; ils s'approchent; c'est un camion qui, à nos signes, s'arrête. Le conducteur apprend à Ritter que nous sommes encore à une vingtaine de kilomètres du terrain d'atterrissage, et à vingt-cinq d'une petite agglomération où lui-même doit se rendre. Après un court conciliabule, nous confions les chevaux à notre guide : le conducteur accepte, le camion étant vide, de nous prendre à son bord. A minuit, contre un bon pourboire, il nous dépose dans la cabane en torchis, sur le bord de la piste où l'avion nous attend déjà.

Cette randonnée chilienne fut indiscutablement un succès. Elle prouva notre volonté de réussir malgré les difficultés du terrain. Mes deux compagnons m'ont laissé le souvenir d'hommes de tempérament, d'intelligence et de grand savoir minier. Je les aimais bien, même s'ils ont peut-être un peu trop vanté les capacités de production de Mzaïta et renchéri sur son avenir, dont ils étaient en grande partie responsables, faisant en même temps naître des appétits dont je me serais bien passé. Mais l'ultime et désagréable phase de cette première présidence de société, ce ne fut pas au Chili, où j'avais donné le meilleur de moi-même, que je la rencontrai; ce fut à Paris.

De retour dans la capitale après deux mois d'absence, j'apprends, avec stupéfaction d'abord, indignation et fureur ensuite, que René de Rivaud, frère cadet de mon beau-père Olivier, vient de céder à Roger Meynial, de la banque Worms, pour un prix des plus modestes, sur les indications du prince Cantacuzème, la totalité des actions de contrôle de Mzaïta détenu par la Financière des Caoutchoucs dont il est alors le président.

Ainsi, durant mon absence, la société que je préside vient de changer de mains sans que j'aie été consulté! C'est une véritable trahison. Comment René de Rivaud peut-il, alors que depuis dix ans je m'efforce de donner à la Financière des Caoutchoucs une importante diversification de son portefeuille, agir de la sorte sans savoir qu'il se discrédite à mes yeux?

De ce jour, je sus qu'une autre tâche m'attendait. Il me fallait désormais songer à protéger l'ensemble du groupe dont il avait été l'héritier moral à la mort d'Olivier de Rivaud. René, c'était l'évidence, n'avait pas les qualités nécessaires d'un chef de groupe. L'avenir allait d'ailleurs bientôt le prouver.

En attendant, je me rappelai la proposition que plusieurs années avant, en 1947, m'avait faite Jean Laurent, directeur général de la Banque de l'Indochine :

– Je n'ai pas de base solide parmi mes actionnaires, m'avait-il confié. Les titres sont très répartis. Je souhaite travailler avec des gens que j'aime bien, pas avec ceux qui m'indiffèrent ou me sont étrangers. Voulez-vous prendre une participation importante dans la prochaine augmentation de capital de la Banque de l'Indochine? Je vous propose de souscrire pour trois cents millions d'actions. C'est une somme, bien sûr, mais je peux vous la prêter. Vous me donnerez en garantie le portefeuille de la Financière des Caoutchoucs qui vaut dix fois ce prix.

L'affaire était tentante et la proposition tout à fait appropriée aux intérêts réciproques de nos deux groupes. Mais je n'étais pas le président de la Financière des Caoutchoucs. Je transmis la proposition à René de Rivaud, qui l'écarta d'un geste vague, prétextant qu'il n'avait jamais emprunté d'argent et qu'il ne commencerait pas à son âge. Il m'était apparu en cette occasion qu'il manquait d'à-propos, d'envergure et d'intelligence. Ce n'était pas à lui que l'argent était prêté, mais à la société qu'il présidait, dont le portefeuille allait s'enrichir d'un nouveau fleuron avec des activités connexes souvent jumelées aux nôtres en Extrême-Orient. Depuis ce jour, des doutes sur ses capacités s'étaient fait place dans mon esprit. L'affaire Mzaïta me les confirma. D'autres erreurs, plus tard, en feraient des certitudes.

L'assemblée générale des actionnaires de Mzaïta était prévue en juin. Je savais qu'elle serait difficile. Je n'avais que deux mois pour entamer une campagne de pouvoirs auprès des actionnaires, afin de contrebalancer non plus le désir des Worms de gérer la société, mais celui des Rothschild, grâce au paquet de titres qu'ils avaient acquis de Meynial. Contre toute attente, aidé d'Edouard de Ribes, je restai majoritaire à l'assemblée, mais la marge était faible et la bataille inégale. Il fallait composer.

Mzaïta disparut. Les actionnaires reçurent en échange de leurs titres des Pennaroya, dont Guy de Rothschild était président. Pour suivre les affaires au Chili, j'entrai au Conseil, et durant deux années de suite, ce fut le Chili qui assura la totalité du dividende de Pennaroya, soit plus de quinze millions de dollars. Mais dans ce beau pays que j'aimais, la situation politique se détériorait. Dès la prise du pouvoir par le président socialiste Allende, toutes les mines étaient nationalisées sans contrepartie. Mzaïta disparaissait ainsi de nos avoirs.

Après la mort d'Allende, dans le contexte des dénationalisations entreprises par la junte au pouvoir, l'importante société américaine Exon se portait judicieusement acquéreur de tous nos anciens avoirs chiliens. Elle me racheta même mon paquet de titres de Disputada, que je croyais ne plus rien valoir, en les payant trente fois leur valeur d'acquisition. Je retrouvais ainsi largement le fruit de dix ans de travail.

CHAPITRE XIX

Le Cercle Interallié sous l'Occupation – La Libération et la « Maison des Alliés » – Le plus beau Cercle du monde

Depuis 1931, comme je l'ai dit, j'appartenais au Comité directeur du Cercle Interallié, fondé par mon père durant la Première Guerre mondiale. Depuis, j'ai eu l'honneur d'en devenir le président. Sans entrer dans les détails de l'histoire interne du Cercle, les tribulations qu'il eut à subir de 1940 à 1946, occupé qu'il fut d'abord par les Allemands, ensuite par les Alliés, méritent, je crois, d'être contées.

En juin 40, à l'arrivée des troupes allemandes à Paris, tous ses services avaient cessé de fonctionner. En l'absence de Gaston Doumergue, président d'honneur, et du prince de Beauvau, président, la popote d'un régiment d'artillerie allemande vint s'installer faubourg Saint-Honoré, dans les locaux du Cercle, utilisant le rez-de-chaussée, le jardin et les cuisines, pour ne laisser aux quelques membres et au personnel présents que les étages.

A partir de cette date, M. Doncieux, secrétaire général du Cercle avant les hostilités, et qui avait été pour mon père jusqu'à son décès un collaborateur efficace et précieux, supporta seul, courageusement, les deux occupations successives dont les bâtiments du Cercle allaient faire l'objet. Le 6 août, dès sa démobilisation, il s'y rendit; là, après une discussion avec le capitaine allemand commandant la formation, il obtint que la salle Foch fût remise en fonction pour nos membres et servît de salle à manger avec utilisation d'une partie des cuisines. Début 41, la formation évacua les lieux sans crier gare, et il put reprendre possession de la maison. A partir de cette date le Cercle put jouir d'une tranquillité relative pour que des contacts soient organisés entre personnalités françaises et allemandes. Ses locaux avaient déjà, avant guerre, accueilli le Cercle de l'Union artistique; il dut offrir l'hospitalité à l'Automobile Club, dont le siège, place de la Concorde, avait été réquisitionné par les Allemands.

Cette paix précaire prit fin en avril 1942, date à laquelle une délégation d'une dizaine d'officiers allemands se présenta au vestibule d'entrée et fit appeler Doncieux. On lui donnait quarante-huit heures pour évacuer les lieux, en précisant que tout devait rester sur place, mobilier, matériel, etc. Immédiatement, les visiteurs faisaient apposer les scellés sur l'entrée de la cave. Il n'y avait rien à faire. Le prince de Beauvau décédé quelques mois auparavant, ce fut l'amiral Lacaze, vice-président, qui négocia le transfert du Cercle boulevard Saint-Germain, dans les locaux du Nouveau Cercle qui avait fermé ses portes.

Témoin des différentes protestations adressées aux autorités allemandes suite à cette réquisition, dont celle du comte de Fels, vice-président du Cercle, et la mienne, M. Doncieux me communiqua plus tard une note rédigée par lui et destinée à l'histoire du Cercle, dans laquelle on pouvait lire ceci : « A ces protestations, aucune satisfaction ne fut donnée, sauf partiellement, pour les vins saisis. A ce sujet, une entrevue orageuse eut lieu entre un officier allemand et le comte de Beaumont, ce dernier faisant observer qu'aux termes de la convention d'armistice prévoyant que les réquisitions de marchandises ne pouvaient s'exercer qu'à l'encontre du commerce, on ne pouvait considérer la saisie du stock de vin que comme un vol, le Cercle n'étant pas commerçant. Malgré la réaction violente de l'officier, et ses menaces de sanctions, le comte de Beaumont répéta : " J'appelle un chat un chat, et ce que vous prétendez faire est un vol. " Le dialogue fut interrompu.

« A part cet accrochage, qui aurait pu avoir, pour Monsieur de Beaumont surtout, des conséquences graves, aucun incident sérieux ne se produisit par la suite avec les Allemands, qui, exploitant l'installation sous le nom d'Offiziersheim des Kommandantur des Gross Paris, y menèrent une activité intense, servant quelque sept cents à huit cents repas par jour, organisant maintes réunions, y faisant des « kriegspiels » et réunissant de nombreuses personnalités. »

Tout en s'occupant de l'installation, de la marche et de la direction du Cercle boulevard Saint-Germain, Doncieux put alors, par accord tacite avec les occupants et en tant que représentant du propriétaire, obtenir liberté d'accès et de circulation dans les locaux du faubourg Saint-Honoré, ainsi que la jouissance du grand bureau du deuxième étage, sur la rue, où il conserva, secondé par trois employés, le secrétariat de l'Interallié.

Dans les premiers mois d'occupation de la maison, sous la menace proférée par les occupants de rompre tous pourparlers avec lui, l'Interallié se trouva dans l'obligation d'accepter une transaction au sujet des vins en cave : la moitié du stock serait abandonnée aux Allemands et payée au cours du jour de l'accord, sous condition que l'autre moitié fût enlevée dans les soixante-douze heures. Cette dernière exigence créait des difficultés : il fallait déménager et stocker ailleurs quelque vingt mille bouteilles. La solution fut trouvée grâce à la Compagnie de Suez, qui, sur l'intervention de M. Homolle, trésorier du Cercle, offrit le sous-sol de son immeuble, 10, avenue d'Iéna, et à l'amabilité d'un ami personnel de Doncieux, directeur de l'Hôtel des Ventes, qui nous mit en rapport avec un camionneur pouvant nous fournir le personnel et, chose rare à l'époque, les camions nécessaires au déménagement. Le stock saisi fut payé quelques semaines après à Doncieux, par un chèque en marks d'occupation libellé à son ordre, ce qui, après la Libération, permit à Mme Bourgès-Maunoury, occupant à son tour les locaux du Cercle, faubourg Saint-Honoré, de l'accuser d'avoir reçu de l'argent des Allemands.

En dépit de nombreuses discussions entre les Allemands et Doncieux, au sujet des travaux ou modifications qu'ils prétendaient faire subir à l'immeuble, de l'usure et des dégradations résultant de l'usage intensif qu'ils en faisaient, l'occupation du Cercle se poursuivit de mai 1942 à juin 1944. L'immeuble, pour l'essentiel, n'eut d'ailleurs finalement pas trop à en souffrir.

La veille de l'arrivée à Paris de la 2e DB, les Allemands évacuèrent le faubourg Saint-Honoré, après avoir brisé le standard téléphonique, mais sans effectuer aucun déménagement; ils exigèrent que Doncieux restât seul et ne permît l'entrée à qui que ce soit. Celui-ci resta donc toute la nuit dans l'immeuble, et en profita pour faire une inspection de toute la maison. Pour éviter tout risque d'incendie ou d'incident, il coupa au sous-sol l'arrivée générale d'électricité, privant l'immeuble de toute lumière. La cave renfermait encore quelque quarante mille bouteilles, dont une partie était constituée des grands vins provenant de la saisie allemande. Après quelques démêlés avec l'hôtel Meurice, Doncieux retrouva sa liberté au moment même où les chars français débouchaient place de l'Hôtel-de-Ville.

Arrêté après la Libération et interné à la Conciergerie, je ne pus suivre le déroulement des événements qui se passèrent au Cercle durant cette période. Là encore, je fais appel aux notes de M. Doncieux.

« Quelques jours après le débarquement des Alliés en Normandie, écrivit-il, l'amiral Lacaze, vice-président, qui avait pris la haute direction du Cercle au décès du prince de Beauvau-Craon, reçoit chez lui deux inconnus lui demandant de mettre le Cercle Interallié à la disposition du général de Gaulle dès son arrivée à Paris. L'amiral répond que, ne les connaissant pas, il ne peut prendre leur requête en considération. Les visiteurs se retirent, demandant rendez-vous pour le lendemain pour fournir toutes justifications de leurs personnalités et leur qualification.

« Le lendemain, ils déclarent être envoyés par M. Alexandre Parodi, délégué pour la France du général de Gaulle, et se nommer respectivement Alexandre de Saint-Phalle et Roland Pré. La requête présentée la veille est confirmée. L'amiral objecte alors qu'à son arrivée le général aura à sa disposition l'Elysée et tous les ministères. Réponse : n'étant pourvu alors d'aucun mandat officiel, le Général ne veut occuper aucun bâtiment officiel; en revanche, il a besoin pour sa « Maison » d'un immeuble particulier comportant des installations adaptées; seul l'Interallié répond à ses besoins. Au demeurant, l'occupation ne durera que dix ou quinze jours, temps escompté pour l'avance des armées alliées.

« Dans ces conditions, l'amiral donne son accord, mais précise que l'Interallié ne pourra fournir le personnel, celui dont il dispose restant indispensable pour l'accueil boulevard Saint-Germain des officiers alliés arrivant à Paris – mission qui avait été la sienne durant la Première Guerre. Finalement, il est convenu de s'adresser au prince J.-L. de Faucigny-Lucinge, vice-président du Cercle, et également président de la Société des Grands Hôtels Réunis.

« Consulté, le prince de Faucigny-Lucinge suggère l'engagement d'un chef de cuisine recrutant lui-même une brigade de cuisiniers.

Tout le personnel, engagé clandestinement, restera inconnu jusqu'au jour où il lui sera possible d'entrer en fonction. »

Il faut rappeler ici la situation au départ des Allemands, le jour même de l'arrivée des chars de la 2e DB : les portes d'entrée de l'hôtel du faubourg Saint-Honoré étaient fermées à clé, le courant électrique de la maison coupé et Doncieux expulsé de l'hôtel Meurice sans que les clés lui aient été restituées.

Pour accueillir le général de Gaulle, il fallait donc d'abord pénétrer dans l'immeuble. Le samedi 26 août, dès sept heures du matin, Doncieux se rendit au commissariat de police de la rue Cambacérès, et fit savoir qu'il était chargé d'ouvrir l'immeuble du Cercle Interallié pour l'arrivée du général de Gaulle, mais que l'accès de la maison ne serait possible que par le jardin.

Doncieux, dans sa note, précise encore :

« Tôt dans la matinée, se présentent alors plusieurs dames et messieurs, portant des brassards tricolores estampillés « Gouvernement provisoire de la République »; ils se répandent dans toute la maison. Mme Bourgès-Maunoury se fait connaître, déclarant être mandatée pour prendre la direction de la " Maison du général de Gaulle ", et fait avec moi une visite générale rapide de l'hôtel. »

Doncieux quitte alors le faubourg et rejoint rapidement le boulevard Saint-Germain pour s'assurer que tout a été mis en œuvre par le personnel habituel du Cercle. Plus nombreux qu'à l'ordinaire, des membres viennent pour le déjeuner, amenant plusieurs officiers alliés parmi lesquels, en grande tenue, le général Chaban-Delmas.

Le service fonctionnant normalement, retour faubourg Saint-Honoré. Là, un banquet d'une cinquantaine de couverts est servi sur la terrasse des jardins sous la présidence de M. Parodi. Le nouveau personnel utilise le matériel de l'Interallié trouvé sur place, et une grande partie des marchandises et vins abandonnés par les Allemands. Ces agapes sont soudain interrompues par des coups de feu tirés du fond du jardin; tous les convives se réfugient alors à l'intérieur de la maison. Seuls l'électricien et le menuisier, restés en fonction, ainsi que Doncieux poursuivent au fond du parc deux individus qui s'enfuient en escaladant le mur mitoyen du 8, avenue Gabriel. A leur retour, Mme Bourgès-Maunoury les félicite, et prenant au bras de M. Bourgès-Maunoury son brassard « Gouvernement provisoire de la République », le passe au bras de Doncieux. Au même moment, le cortège acclamant le général de Gaulle lors de sa descente de l'Arc de Triomphe à l'Hôtel de Ville, essuie également des coups de feu semant la panique.

L'organisation de cette « Maison du Général » est immédiatement entreprise par un état-major manifestement organisé à l'avance. Le dimanche 27 août, l'amiral Lacaze vient faubourg Saint-Honoré, rencontre M. Bourgès-Maunoury, et obtient de lui une lettre remerciant l'Interallié du prêt de ses installations au Général, précisant dans cet écrit que l'occupation ne sera que très provisoire. L'endroit (où d'ailleurs le Général ne viendra jamais) prend immédiatement un développement important, d'autant plus que beaucoup de Français ou d'Alliés rentrant à Paris croient y retrouver le Cercle Interallié, confusion soigneusement entretenue... Un club y recrute des adhérents, leur délivrant une carte de membre sous la rubrique « Maison des Alliés ». L'amiral Lacaze, alerté, ne s'alarme pas, fort de la lettre qu'il a obtenue. La Maison des Alliés organise réceptions et réunions, tient table ouverte du matin au soir. Elle jouit de facilités de ravitaillement extraordinaires, pratique même des réquisitions, dispose de camions et de véhicules automobiles pour ses achats en province. On verra même plusieurs fois débarquer du bétail, dont l'abattage se fera au sous-sol; une nuit, deux grands camions apportant un stock important de linge réquisitionné dans le Nord.

Les jours, puis les semaines passent. On finit par s'inquiéter. Sur demande expresse de fixation d'une date de départ, Mme Bourgès-Maunoury, après avoir répondu de façon dilatoire, finit par déclarer qu'il n'est pas question d'abandonner la Maison des Alliés, et que le Cercle Interallié ne remettra jamais les pieds faubourg Saint-Honoré. L'amiral Lacaze et plusieurs membres du Comité interviennent alors en haut lieu; il est confirmé au Cercle que l'occupation de l'immeuble n'est que provisoire, que la Maison des Alliés n'est d'ailleurs qu'une organisation momentanée de la Résistance qui n'a aucune existence légale. Une lettre de Maurice Schumann à l'amiral précise d'autre part que le général de Gaulle n'a jamais manifesté la moindre intention de s'installer au Cercle Interallié.

Toutefois, contrairement aux promesses d'évacuation, un avis de réquisition est délivré par les services du colonel Hendrix. Nouvelle protestation du Cercle; la réquisition est levée quelques jours plus tard... et suivie peu après d'une nouvelle réquisition, signée du même colonel Hendrix! Renouvelant alors ses démarches, le Cercle obtient finalement une lettre signée du ministre de la Guerre déclarant cette réquisition illégale, et par conséquent annulée. Toutefois, il est précisé que « pour des raisons politiques, la date d'effet de cette annulation sera fixée ultérieurement »...

Outre l'amiral Lacaze, intervenaient au nom du Cercle, durant toutes ces péripéties, le comte Stanislas de Castellane et le prince de Faucigny-Lucinge, depuis leurs nominations respectives comme président et vice-président; mais aussi Doncieux, qui, témoin permanent de l'activité de la Maison des Alliés et en contact journalier avec Mme Bourgès-Maunoury, fut, sur accusation de celle-ci, convoqué et interrogé par le juge d'instruction Olmi à son bureau de la rue Boissy-d'Anglas, pour collaboration avec les Allemands, du fait de sa présence faubourg Saint-Honoré pendant l'Occupation, et pour avoir reçu un chèque de la Banque allemande, ainsi que pour avoir fait partir, au STO en Allemagne, des membres du personnel du Cercle!

Ces ordres et contrordres d'évacuation ne durèrent pas moins de deux ans. Et ce n'est que fin octobre 1946 qu'une décision définitive intervint : la Maison des Alliés devait évacuer le faubourg Saint-Honoré. Quelques jours avant le départ, un déménagement commença, qui se poursuivit jusqu'à la dernière nuit. Dans des camions de l'armée, à l'aide de prisonniers allemands sous les ordres d'un capitaine français, fut emporté tout le matériel possible, la totalité des vaisselles, verreries, couverts, linge de table, ainsi que des tables de salle à manger, des tables pliantes pour banquets, des meubles de salon; les cuisines, chambres froides, économats furent vidés de toute marchandise consommable; vins ou liqueurs disparurent de la cave. Doncieux ne put qu'assister impuissant à ce pillage, une intervention auprès du commissaire de police s'étant avérée infructueuse. Réintégrant le lendemain matin avec l'Interallié cette maison enfin libérée, il dressa méthodiquement l'état des lieux, ajoutant que l'immeuble n'avait fait l'objet d'aucun entretien, que trois chaudières sur quatre étaient éclatées.

Il me remit ces informations à mon retour du Chili; je les reprends telles qu'elles me furent transmises.

Tant bien que mal, le Cercle reprit alors ses activités sous la présidence provisoire de l'amiral Lacaze, en attendant l'élection comme président du comte Stanislas de Castellane en 1946, tandis que l'amiral devenait président d'honneur.

En 1960, le prince Jean-Louis de Faucigny-Lucinge, mon prédécesseur à la présidence du Cercle, succéda à Castellane.

Jean-Louis fut un président de grande qualité, aimable, courtois, souriant. Avec dévouement il a assuré pendant une longue période la vie sociale du Cercle. Sous sa courageuse impulsion, le Comité décida la création de la piscine et de l'ensemble sportif, qui donnèrent au Cercle un attrait de plus. Le Nouveau Cercle, en venant s'installer dans les murs du faubourg Saint-Honoré, y a trouvé des liens et une hospitalité lui permettant de garder sa propre personnalité tout en étant membre à part entière de notre association avec tous les avantages que cela comporte.

En 1975, dans la tâche délicate qui était la mienne de rétablir un équilibre financier difficile dû aux importants travaux entrepris, j'ai trouvé auprès de mon prédécesseur et des membres du Comité un concours précieux. Avec leur appui, qui ne m'a jamais fait défaut, et avec le chaleureux soutien d'Edouard Bonnefous et de notre trésorier, nous bénéficions à présent d'une situation équilibrée et d'une structure solide qui mettront mon successeur à l'abri de toute inquiétude. Il trouvera avec M. Léonard une équipe de direction soudée, homogène, efficace, dotée d'un ensemble cohérent de collaborateurs, chacun à sa place, conscients du rôle qu'ils ont à jouer dans le maintien d'une œuvre servant Paris avec éclat et faisant du Cercle Interallié le plus beau Cercle du monde.

CHAPITRE XX

Félix Gouin – Aberrations du pouvoir en Indochine – Le sénateur Avinin – Le « gros poisson du caoutchouc » – L'affaire Gachard

Mon expérience sur les plantations en 1927, et surtout, à partir de 1936, mon élection et mes activités de député m'avaient apporté une bonne connaissance économique et politique de l'Extrême-Orient. Après la Libération, je repris des contacts réguliers avec l'Indochine. Mais surtout, je fus amené à concevoir de fortes inquiétudes concernant la défense de nos territoires français là-bas, au moment où à l'occupation japonaise succédait l'idée de mettre sur pied une Fédération Indochinoise incluse dans l'Union Française, et, sur place, les tentatives du Vietminh pour conduire ce pays à la fois à l'indépendance et à la révolution sociale.

Dès la Libération, j'étais allé en parler à Félix Gouin, président du Gouvernement provisoire de la France, en somme l'équivalent d'un président de la République, mais d'une république qui n'existait pas encore. Félix Gouin, je l'aimais bien. Je l'avais connu à la Chambre des députés, en 1936. A l'époque député socialiste de Marseille, il se montrait objectif dans ses jugements, dénué de tout sectarisme; il était doué d'un solide bon sens qu'il mettait au service de ses semblables. Il donnait l'impression – que ne donnent pas toujours les hommes politiques – de faire passer les intérêts de son pays avant les siens et ceux d'une ambition personnelle. Enfin, il avait refusé de voter l'invalidation de mon élection, jugeant qu'elle était contraire à l'équité. Par la suite, jusqu'à ses dernières années, nous conservâmes des relations espacées, qui se renouaient à l'occasion de la chasse, dont il était passionné. Un jour, à Diebolsheim, il était parti seul avec un garde et quelques rabatteurs, pour revenir jovial et triomphant : il rapportait avec lui dix-sept lièvres. Dans son enthousiasme, il voulait absolument une photo de ses lièvres, prétendant qu'en rentrant à Marseille, nul ne le croirait...

Oui, j'aimais bien Félix Gouin. La politique, l'ayant d'abord servi, lui joua sur le tard un bien mauvais tour. On voulait sa peau et sa place. Il fallait à tout prix le discréditer pour qu'il ne puisse prétendre à la présidence de la République qui allait s'offrir. Pour cela, on fit ressortir une sordide histoire de pots-de-vin dans une affaire, la Sapvin, où il avait peut-être été mal conseillé. Il se défendit mal, attachant peu d'importance à ces attaques. Mais le mal était fait. La presse et l'opinion publique en furent saisies. Contrarié, vieilli, il revint une dernière fois en Alsace, mais le cœur n'y était plus... Et puis un jour, il n'est plus revenu.

Dès la Libération, donc, dans l'idée de me rendre utile au moment même où mes équipes n'avaient plus ni possibilité d'action ni raison d'être, j'allai le trouver au sujet de la question indochinoise, afin de lui signaler certaines erreurs à ne pas commettre. Trois mois plus tard, à mon premier retour du Chili, je constatai qu'il prêtait quelque attention à mes préoccupations, mais je le sentis sans pouvoir réel. « Allez voir de Gaulle », me dit-il. Je n'y allai pas. Entre ceux qui revenaient de Londres et ceux qui n'avaient pas le label officiel de la Résistance, les relations étaient si crispées que toute intervention de ma part était vouée à l'échec. Mes vingt jours de prison à la Libération, bien que dépourvus de tout motif, me classaient aux yeux de certaines personnes mal informées parmi ceux dont la conduite, durant l'Occupation, paraissait avoir été suspecte...

On connaît à présent en Indochine les aberrations du pouvoir de l'époque, au premier rang desquelles la suppression, pour raison d'économie, de la moitié des informateurs, alors que la plus élémentaire intelligence politique aurait conduit à les doubler. La dépense aurait été moins onéreuse que l'envoi d'un corps expéditionnaire, forcément impopulaire parmi une population déjà éprouvée. Avec un tiroir-caisse bien rempli, auxiliaire précieux et efficace, comme on sait, du renseignement, elle aurait donné des résultats plus significatifs. L'autre lourde erreur du gouvernement de l'époque consista à décider « l'épuration » du personnel administratif, et à rappeler en France ceux qui jusqu'alors avaient exercé le pouvoir, pour envoyer là-bas d'éminents personnages ne connaissant strictement rien aux affaires locales. En décapitant ainsi la présence française, le gouvernement, croyant sans doute bien faire, engagea la

France, par son incompétence et ses maladresses successives, dans un processus de déstabilisation et d'abandon progressif, dans un pays où notre autorité et notre crédibilité de Blancs avaient déjà été fortement battues en brèche par l'occupation japonaise. Ces hommes nouveaux, implantés aux affaires au mépris de la plus élémentaire justice, avec une bonne volonté évidente mais aussi beaucoup d'ignorance et, pour certains, un goût immodéré du pouvoir, avaient allumé un incendie que plus rien, par la suite, n'allait pouvoir éteindre.

En février 1947, revenant du Chili, je partis pour l'Indochine, dans le but de reprendre le contact, après le départ des Japonais, avec le personnel et la direction de nos plantations. Par la suite, durant vingt ans, j'y retournerai régulièrement chaque année. Mais ce premier voyage d'après la guerre allait être marqué par un événement tragique, qui s'inscrivit douloureusement dans la vie de nos planteurs : l'affaire Gachard.

Dans le bouleversement de la guerre, j'avais en tant que député perdu toute autorité politique. Mes conversations à Paris à propos de l'Indochine m'avaient tout naturellement amené à rencontrer le nouveau défenseur de la France là-bas, qui était non plus un député, mais un sénateur. Le gouvernement avait-il, comme on s'amusait à le dire à l'époque, tiré son nom au sort dans un chapeau ? En tout cas, il avait été désigné d'autorité pour me succéder, en dépit de sa complète ignorance des problèmes du pays.

Ce brave homme s'appelait Avinin. Le nom qu'il portait le prédestinait peut-être : il me parut quelquefois tout à fait aviné. Néanmoins il se montra parfaitement amical à mon égard, recueillant mes avis et écoutant mes conseils. Je crois, en fait, qu'il n'était pas mécontent de me trouver. Il ne cherchait guère à cacher sa perplexité devant la mission qui lui incombait, et même, à plusieurs reprises, il se révéla relativement inquiet à l'idée de se rendre sur place pour prendre contact avec la population et s'informer. Avec un solide bon sens, il se demandait s'il ne serait pas mal accueilli. « Je vais être reçu avec des tomates », me disait-il en riant.

J'acceptai de l'aider et promis que mes amis se montreraient coopératifs en vue de la difficile et lourde tâche qui l'attendait.

– Je serai à l'aéroport le jour de votre arrivée, ajoutai-je, à votre descente d'avion, pour vous serrer la main devant tout le monde.

Je lui demandai également de me télégraphier avec précision et en temps voulu la date et l'heure de son atterrissage, pour me permettre d'être présent à l'aéroport de Tan Son Nhut et de lui présenter mes amis.

Cette année-là, à mon arrivée, Mario Bocquet, inspecteur général des plantations des Terres Rouges où j'avais fait mes débuts en 1927, me tendit un programme très précis de visites, tapé à la machine, sur lequel figuraient journellement tous mes déplacements d'inspection. Je lui demandai si un tel document était bien utile, dans les circonstances difficiles où vivaient les planteurs, toujours sur le qui-vive à cause des incessantes incursions ou attaques des Viets. Je craignais de voir une copie de cette pièce tomber entre les mains de ces derniers ou de leurs alliés.

Bocquet leva les bras au ciel :

– Personne ne le connaît, me dit-il, en dehors de nous et de mon fidèle secrétaire. J'en garantis la totale discrétion.

Je ne sais pas pourquoi, ce jour-là, l'assurance de Bocquet ne calma pas complètement en moi un léger pincement d'inquiétude. Nous avions déjà eu des morts et des blessés à la suite d'une sous-estimation des risques encourus par notre personnel. De dangereuses mines artisanales avaient été enterrées comme autant de pièges sous les pistes fréquentées par les Jeeps et camions des plantations. Nous avions vécu des attaques lors de réunions dominicales autour d'une piscine, avec femmes et enfants. Plusieurs de nos assistants, enlevés, avaient été récupérés après palabres secrètes. Progressivement, les maisons avaient vu leurs abords se garnir de barbelés, leurs fenêtres se couvrir de barreaux, et leurs alentours demeurer éclairés jusqu'au petit matin, tandis que des veilleurs étaient toujours prêts à donner l'alerte. De temps à autre, l'armée française effectuait des patrouilles de surveillance et de contrôle et fournissait quelques renseignements. Les planteurs ne faisaient pas la guerre et ne se défendaient que s'ils étaient attaqués.

Je pris l'habitude de circuler en Jeep et de conduire moi-même, étant ainsi plus sûr de prendre une rapide décision si elle s'avérait nécessaire.

Pour plus de sûreté, je modifiai chaque jour le programme de Bocquet, allant où je devais aller un autre jour qu'indiqué, modifiant quand je le pouvais les itinéraires, etc. Ces précautions me sauvèrent sans doute la vie : les services de sécurité, peu après mon départ, mirent en effet la main sur un « facteur » viet, transportant du courrier depuis un de leurs petits camps, situé en forêt de bambous à la lisière de nos plantations, et dont nous connaissions l'existence. L'expéditeur d'une des lettres indiquait que son groupe venait de manquer, dans une embuscade, la capture du « gros poisson du caoutchouc », dont les déplacements n'avaient pas été conformes à leurs renseignements...

Ce jour-là, en effet, j'étais allé inspecter la saignée des arbres dans une région incontrôlée. Il était prévu que je revienne par le même chemin, mais, prudemment, c'est à travers champs, au milieu des arbres, que j'étais rentré. Et les Viets, qui m'attendaient sur la piste au retour, avaient ainsi manqué la prise du « gros poisson ».

C'est dans cette ambiance d'insécurité et d'anxiété qu'intervint l'affaire Gachard, au cours de laquelle je retrouvai une nouvelle fois la chance qui m'avait si souvent servi... Mais ce fut hélas pour qu'elle abandonne un de nos collaborateurs.

Le plan prévoyait la visite de la plantation de Tra-Tanh, excentrée et éloignée de cinq kilomètres du centre de nos exploitations. L'armée devait nous accompagner; nous pourrions ainsi vérifier le travail du personnel vietnamien local, très livré à lui-même dans cette zone peu sûre, fourmillant d'éléments incontrôlés. Cette expédition était fixée à un jeudi.

Le mercredi en fin d'après-midi, j'apprends qu'un télégramme du sénateur Avinin est arrivé à nos bureaux de Saigon; il m'annonce son arrivée pour le lendemain.

Rapidement, je fais venir le petit avion de la société, qui me permettra d'être le soir même à Saigon; à Bocquet, je demande de décommander l'armée et de remettre à plus tard la visite de la région sous contrôle viet. Et le lendemain jeudi, comme promis, vers sept heures du soir, je suis à l'aéroport, après avoir battu le rappel auprès des amis pour qu'ils soient nombreux à accueillir le nouveau défenseur de la présence française en Indochine. J'accompagne Avinin, heureux de voir que j'ai tenu parole, jusqu'à la villa mise à sa disposition par le gouvernement. Puis je repasse à la maison de direction, où, à ma grande stupéfaction, je trouve Bocquet, qui vient d'arriver, le pied recouvert d'un pansement sanguinolent...

Une balle vietminh l'avait frappé lors du retour d'inspection de la Tra-Tanh, où ils étaient tout de même allés. Un soldat avait été tué, deux autres blessés. Quant à Gachard, le directeur de la plantation, il était porté disparu. Il avait, paraît-il, sauté de la Jeep dans la brousse, au bord de la route, au moment où dans l'entrée du virage les Viets déclenchaient le tir d'un fusil mitrailleur. Dans la panique qui avait suivi, il n'avait pas rejoint les autres et on ne savait plus rien de lui...

Ainsi, Bocquet n'avait pas suivi mes instructions, et omis de décommander l'escorte armée prévue. Il m'expliqua plus tard qu'il avait jugé délicat de le faire, eu égard aux chefs militaires qu'il avait à plusieurs reprises impérieusement sollicités; par ailleurs, il avait jugé que l'inspection pouvait se faire sans moi. Gachard avait pris dans la Jeep la place que j'aurais dû y prendre, à côté de Bocquet. J'aurais eu à sa place le même réflexe, et bondi comme lui dans la brousse du bord de route pour me protéger des balles qui sifflaient et frappaient la carrosserie... Et c'est moi qu'on n'aurait plus revu.

Pendant des mois, nous cherchâmes à retrouver Gachard, par des tractations de toute sorte, avec des intermédiaires courageux. Tous nos efforts restèrent inefficaces. Plus tard, on nous laissa entendre que dans un camp viet, refusant de saluer leur drapeau, il avait été exécuté sur-le-champ. Nous n'en avons jamais eu confirmation. Il laissait une femme charmante, une fille et un fils.

Quant à Bocquet, ce qu'il découvrit plus tard, c'est que son « fidèle et dévoué secrétaire » au-dessus de tout soupçon était un rouage efficace du système d'information des Viets [1].

1. Afin de simplifier, l'auteur a appelé vietnamiens tous les habitants de l'ancienne Indochine : Tonkin-Annam-Cochinchine.

CHAPITRE XXI

L'amour de la chasse – Premières armes – En Ecosse – Edmond de Fels – Le roi d'Espagne – En Iran avec le Shah – Le duc de Buccleuch – La princesse Margaret et la duchesse de Kent – Les canards de Grand-lieu et les oies du Guadalquivir – L'île de Stavros Niarchos

Le Chili, l'Indochine, mais aussi l'Afrique, mais aussi l'Alsace, les affaires, le groupe Rivaud, les amis, le Cercle Interallié, le Comité olympique... Toutes ces années de l'après-guerre sont pour moi si chargées de souvenirs, d'activités, de voyages, que je ne sais plus bien par quoi commencer.

Une passion a traversé ma vie : la chasse. J'y ai fait allusion ici et là, j'ai raconté mes chasses aux Indes, en Indochine. Mais tant de mes souvenirs, et parmi les plus merveilleux, sont liés à ce sport, qui est un jeu et une discipline, qu'il faudrait un livre pour en parler.

La chasse est un extraordinaire délassement, une fatigue qui élimine toutes les autres. Elle exige de l'adresse, de la patience, des efforts; elle contraint à la marche, qui est le plus salutaire des sports. Elle est enfin, et surtout, le moyen d'une rencontre émerveillée avec la nature et la vie animale, dont elle permet de découvrir les lois et les secrets. Elle est née avec l'homme, comme son seul moyen de se nourrir et de se défendre. Elle a au cours des siècles défrayé les chroniques tant écrites que parlées. Elle a été chantée, mise en vers, fêtée par le paganisme, célébrée par la mythologie, peinte par les plus grands artistes. En 375 avant notre ère, Xénophon écrit le premier traité sur la chasse, dont il établit l'origine et démontre l'utilité physique et morale. Les Grecs la considéraient comme faisant partie de l'éducation de la jeunesse. De nombreux bas-reliefs et fresques nous montrent les Egyptiens comme de grands chasseurs, de même que les Mèdes et les Perses. Les Gaulois, grands veneurs, couraient l'urus, le cerf, le sanglier. Clovis et ses fils lui consacraient le temps qu'ils ne passaient pas à la guerre, à l'imitation des Burgondes dont les récits épiques nous sont parvenus à travers les Nibelungen. Tous nos rois furent des chasseurs impénitents. Napoléon mit sur pied une vénerie. En France, les règles de la chasse sont édictées pour la première fois en 1380, dans un traité rédigé par Gaston de Foix, tandis que la fauconnerie ne trouva de réglementation qu'au moment même où elle allait disparaître. De tout ce passé, la chasse s'est transmise à nous avec sa noblesse et ses erreurs.

J'ai chassé dans quatre continents sur cinq : le petit gibier dans presque toute l'Europe, les grands animaux en Afrique, en Asie et aux Indes. Je crois même avoir été, en Centrafrique, le premier à pratiquer la chasse aux papillons à la 22 long rifle, en vue d'exercer l'habileté au tir à balle. Sport passionnant quand on connaît le vol chaotique et désordonné de ces lépidoptères. Passionnant, et même dangereux.

Comme toutes les passions, celle-là s'effrite avec le temps. C'est un des signes avant-coureurs de l'âge. En vieillissant les hommes en perdent le goût et l'envie; ils rangent alors leurs armes, accomplissant le même geste que jadis les anciens de la tribu quand ils cédaient arcs et flèches aux plus jeunes pour nourrir la communauté.

J'ai fait mes premières armes cynégétiques en 1919. Avec des amis, nous chassions en marchant devant nous, tirant les perdreaux rouges ou gris qui se levaient à notre approche dans les champs et les haies de la Sarthe, de l'Anjou et de la Vendée. A peine parvient-on aujourd'hui à croire ce que la chasse permettait à cette époque. Je me souviens avoir à dix-sept ans chassé devant moi au Luart, dans la Sarthe, en traversant les champs de pommes de terre, les trèfles et les betteraves, et ramené vingt-trois perdreaux en n'ayant utilisé que vingt-deux cartouches, parce que deux oiseaux, se croisant, avaient été pris dans la même gerbe de plombs et tués simultanément... Au même âge, dans le département de la Seine, j'ai tiré des perdreaux au milieu de cultures parsemées de petites maisons, sur les terres du baron

Hottinguer, au Piple, à environ cinq kilomètres des tours de Notre-Dame ! A cette époque, à la porte Dauphine, au bout de l'avenue du Bois devenue ensuite avenue Foch, se tenait encore l'octroi de Paris. Le soir, surtout les dimanches, les automobilistes rentrant de province devaient s'arrêter aux grilles fermant l'entrée de la capitale, et déclarer au gabelou de service le gibier rapporté. Il fallait alors payer la taxe ou prendre le risque d'une confiscation en cas de flagrant délit de non-déclaration. Je cachais soigneusement mon fusil et ne déclarais rien : il est vrai qu'avec mes dix-sept ans je n'avais pas l'air d'un bien sérieux Nemrod.

Des souvenirs affluent d'un peu partout, d'Ecosse, d'Espagne, d'Italie, de Belgique, d'Allemagne ou d'Europe centrale. En 1938, en Ecosse, à Downie Park, chez Lord Erlie, où nous étions grâce à une invitation d'Hubert de Chambure, nous réalisâmes à huit tireurs français le record absolu du moor (colline d'Ecosse) avec 2 856 bracs soit 5 712 oiseaux. Cette même année, sur les moors de Mac Intosh of Mac Intosh, je vis voler des grouses aussi nombreux que des moustiques. Ils franchissaient la ligne des *butts,* sorte d'abris constitués de mottes de terre, en nuages impressionnants de deux ou trois cents oiseaux. Malgré tous les efforts des gardes et des propriétaires, une telle densité n'est plus aujourd'hui qu'un souvenir...

A Highclere Castle, chez Lord Carnavon, dont le père avait découvert la tombe de Toutankhamon dans la Vallée des Rois, en Egypte, m'arriva une curieuse mésaventure. Admirablement reçu dans une belle demeure, je constatai à la chasse, dès la première battue, un manque complet d'efficacité de mes tirs. J'enlevais çà et là quelques plumes d'un oiseau de passage, mais ne parvenais pas à en abattre un seul. Je mis d'abord le phénomène sur le compte d'une nuit froide où j'avais mal dormi; puis j'essayais de corriger mon tir d'abord en l'allongeant, ensuite en le raccourcissant... Rien à faire : perdreaux et faisans continuèrent de passer allégrement. Brusquement pris d'un doute, Longy, mon chauffeur, et moi ouvrîmes une cartouche : elle ne contenait pas du plomb de six ni de sept, mais de la cendrée, à peine capable de tuer de tout près les merles et les moineaux du jardin... Je crus à une farce. Ce n'en était pas une. Un maître d'hôtel nouveau dans la maison s'était trompé en me remettant les boîtes de cartouches. Je puisai pour finir la chasse dans les réserves du maître de maison et de son fils Lord Porchester, mais un stupide article, dans un journal français, ayant relaté l'affaire et mis en cause le fair-play britannique, me brouilla pour quelque temps avec mon hôte.

Avant la guerre de 1939 existaient encore en France de fort belles chasses. Celle de Voisins, qui appartenait à mon vieil ami Edmond de Fels, était sans contredit l'une des plus belles et des plus complètes. L'existence et les succès d'Edmond de Fels avaient défrayé la chronique du Tout-Paris au début du XXe siècle. Sa fortune, due à son mariage avec Mlle Lebaudy, avait fait nombre d'envieux, mais il avait su s'imposer dans une société qui pardonnait difficilement la réussite. J'aimais cet homme, de cinquante ans mon aîné, j'admirais son intelligence et son savoir-faire. Il était devenu pour moi un camarade alors que je n'avais que vingt-deux ans. En 1932, il m'avait un jour, en veine de confidence, indiqué le montant de ses revenus de l'époque. Il en déduisait, me disait-il, deux millions, qu'il consacrait à Voisins et à la chasse, laquelle comportait plus de quatre mille hectares de terre à l'entrée de la Beauce. On chassait à Voisins à six ou sept fusils, jamais plus de huit. Les meilleurs tireurs et les plus grands noms s'y sont succédé, allant du comte Clary, mon illustre prédécesseur à la présidence du Comité Olympique Français, au roi d'Espagne Alphonse XIII. Sa Majesté, lorsqu'elle était de bonne humeur et en petit comité, racontait volontiers qu'elle mesurait sa popularité au nombre de portraits ou de photos d'elle suspendus dans les bordels d'Espagne. Quand la tendance était à décrocher ses effigies de leurs murs, il y voyait le signe d'une baisse de popularité. Lorsqu'elles réapparaissaient, c'était que le climat politique revenait au beau fixe, disait-il en riant.

J'eus l'occasion de chasser avec lui. Un jour, se plaignant de violents maux de tête, il me demanda de tirer ses perdreaux pendant les battues. Je tirai donc largement, prenant tous les oiseaux qui se présentaient, y compris ceux qui se dirigeaient droit sur lui. Avant la fin de la dernière battue, mon chargeur m'indiquant que notre cartouchière allait être vide, le roi me fit signe d'utiliser les siennes. Et à la fin de la traque, me prenant par le bras : « J'ai vu, me dit-il d'un air entendu, que mes cartouches étaient bonnes. » Je crois me souvenir que ce jour-là, figuraient au tableau neuf cent cinq perdreaux, avec pour tireurs Guy de Wendel, le duc de Caraman, Jacques de Breteuil, François de Paris et André de Fels.

Edmond de Fels... Ce nom résume tout un chapitre de ma vie, haut en couleur. Il voulait devenir centenaire; c'était sa marotte et il m'en parlait souvent. Un jour, pourtant, il me fit venir et je le trouvai dans son lit :

– Tu sais, me dit-il, c'est trop fatigant de lutter. Je t'avais dit vouloir vivre cent ans... Maintenant j'abandonne, je n'en ai plus envie.

Je crus à une boutade, mais quelques semaines plus tard, en mars 51, son valet de chambre, Noël, m'appela au téléphone... Le vieux lutteur, comme il me l'avait dit, avait cessé de lutter.

Par la suite, après la guerre, je suis retourné souvent à Voisins. André de Fels était très différent de son père Edmond, mais j'appréciais ses qualités. Je me souviens avoir tiré des faisans chez lui en compagnie du Shah d'Iran et de quelques amis, dont Valéry Giscard d'Estaing. Le Shah, n'ayant pas apporté ses fusils, avait câblé en Iran pour qu'on les lui fît parvenir. Ils arrivèrent en effet au château en même temps que lui, mais, en déballant la caisse, nous découvrîmes une paire de fusils damasquinés datant d'un siècle, se chargeant par le bout du canon avec une baguette et de la poudre noire. Des pièces de collection, certes, mais pas exactement les armes qu'il avait voulu faire venir...

Je me souviens aussi de belles journées de chasse passées avec lui dans les montagnes de son pays. Son frère Gholam Reza, mon collègue au Comité International Olympique, avait eu l'amabilité de m'inviter. Nous nous retrouvâmes à trois, le Shah, son frère et moi, pour tirer mouflons et bouquetins. Dans ce paysage grandiose, je vis une seule fois, à quatre cents mètres, une horde de bouquetins bondissant de roche en roche. La distance était grande. Ma balle ne passa pas loin; je vis l'impact dans les pierres. Le Shah, plus heureux, tira un beau mouflon. C'est durant ce voyage que le prince Gholam me fit visiter le trésor impérial. Grâce à lui et au ministre des Finances, qui m'accompagnaient, je pus plonger les mains dans une grande malle contenant des perles roses et blanches et les faire glisser entre mes doigts. Dans une autre malle, pleine celle-là d'émeraudes taillées, j'ai joué au même jeu, sous les yeux étonnés du prince et du ministre, avec un étrange et sensuel plaisir. Un détachement en armes veillait dans la cour de la banque, comme l'exigeait la Constitution lorsqu'un individu rend visite au trésor de l'Etat. J'appris ce jour-là que la monnaie iranienne n'était pas gagée sur l'or, mais précisément sur lui. Toujours dans les caveaux de la Banque Impériale, on me fit admirer des pièces uniques, dont la plus belle émeraude du monde, prise aux Indes lors d'une invasion perse, dans le turban d'un maharadjah où elle était dissimulée. Avant de partir, enfin, j'eus le temps de réviser mes connaissances géographiques sur une mappemonde constituée d'un bloc d'or d'une seule pièce. Les capitales et les cités des différents pays étaient représentées par des émeraudes encastrées dans l'or; la taille de chacune variait suivant l'importance des villes. Les rivières étaient en saphirs.

Avant mon départ, le prince Gholam désira me faire chasser à cheval avec des lévriers pour courir le lièvre. Le spectacle n'avait rien de comparable avec le pig-sticking de Baroda, mais l'atmosphère était identique. Nous étions tous à cheval, le prince, un palefrenier du palais et moi-même, accompagnés de six grands sloughis. Nous allâmes par les champs labourés et les friches d'une grande plaine, suivant les chiens. Parfois il fallait brusquement démarrer lorsqu'un lièvre détalait devant nous, et lancer les chevaux au galop pour suivre les chiens.

En fait, il y avait peu de lièvres. Je ne dis rien, mais avec le beau cheval que je montais, je rêvai d'avoir ce genre de chasse en Alsace, paradis des lièvres. Que de beaux galops en perspective !

Durant ce séjour, je rencontrai les dirigeants sportifs du pays, et pus bavarder de la situation politique avec des ministres d'avant la révolution, tel le ministre Oveda qu'on a vu depuis interrogé par Christine Okrent quelques heures avant qu'il ne soit fusillé, et avec d'autres personnalités politiques, mortes aussi depuis l'instauration du nouveau régime. Rien alors ne me laissait prévoir une révolution dans ce pays. De même, tout parut calme lors des Jeux asiatiques auxquels j'assistai. Je croyais encore à la stabilité de l'Iran et à la popularité du Shah. Ayant questionné Son Altesse sur l'iman Khomeiny, lequel bénéficiait de l'hospitalité française à Neauphle-le-Château, il me répondit ce qu'il dit plus tard à Valéry Giscard d'Estaing, à savoir qu'il préférait voir l'iman en France, où il le croyait moins nocif qu'en pays musulman.

Le prince Gholam m'emmena également voir la mer Caspienne, où je pus seulement me baigner les pieds : à cent mètres du rivage l'eau ne m'arrivait pas encore aux genoux. Cette mer intérieure était condamnée, m'a-t-on dit. Elle se rétrécissait lentement, au grand désespoir des riverains.

J'avais connu bien avant la guerre, alors que mon ami Georges Bonnet était ministre des Affaires étrangères, René Massigli, secrétaire général au Quai d'Orsay, et sa femme, Odette, très belle, pleine de gaieté, de classe et, de plus, très sportive.

Après la guerre, en poste comme ambassadeur de France à Londres, Massigli faisait pleinement honneur à notre pays. Tous deux très soucieux de tenir dans les milieux diplomatiques la place qui leur revenait, groupaient autour d'eux avec beaucoup de savoir-faire de nombreux et influents amis britanniques. Un jour, à la chasse en Alsace, Odette me dit qu'elle se proposait de me mettre en rapport avec les cavaliers et chasseurs anglais qu'elle connaissait; la cause franco-britannique, disait-elle, justifiait bien cette initiative. Et c'est ainsi que durant un de mes séjours à Londres, logeant à l'ambassade, je fis un soir la connaissance de celui qui devint plus tard mon ami, Walter Buccleuch, et celle de sa femme, la belle Molly. Le duc de Buccleuch, d'après ce qu'il me raconta, aurait dû être roi d'Angleterre. Ses grands-parents avaient découvert des documents irréfutables, susceptibles d'établir le bien-fondé d'une éventuelle prétention au trône. D'accord avec la reine Victoria et en sa présence, les pièces justificatives compromettantes avaient été toutes brûlées pour éviter de jeter un doute sur la légitimité des occupants...

J'ai séjourné plusieurs fois à Drumlanrig, le magnifique château des Buccleuch dans le Dumfriesshire. Une partie du mobilier, de grande valeur, provenait de France, d'un arrière-grand-père, le duc de Montague, nommé par Charles II ambassadeur de Grande-Bretagne à la cour de Louis XIV. Cet homme de goût avait mis à profit toutes les facilités qu'il avait pour ramener dans son pays de fort beaux meubles – entre autres un cabinet dû à l'ébéniste favori du Roi-Soleil, André-Charles Boulle, incrusté de bronze doré, que le Louvre lui envie. Les Buccleuch, comme toutes les grandes familles anglaises, n'avaient connu depuis plus de trois siècles ni pillages ni invasions. A loisir, de père en fils ou par alliance, ils ont amassé collections et tableaux de toutes sortes : Léonard de Vinci, Carrache, Claude Lorrain, Rembrandt, Ruysdaël, Canaletto, Guardi, Reynolds, Gainsborough, tapisseries des Gobelins, tapis de la Savonnerie, nombreux objets d'art... Je me souviens d'avoir vu, pendue au mur dans un petit endroit intime attenant à la chambre de Walter, sept ou huit esquisses de Rembrandt, d'une valeur considérable, qu'il était sans doute le seul à contempler, mal réveillé, chaque matin en se levant...

Je visitai aussi les greniers de deux de ses châteaux, celui de Boughton, près de Londres, et celui de Drumlanrig, en Ecosse. J'y vis des rangées de toiles de maîtres, non encadrées, alignées sur toute la longueur de deux galeries. Il ouvrit pour moi deux malles, spécialement aménagées pour recevoir des plateaux superposés, contenant des miniatures datant de plusieurs siècles. Il me précisa qu'ayant un jour besoin d'argent pour régler au fisc le montant de l'héritage d'un oncle, il avait mis en vente à Londres un seul de ces plateaux. Les miniatures avaient rapporté quatre cent mille livres sterling. Je fis un rapide calcul, en voyant les deux malles et leurs plateaux, et pensai que le duc était pour quelque temps encore à l'abri du besoin, d'autant plus qu'il était aussi le plus important propriétaire terrien d'Angleterre, avec cent cinquante mille hectares de terres.

Lors de mon premier séjour chez les Buccleuch, vers 1947, j'étais le seul invité français; nous nous trouvâmes un matin tous réunis pour le petit déjeuner, avant la chasse. Par extraordinaire, des dames étaient présentes, dont la duchesse de Kent, que j'avais fréquemment rencontrée lorsqu'elle était encore Marina de Grèce et venait dîner à la maison avec sa sœur, devenue comtesse Töering, tandis que sa troisième sœur était déjà la femme du prince Paul de Yougoslavie, mère de notre ami Alexandre, membre de la Confrérie du Mets-toi-à-l'aise. Marina était merveilleusement belle; son franc-parler faisait ma joie. J'étais heureux de la revoir le temps de ce séjour chez le duc.

Toujours est-il que ce matin-là, sur la table, suivant une habitude très britannique, il y avait du porridge, et, en face de mon assiette, un petit bol avec une minuscule cuillère à thé enfoncée dans du sucre en poudre. Tout heureux de retrouver du porridge, dont j'avais perdu le goût pendant l'Occupation, et l'aimant très sucré, je pris le bol et versai tranquillement la moitié de son contenu dans mon assiette. A peine avais-je fini mon geste que d'un coup le brouhaha des conversations cessa. J'eus l'impression qu'on m'observait. Je regardai autour de moi et murmurai en souriant : « Ai-je fait quelque chose de mal ? » Marina, très vite, avec son accent que j'aimais tant, me dit : « Jean, mon cher, vous avez pris en une seule fois la ration en sucre de tous pour toute la semaine. »

J'appris ainsi que le sucre était encore si rare en Angleterre, deux ans après la fin des hostilités, qu'une cuillère à thé était la ration d'une personne par jour. Ma confusion fut extrême. Pour son premier petit déjeuner, l'invité français avait déjà été fort peu britannique ! Je devais réparer et prendre ma revanche. En rentrant après la chasse, j'obtins subrepticement New York en urgence. A un vieil ami trouvé au bout du fil, je demandai, toute affaire cessante, d'acheter et d'expédier le jour même par avion cinquante kilos de sucre et, par bateau, d'effectuer un envoi similaire à l'adresse que je lui communiquai. J'eus la joie d'apprendre, en repartant par l'aéroport de Thornhill, que le sucre était bien arrivé. Au lieu de repartir à vide, la voiture qui m'avait amené emporta le précieux chargement.

Je retournai plusieurs fois chez les Buccleuch. Durant un de mes séjours, la reine mère Elisabeth vint passer le week-end avec ses deux filles. A l'époque, on murmurait qu'un mariage entre Margaret et Johnny Dalkeith, bel homme très sympathique, fils de Walter et de Molly, aurait été vu d'un bon œil par les deux familles. Au dîner, assis un soir au côté de Margaret, je bavardai longuement avec elle. Je la trouvai intelligente, vivante, rapide et je fus tout à fait séduit. Mais à travers ses paroles, ses allusions, les termes même qu'elle employait, je soupçonnai qu'elle était peu encline à donner suite à ce genre de projet. Elle ajoutait, et j'entends encore ses paroles, en parlant du duc d'Edimbourg : « Je veux, comme ma sœur, épouser l'homme que j'aimerai. » Eh bien, force est de constater que l'amour, quand il tient les princesses, renverse tous les obstacles : peu après cette rencontre, j'appris par la presse qu'elle épousait non pas un duc mais un photographe, Anthony Armstrong Jones, plus tard anobli par la reine et devenu Lord Snowdon.

Pendant tout le séjour de la reine, la maison avait été dans une relative effervescence. Après son départ, elle retrouva ses habitudes. La princesse Margaret avait prolongé son séjour de quarante-huit heures, et Walter souhaita me faire faire des tours de prestidigitation devant les invités. La princesse voulut à tout prix connaître le secret des manipulations. Je dus poser mes conditions : j'acceptais de révéler certains tours, mais à elle seule. En fin de soirée, le salon se vida. Je restai une bonne heure, lui dévoilant mes secrets, essayant même de lui faire réussir quelques tours. Sortant ensemble du salon, nous trouvâmes Walter dans le hall, assis endormi sur le coffre à bois où, par déférence, il attendait la princesse.

Si la vie au château était exceptionnelle, la chasse l'était aussi. On chassait fin août ou début septembre des grouses, cibles rapides et difficiles lorsqu'à leur vitesse propre s'ajoutait celle d'un vent violent soufflant parfois en bourrasque. Ils passent à la hauteur de chapeau comme des boulets de canon, ou volent à flanc de coteau des moors, haut dans le ciel ou en contrebas. Il faut grimper, glisser, trébucher, redescendre, avoir de bons imperméables et ne pas craindre les pluies fines qui s'infiltrent insidieusement dans le col. La vie sur les moors, vivifiante, sportive, demeure très recherchée, même à présent par les grosses fortunes japonaises qui, dit-on, cherchent à en louer.

Chez les Buccleuch les départs à la chasse, le matin, avaient lieu avec cocher, en berline genre malle de poste, à roues caoutchoutées, traînée par deux chevaux dont le chanfrein garni de queues de renards conférait à l'attelage un cachet d'élégance supplémentaire. Le déjeuner rustique, pris quand le temps le permettait à même la bruyère, était simple mais excellent. Les *butts* dissimulaient les chasseurs à la vue des oiseaux.

A l'occasion d'une de ces journées, je vécus une mésaventure dont je me serais volontiers passé, mais qui a du moins l'avantage, quand je la raconte, de faire rire mes amis.

Comme je l'ai dit, j'ai beaucoup séjourné en Extrême-Orient et en Afrique, pays dont on rapporte souvent une très grande vulnérabilité intestinale due aux amibes. Dès lors un mauvais poisson, une viande douteuse, une crème frelatée suffisent à produire des effets désastreux.

Dès mon départ de Paris, j'avais eu quelques inquiétudes sur l'état de mon foie. Il semblait prêt à me jouer un mauvais tour. Le soir de mon arrivée à Drumlanrig, la situation, au lieu de s'améliorer, s'était désespérément détériorée. Après un sommeil fréquemment interrompu, je pensai vers sept heures du matin être à l'abri de toute recrudescence de mon mal. Un bon porridge au petit déjeuner, me disais-je, allait tout colmater et me permettre d'affronter en pleine forme les *butts* et les grimpettes. A peine assis dans l'autobus, au moment où les derniers invités arrivaient, je me sentis repris soudain d'un malaise aussi intempestif qu'irrésistible. Prétextant l'oubli de mes gants, je courus sous l'escalier et m'excusai au retour d'avoir ainsi prolongé le retard que nous avions déjà. Après quoi je me tins pour certain d'en avoir définitivement terminé.

A la deuxième battue, avant le déjeuner, Marina de Kent décida de venir dans mon *butt* pour admirer, dit-elle, mon habileté sur les grouses. Il faut dire qu'à cette époque, j'avais la réputation d'être le meilleur fusil de France; tout au moins les journaux le disaient.

Jamais je n'ai aussi mal tiré. Repris brutalement par les affres, j'osais à peine épauler tellement je craignais les effets du choc de recul du fusil. Les dents serrées, quasi muet, je faisais des efforts surhumains pour ne pas paraître incommodé. Jamais la présence d'une dame à mes côtés ne m'avait paru aussi peu souhaitable. Les grouses arrivaient par vagues successives. A droite et à gauche de moi j'entendais tirer sans discontinuer. Si j'avais pu seulement sortir de mon affût sans me faire remarquer, je l'aurais fait volontiers. Mais en raison du tir nourri sur toute la ligne, il ne pouvait en être question. Il ne me restait qu'à souffrir.

Après la battue, Marina sembla déçue. Quant à moi je dus aller chercher un imaginaire grouse désailé, très loin dans la bruyère, afin de trouver une cavité propice à l'abri des regards.

Comment citer tant de journées, généreusement offertes par tant d'hôtes et d'amis, où en quelques minutes, parfois, le temps d'une belle battue, on anéantissait sans scrupules, avec même un certain raffinement, le travail des gardes pendant toute une année, et les moyens mis en œuvre par le maître de maison ?

Il ne m'est guère possible d'évoquer tous les territoires de chasse où m'a conduit mon fusil... Mais il est des séjours qu'il est impossible d'oublier, tel celui que je fis chez les princes de Thurn et Taxis, en Allemagne, à Regensburg (Ratisbonne). Le vieux prince qui m'avait invité n'est plus de ce monde. Son extrême amabilité, sa classe de gentilhomme jointe à une grande simplicité, rendaient son hospitalité inoubliable. Son fils, le prince Johannès, n'était pas encore marié. Bon fusil, doué d'une forte et très particulière intelligence, il s'occupait de la chasse, tandis que son père veillait à la bonne marche d'un superbe ensemble où défilait tout le Gotha d'Europe. Pour un voyageur arrivant de Paris, l'endroit paraissait tout à fait exceptionnel, surtout dans une Allemagne socialiste.

En parcourant leur immense demeure, dont une partie était réservée à l'administration de leurs biens, j'appris que les Thurn et Taxis étaient propriétaires de milliers d'hectares et d'une partie de la ville. La poste, la banque leur appartenaient. Ils étaient à la fois les boulangers et les brasseurs locaux. Lorsque, avant de partir, désireux de donner quelques gratifications, je demandai timidement où je pourrais changer un peu d'argent, on appela le « ministre des Finances »...

Après la guerre, au lac de Grandlieu, près de Nantes, où se trouvaient les plus beaux canards de France, Jean-Pierre Guerlain avait imaginé une chasse aussi superbe qu'originale, faisant preuve d'un indiscutable talent d'appréciation du milieu et d'un habile savoir-faire, après avoir très probablement tâtonné et usé de patience pour obtenir le sensationnel résultat qu'il offrait à ses amis. Il lui fallait, ainsi qu'à Christiane son épouse, une forme de passion pour mener à bien cette entreprise qui ne ressemblait en rien à celle qui, déjà, voulait que leur nom soit tout à fait célèbre et coure le globe.

Pour vivre des femmes, ce que peut-être beaucoup d'hommes leur envieraient, Jean-Pierre et les siens avaient trouvé une formule au-dessus de tout soupçon. Ils avaient su conquérir de par le monde le cœur de toutes les femmes qui souhaitaient être désirées et aimées. Ils estimaient à juste raison que celles qui ne se parfumaient pas étaient insensibles à l'esprit des choses de l'amour. En effet, toutes celles qui voulaient qu'on les aime ou qu'on les trouve attirantes trouvaient toujours le moyen de se procurer « Heure Bleue », « Mitsouko », « Shalimar », « Jicky », « Vol de Nuit »... lui donnant en échange, sans le savoir, des canards, des perdreaux en Beauce ou des sangliers toute l'année.

Jean-Pierre était un savant maître de maison. Les jours de chasse, à Grandlieu, une barque à fond plat munie d'un petit moteur hors-bord emmenait les invités vers neuf heures du matin, avec thermos, sandwiches et muscadet, à travers canaux et hautes herbes, jusqu'à l'affût sur pilotis réservé à chacun. On en revenait quelque six heures plus tard. Un talkie-walkie reliait entre eux, à heures fixes, les chasseurs qui, dans d'autres postes disséminés sur le lac, tiraient les oiseaux de passage.

En début de la saison de chasse, environ vingt mille canards se mouvaient sur le territoire. Dissimulés sous des branchages, les chasseurs les voyaient arriver de tous côtés, seuls ou en compagnie, et l'on pouvait alors les tirer sous des angles très différents.

Parfois un record tombait; celui de Henry Roussel, avec plus de cinq cents canards, sera difficile à battre; le comte de Theba, grand fusil espagnol, et moi-même réussîmes l'un et l'autre à dépasser les quatre cent cinquante oiseaux. A la fermeture, le tableau total de Grandlieu oscillait suivant les années entre six mille cinq cents et sept mille canards.

En Espagne, sur le large estuaire du Guadalquivir, propice aux oiseaux d'eau, mon ami Léo Biaggi, chevalier du Mets-toi-à-l'aise, dans la Confrérie de Diebolsheim dont je reparlerai, avait un exceptionnel territoire de chasse composé d'un marais de plusieurs centaines d'hectares dont le niveau d'eau variait entre trente-cinq et cinquante centimètres.

Là aussi, pour rejoindre les postes de tir, on montait dans une barque à fond plat; mais celle-là était attachée à la queue d'un solide cheval, dont le cavalier vous conduisait alors à un tonneau entouré de branchages, enfoncé jusqu'à mi-hauteur dans l'eau de la lagune. On y restait de huit heures du matin à deux ou trois heures de l'après-midi, à mille cinq cents ou deux mille mètres de la maison du garde.

Les oies du Guadalquivir doivent être touchées à la tête; le corps, lui, supporte très bien un coup de fusil, les laissant continuer leur vol pour aller mourir, perdues, hors de portée. Je me souviens avoir ramassé dans la journée, à Las Nuevas, quarante-trois canards et quarante-cinq oies, et, dans un doublé d'oies, avoir fait tomber la première à deux doigts de mon tonneau, provoquant dans sa chute un éclaboussement qui me couvrit d'eau sale. Tombant plus près, étant donné son poids joint à la vitesse de sa chute, elle m'aurait sans doute assommé. Biaggi m'avait bien prévenu d'y faire très attention, lui qui en avait tiré plus de deux cents dans la même journée.

Je dois à cet ami beaucoup de belles journées de chasse, non seulement au Guadalquivir mais ailleurs en Espagne. Sa jolie maison de la Ronca nous réservait, grâce à Puppa, sa femme, un accueil toujours chaleureux. De gros perdreaux rouges, débonnaires ou sauvages, couraient sous les oliviers autour de la maison. En battue, volant haut dans le ciel, emportés par le vent, ils étaient d'admirables cibles, souvent difficiles. Chez Biaggi, on pouvait chasser avec don Juan, bon fusil et fidèle ami, devenu depuis roi d'Espagne, ou avec des célébrités comme Dominguin, le torero, lui aussi chevalier du Mets-toi-à-l'aise.

Je me souviens aussi de l'accueil de Gérard Bauche, avec sa superbe battue du grand rond, parfaite réussite en son genre, comparable à la battue des cèdres jadis devant le château de Ferrière, chez Edouard de Rothschild et Germaine son épouse, incomparable maîtresse de maison d'une royale demeure. De Varize, temple de la battue de perdreaux, où, sur dix mille hectares de Beauce, le marquis de Créqui-Montfort, pendant des années, fut le patron autoritaire et incontesté d'une chasse où les oiseaux toujours pris dans le vent passaient comme des balles au-dessus de rares boqueteaux coupés par une rivière desséchée, la Conie. De Juigné, où le marquis du même nom, comme à Bonnétable, et le duc de Doudeauville, faisaient passer leurs perdreaux et leurs faisans par-dessus des champs de haies entrecoupés de vallonnements. Les compagnies de perdreaux éclataient en tous sens en voyant la ligne des tireurs, tandis que parfois des lièvres déboulaient à la sortie des champs. Il faut aussi parler de Raymond Jutheau, roi des compagnies d'assurances et de l'amitié, qui, assisté du parfait et habile savoir-faire d'une gente et souriante épouse, réussissait à faire tirer à ses amis d'innombrables oiseaux, non seulement chez lui à Sully-sur-Loire, mais aussi en Espagne, avec pour résultats des tableaux impressionnants. A peu de chose près aussi impressionnants que ceux d'Henry Roussel, à Bonneville, où les vols de canards obscurcissaient presque le ciel, tandis qu'à la Baraka, en Espagne, dans une ambiance ultra-moderne amusante, inattendue et ensoleillée, il savait faire défiler au bout des carabines mouflons, cerfs et même des faisans volant si haut dans le ciel qu'ils défiaient les plus grands fusils.

Il y eut aussi Sœstdjik, le palais de la reine de Hollande où elle recevait les amis du prince Bernhard, son mari. Fondateur du WWL (World Wild Life), qui œuvre inlassablement pour la conservation des espèces en voie de disparition dans le monde, le prince me convia à plusieurs reprises à venir chasser en Hollande, d'abord dans les dunes, au bord de la mer, où les faisans emportés par le vent du large déconcertaient les tireurs par leur vol oblique et rapide, puis dans les forêts de la reine Wilhelmine où d'une façon aussi mystérieuse que silencieuse passaient des cerfs au galop qu'on ne tirait pas, ou des sangliers que l'on culbutait au passage de larges avenues sablées conçues à cet effet... Il y eut encore l'Autriche, la vallée du Karwendell avec ses chamois et ses cerfs; la Hongrie, avec ses milliers de perdreaux ou les grands animaux des Carpates; l'Italie, chez Biaggi, avec ses bécassines; l'Espagne, avec ses perdreaux et ses « monterias » [1].

Il faudrait tout un livre. Mais je ne voudrais pas conclure ce chapitre sans évoquer un de mes plus merveilleux souvenirs : mes chasses chez Stavros Niarchos, dans son île de Spetsopoula, en Grèce. Je me souviens y avoir tiré en une journée plus de mille quatre cents cartouches de calibre 12. Je tirais à trois fusils avec deux hommes pour me charger, ce qui permettait une cadence de tir très rapide. La ligne était composée du maître de maison entouré de ses invités dont, entre autres, le roi Constantin de Grèce, Bernhard, prince des Pays-Bas, Alfonso de Holenlohe, Dany Saint, Henry Roussel et moi-même. En fin d'après-midi, sur le quai du port de Spetsopoula, le tableau fut très soigneusement préparé pour la photo. On pouvait y compter 1 478 perdreaux, 2 451 faisans, 3 cailles, 12 lièvres, soit 3 944 pièces.

A Spetsopoula, la chasse commençait dès neuf heures du matin. Poussés par les batteurs ou le vent du large, les oiseaux avaient des vols différents et très dissemblables, qui rompaient avec nos habitudes. Les affûts des tireurs, accrochés aux falaises de l'île surplombant la mer, offraient un spectacle particulier et tout à fait inhabituel. Des perdreaux passaient en battue haut dans le ciel, ou plongeaient ailes fermées vers la mer pour passer au ras des vagues à vingt-cinq mètres sous les tireurs; on en manquait beaucoup. Des marins en vedettes ramassaient avec des épuisettes les oiseaux tombés à la mer.

A l'heure du déjeuner, au bord d'une minuscule crique, nous retrouvions les dames près d'un grand bar, autour de cabines de bain. Des tables étaient disposées alentour sur une plate-forme d'où quelques marches conduisaient à la mer. On pouvait avant le repas prendre un bain dans la Méditerranée.

Le génie personnel de Stavros, habile et raffiné, joint à ses moyens

1. Monterias : chasses de montagne. Cerfs et sangliers en grand nombre.

financiers, non seulement permettait ces chasses fabuleuses, mais procurait en outre à ses invités des séjours paradisiaques. *La Créole*, un superbe voilier, accueillait les arrivants le soir dans le port des yachts de Vougliameni, près d'Athènes, pour les déposer dans l'île à l'heure du petit déjeuner après avoir confortablement dormi à bord. Plus tard, l'hélicoptère remplaça *la Créole*. Depuis l'aérodrome, en trente minutes il déposait les invités à quelques mètres de la demeure du maître de maison où, dans le salon, on pouvait admirer « l'Arlequin » de la période bleue de Picasso. On s'y réunissait le soir pour dîner. Puis on gagnait les ravissants bungalows individuels qu'il avait fait bâtir, disséminés dans l'île, face à la mer, et dotés d'un confort parfait. Le matin au réveil, si l'on entrouvrait doucement et silencieusement les volets des chambres, on pouvait fréquemment admirer un gros perdreau rouge ou même une caille, picorant sans méfiance le gazon à quelques mètres, dans la lumière claire, avec au loin une mer qui scintillait sous le soleil.

L'île était aride. L'eau venait d'Athènes chaque semaine par bateau citerne, pour l'usage domestique mais aussi pour l'arrosage des nombreux massifs de fleurs et l'entretien des auges où buvaient les mouflons et les cerfs de l'île. Un matin, une trentaine de ces derniers se rassemblèrent et quittèrent Spetsopoula à la nage, l'un suivant l'autre, pour gagner le continent distant d'une quinzaine de milles. Ils furent, paraît-il, massacrés à leur arrivée par une population qui n'avait jamais vu un tel spectacle, ni une telle aubaine.

CHAPITRE XXII

La Confrérie du Mets-toi-à-l'aise – « A la billebaude » – Pierre David-Weill – Michèle et les dangers de la chasse – Aléas de l'amour – Une Chrysler-haricot – Son Excellence Vinogradov – Le duc de Windsor – Miss Univers – Valéry – Swing et Kima

J'ai évoqué quelques-unes des grandes heures de chasse que m'ont offertes, tout au long de ma vie, tant d'amis et d'hôtes. De mon côté, j'ai tenté d'apporter ma contribution aux plaisirs de la chasse et aux souvenirs de tous ceux avec qui j'en ai partagé la passion : ce fut Diebolsheim et la *Confrérie des Chevaliers du Mets-toi-à-l'aise.*

J'ai raconté dans un précédent chapitre comment j'avais eu l'occasion de devenir l'adjudicataire d'un territoire de chasse, en Alsace ; j'ai parlé de l'amour que Paule conçut pour ce pays quand je l'y amenai, et de notre décision d'y revenir tous les ans. La naissance de la Confrérie elle-même demande toutefois de plus amples explications.

L'idée nous en vint entre amis, un soir d'hiver, tandis que nous devisions gaiement face à une cheminée dont la chaleur bienfaisante contrastait fortement avec les quelque quinze degrés sous zéro qu'avait affichés le thermomètre l'après-midi même, durant une battue au sanglier. Si passionnante que fût la chasse en Alsace, estimaient mes compagnons, elle n'en était pas moins rude, et ce, quelle que fût la saison. En mai et juin, à Diebolsheim, il faut être sur pied dès trois heures du matin si l'on veut être à même, au lever du jour, de tirer à balle « à l'approche » (*pirsch* en allemand) des chevreuils au greinage. Là, il convient de savoir ruser avec les animaux, de se méfier des sautes de vent, de marcher deux ou trois heures dans la rosée matinale, pour ne tirer en définitive que les beaux brocards. La chasse du soir, aux sangliers, est aussi passionnante que celle de l'aube, mais on y est la proie de nuées de moustiques. Les sangliers de juin ne daignent sortir de leurs fourrés qu'à la nuit tombante. Tirer, rechercher, puis parfois charger seul dans une camionnette, un gros et lourd solitaire : tout cela ne permet guère de rentrer avant vingt-trois heures ; et avec le temps du dîner, la nuit se trouve fort écourtée.

En hiver, la passée des canards du matin, le long des bras du Rhin, oblige l'amateur à sortir du lit deux heures avant le jour pour être en place quand l'aube se lève. Plus il fait froid, plus le vent souffle, plus le brouillard est épais et la neige abondante, plus la passée a de chances d'être réussie. Il faut imaginer, par vingt degrés au-dessous de zéro, le petit vent glacé qui vous souffle au visage, alors qu'immobile, silencieux, attentif, les yeux rivés aux sous-bois, vous guettez le passage d'une horde de sangliers ou l'arrivée d'un beau solitaire, tandis que vos cils givrent et que pieds et mains sont insensibilisés par le froid. Il faut se figurer la grande marche de novembre, le jour à peine levé, parmi les tireurs qui composent la ligne, en sachant que l'on n'aura droit qu'à de la bière ou à un bouillon chaud pris dans une roulotte avec un sandwich, la halte n'excédant pas une demi-heure. Il faut songer enfin aux vingt-trois kilomètres à parcourir avec fusil et cartouches, dans la terre lourde, meuble et souvent glissante des labours...

S'ajoutaient à cela, disait-on, les rudes encouragements que je prodiguais d'une voix retentissante à ceux des chasseurs qui manifestement ne savaient pas assez bien marcher en ligne ou « rencontrer de leur plomb » le gibier volant à tire-d'aile ou le lièvre fuyard...

Bref, conclurent ce soir-là mes amis au coin du feu : il fallait avoir un moral de fer, et surtout un goût irrésistible de la chasse, pour avoir envie de revenir à Diebolsheim.

A moins... à moins, disaient ces hardis compagnons, qu'ils ne deviennent les membres d'un ordre particulier voué précisément à magnifier et à cultiver la bonne humeur, le contentement, la jovialité de chacun en dépit des attaques de toute sorte, qu'elles proviennent des moustiques, des tiques, du froid, de la pluie, de la neige... ou du caractère du maître de maison.

Ainsi naquit la Confrérie des Chevaliers du Mets-toi-à-l'aise. Son siège se trouve dans une maison de chasse située sur la place principale du petit village fleuri de Diebolsheim, en Alsace. Sur le chambranle de pierre de la porte d'entrée on peut lire, gravée en lettres gothiques, la devise « Mets-toi à l'aise », en signe d'accueil pour tous ceux qui en franchissent le seuil. La décoration propre à la Confrérie, remise pour la durée d'un dîner, n'a de valeur que l'espace éphémère d'un soir, mais ajoute un décorum original. La remise de cet insigne par le plus ancien fait l'objet d'une courte intronisation de bienvenue, avec en fond sonore un enregistrement plein d'entrain, l'Hymne du Mets-toi-à-l'aise, dû à la plus charmante des amies, la belle Michèle Auzépy. Cette cérémonie donne aux nouvelles recrues l'occasion d'un bref discours souvent plein d'humour.

Pour répondre à la demande de mes amis, j'ai fait frapper par Arthus Bertrand, d'après un dessin rappelant un brocard à la Saint-Hubert, une décoration à porter autour du cou, en commanderie. Arthus Bertrand se refusa tout d'abord à exécuter ma maquette, prétextant son honorabilité. Il fallut m'expliquer, n'en demander que dix, m'engager à ce qu'elles ne soient jamais portées en ville. Une, tout de même, a disparu. Un éminent personnage, dont le nom est mondialement connu, m'a un soir si gentiment fait savoir qu'il désirait l'emporter, que je n'ai pu refuser. Il ajoutait avec un sourire : « J'ai dans ma vie remis des centaines de décorations, j'en ai moi-même une vraie panoplie, dont la grand-croix de la Légion d'honneur, mais jamais je n'ai tant tenu à recevoir une médaille... » Il faut dire qu'après trois jours de réveil à l'aube et trois sorties le soir, soit trois nuits sans beaucoup de sommeil, il ne l'avait pas volée.

Avec ses traditions, ses discours, sa bonne humeur, ses joutes oratoires, la Confrérie n'est pas qu'un aimable jeu de l'esprit : elle se veut écologiste par les soins qu'elle prodigue à la nature, exemplaire par le respect qu'elle lui accorde, protectrice de la vie des êtres mis à notre disposition par la Providence.

Diebolsheim a vu passer beaucoup d'amis. A l'heure où j'écris ces lignes, plus de sept cent cinquante noms, venus des cinq parties du monde, figurent au tableau de la Confrérie, dans la petite salle de chasse. Les temps vont si vite que près de trois cents, hélas, nous ont déjà quittés. Tous ont partagé avec moi le perdreau de l'année, tué le matin et rôti le soir même à la broche, le perdreau onctueux cuit « en chemise[1] », ou encore la choucroute parfumée arrosée de bière fraîche ; ils ont également pu découvrir le service « à la Beaumont », qui consiste à placer une cuillère et une fourchette de chaque côté du plat présenté, ce qui permet à deux convives de se servir en même temps et ainsi d'obtenir un service de table plus rapide.

Au début, on chassait entre hommes à Diebolsheim, et on y venait en célibataire. Le goût grandissant de Paule pour la chasse fit bientôt évoluer la coutume, et nous admîmes des présences féminines. Un week-end fut même organisé, à sa demande, où elles seules chasseraient, les maris servant de chargeurs. En fait, les misogynes étaient rares dans nos rangs, à part René Floriot, le grand avocat d'assises, qui le reconnaissait d'ailleurs volontiers. Les fins de semaines y gagnèrent en agrément. Seuls quelques grands fusils féminins ont participé à nos chasses, mais de très nombreuses visiteuses ont pu voir leur nom inscrit dans un livre en parchemin créé à leur intention.

Telle est l'ambiance du rendez-vous de Diebolsheim, au cœur de cette Alsace si captivante avec ses vieux villages, ses cathédrales, ses châteaux, ses ruines, ses vignobles et ses chaix. Il faut avoir marché dans les rues désertes de Riquewihr un jour de semaine, ou admiré depuis le Haut-Kœnigsbourg la forêt des Vosges à l'automne, quand la pourpre des hêtres se mêle au vert foncé des pins, pour en connaître le charme et la somptueuse beauté. J'ai de plus une profonde affection pour mes amis alsaciens, leurs chants, leurs costumes de fête, leur travail, et aussi je dois le dire leur riesling. Mon enchantement a été partagé, je crois : j'ai lu plus d'une fois le mot « paradis » dans le Livre d'Or de la maison que chacun signe avant de partir. L'Alsace est peut-être le paradis des chasseurs : j'ai voulu aussi qu'elle fût celui de la bonne humeur et de cette joie de vivre que nous devons protéger inlassablement pour qu'elle ne nous soit pas ravie. Les temps nouveaux vont vite ; ils semblent vouloir apporter dans leur course trop de choses contraires à l'amour. J'ai eu à cœur de préserver le charme des fleurs, des champs en friches et des chemins de cette belle vallée encastrée entre les Vosges et la Forêt-Noire.

1. Recette : faire bouillir 19 minutes dans une vessie de porc fermée un perdreau farci, puis le passer au four d'où il ressortira rose et rôti.

La chasse n'est pas tout : arriver, tirer, repartir, cela n'a en soi qu'un intérêt relatif. A Diebolsheim ou ailleurs, ce que les journées ou les week-ends de chasse m'ont semblé apporter de meilleur, c'est la possibilité de se rencontrer, d'échanger, de s'apprécier. En l'espace de deux ou trois jours, les personnalités s'affirment, leurs contours se précisent, les jugements s'approfondissent ou évoluent ; des anecdotes, des idées, des informations sont échangées. Etroitement associé à ma vie, Diebolsheim m'a laissé mille souvenirs, parfois cocasses, parfois mélancoliques, liés ou non à la chasse en elle-même. Ils s'emmêlent un peu dans ma mémoire, pas toujours fidèle aux dates. Il y en a tant ! Je dois aller les cueillir au hasard, « à la billebaude », dirait un veneur. Mais en parcourant la liste de ceux de Diebolsheim, renaissent pour moi personnages et anecdotes de toute sorte.

Parmi les hommes, le numéro un inscrit au grand triptyque de la Confrérie des Chevaliers du Mets-toi-à-l'aise est Elliott du Luart, le père de Roland du Luart, l'actuel sénateur. Elliott avait mon âge ; à nous deux nous avions couru les champs avec l'agilité de nos vingt ans. A l'ouverture de fin août, en Alsace, nous chassions devant nous au chien d'arrêt, trois jours de suite, pour ne plus revenir le reste de l'année. Durant ce bref passage, nous faisions des ravages en tirant les perdrix dans les champs de pommes de terre ou de trèfle, en démolissant hardiment les faisans à la sortie des champs de maïs et les lièvres au déboulé dans les champs de betteraves ou les labours. Trente ans plus tard, en guise de pèlerinage, je voulus renouer la tradition de l'ouverture et refaire avec Roland le sénateur exactement le même parcours que jadis. Il y avait moins de champs de pommes de terre, moins de trèfle, et aussi moins de perdreaux ; néanmoins j'eus l'impression rajeunissante que ce n'était pas avec le fils que je chassais, mais toujours avec le père, tant l'un et l'autre, au même âge, se ressemblaient.

Je me souviens aussi de Pierre David-Weill, dont j'appréciais l'intelligence, le goût très sûr, le bon sens financier de grand banquier international. Pierre était aussi un philosophe, un moraliste perspicace et plein d'humour. « Tu vois, Jean, me disait-il parfois, la reconnaissance est une maladie du chien non transmissible à l'homme. » Ou encore : « C'est curieux... J'ai rendu service à cette personne, eh bien elle ne m'en veut pas ! » Pierre connut à Diebolsheim une mésaventure qui fera sentir à quel point être chevalier du Mets-toi-à-l'aise, comme je l'ai souligné, n'était pas une sinécure. Un matin que nous partions pour la chasse au canard, je le vis s'installer avec moi dans la camionnette Citroën vêtu d'une élégante et très parisienne pelisse de vison, par une température de vingt-huit degrés sous zéro. Quand je le retrouvai vers huit heures, après l'avoir installé avant le jour dans son affût au bord de l'eau, elle était devenue aussi dure qu'un bloc de ciment. Il avait en tirant perdu l'équilibre et glissé dans l'eau jusqu'aux aisselles ; elle lui avait gelé sur le dos. Elle resta debout quand nous la retirâmes, pareille à quelque grotesque épouvantail, tandis que Pierre, enveloppé dans un de nos manteaux, regagnait Diebolsheim où l'attendait un bain chaud. Je n'aurais pas voulu que la maison Lazard Frères perdît son principal associé pour un mauvais refroidissement, ni que Michel, son jeune fils, se retrouvât avec un père congelé.

Moins bénigne, dans le même ordre d'idées, fut l'aventure de Michèle, conviée à Diebolsheim parce qu'elle était une vraie championne de tir, et qui fut à deux doigts d'y trouver la mort.

Nous étions ce jour-là – par un dur hiver de janvier – partis de très bonne heure, toujours pour la chasse aux canards. La roulotte manœuvrée d'une main habile malgré la route glissante recouverte d'une mince couche de neige glacée nous avait menés à travers champs jusqu'à l'endroit où une barque avait pu déposer successivement chacun d'entre nous aux affûts préparés au bord de l'eau, entourés d'épais roseaux couverts de givre. Michèle n'avait jusqu'alors jamais tiré de canards au lever du jour. Dans l'obscurité de l'aube naissante, je vais vérifier si l'emplacement lui convient et m'assurer qu'elle a bien retenu les consignes applicables à ce sport ; puis je retourne à mon poste.

A peine arrivé, dans le vent du matin, j'entends le bruissement des ailes de canards qui passent et vont se poser à proximité de ma voisine. Je m'étonne qu'elle ne tire pas, et pour lui montrer qu'elle peut engager un feu roulant sur les oiseaux qui s'affalent devant elle, j'en tire moi-même plusieurs, qui tombent avec un bruit sourd sur le sol durci.

C'est alors qu'il me semble subitement entendre une petite voix m'appelant au loin... puis plus rien. Je tends l'oreille à nouveau, et, distinctement, j'entends la même petite voix répéter faiblement à deux reprises : « Monsieur le comte... je meurs... je meurs... » Cette fois il n'y a aucun doute. J'abandonne tout et me précipite en courant à travers une végétation couverte de givre qui freine mes pas. Je trouve Michèle au bord de son affût, gémissant, étendue à plat sur le dos, les bras en croix, à même la neige, me répétant faiblement : « Monsieur le comte, je meurs. » Tout de suite je pense à un malaise dû au froid : sa figure est violette, ses lèvres tremblent. Je la saisis par un bras, la hisse sur mon dos, et me voilà parti en courant rejoindre la barque qui nous a déposés. Un garde m'aide à étendre Michèle, enveloppée dans ma houppelande, pour regagner la rive opposée où je sais trouver une voiture. Avec l'aide du garde, j'y installe Michèle à mes côtés. Elle semble endormie, sa tête dodeline sans force, de droite ou de gauche, et à toute la vitesse de la Peugeot de service, le chauffage au maximum, je fonce à travers champs puis sur une route dangereuse vers la maison.

En arrivant, je constate que Michèle ne peut pas marcher. A nouveau je la charge sur mon dos, l'installe dans le salon sur un canapé, me rue vers un robinet d'où sort de l'eau bouillante, y verse du sucre et une large rasade de cognac et lui fais absorber le chaud breuvage. La maison, en raison de l'heure matinale, est encore vide. Personne pour m'aider. Je reprends Michèle par un bras, la charge sur mon dos, monte péniblement cette fois l'escalier et la jette sur son lit. Je me penche vers elle à nouveau. J'entends faiblement : « Je meurs... j'ai si froid. » Le cognac n'a pas encore fait son effet ; je décide de lui faire prendre un bain chaud.

Pendant que le bain coule, je lui retire bottes et vêtements - nettement insuffisants pour la température hivernale, et je la plonge aussitôt, vêtue d'une culotte de laine et d'un sous-vêtement, dans la baignoire.

Progressivement, au contact de l'eau très chaude que ma main supporte tout juste, son visage reprend des couleurs. Ses lèvres arrêtent leur inquiétant tremblement, elles se desserrent. J'entends murmurer faiblement : « J'ai moins froid... je vais mieux. » Elle dit : « Ma tête tourne », et je pense alors au cognac.

Un temps indéfini se passe. Je suis toujours à genoux au pied de la baignoire, à suivre la lente amélioration de son état. Peu à peu je vois ses forces revenir et je pense qu'il est temps qu'elle sorte de l'eau. Dégoulinante, je lui retire le reste de ses vêtements pour constater qu'elle est nettement mieux nue qu'habillée, et aussitôt je l'enveloppe dans un peignoir chauffé sur le radiateur. Frottée, séchée et mise au lit avec le peignoir et des lainages chauds, elle retrouva juste assez de forces pour mettre ses bras autour de mon cou et pour me dire merci en m'embrassant chastement. J'appris ensuite par le médecin qu'elle avait été frappée d'un coma hypothermique, qui fait tomber les sujets saisis par le froid dans une demi-paralysie intellectuelle et physique. Le besoin de dormir est irrésistible et si on y succombe, c'est la mort à brève échéance. Sans le savoir, avec l'aide de la Providence, j'avais fait exactement ce qu'il fallait pour lui sauver la vie.

Tous mes souvenirs de Diebolsheim, heureusement, ne sont pas de cette sorte. Il en est même de fort réjouissants. Un jour que j'invitais Roland de Maillé, grand cavalier, champion de concours hippiques, qui était de mes amis ainsi que la très jolie Eymardine, son épouse, il me demanda la permission de venir seul. Il avait en effet appris que serait présente à ce week-end une actrice de cinéma à laquelle il avait discrètement fait la cour à Paris, sans succès. Il comptait beaucoup sur l'escapade alsacienne pour améliorer leurs relations ; il n'avait pas compté sur les moustiques.

C'était au début de septembre. L'objet de ses vœux n'arrivant que pour dîner, Roland souhaita en attendant aller tirer les canards à la passée du soir ; et le voilà parti sans moi en compagnie d'un garde, la chemise ouverte, vu le temps lourd et nuageux, en pantalon de toile et souliers légers, sans gants. Quand il reparut à la nuit, il était méconnaissable : son visage était boursouflé, ses paupières à demi fermées, ses chevilles en sang. Il ne put fermer le col de sa chemise de smoking pour le dîner, et, détail navrant dont nous nous réjouîmes comme il convient, son arrière-train le démangeait tellement qu'il ne put s'empêcher de le gratter pendant toute la soirée... En fonction de quoi la jolie actrice jeta son dévolu sur un jeune secrétaire d'Etat audacieux et entreprenant. Nos moustiques d'Alsace, si nombreux le soir par temps orageux près de l'eau et des roseaux, et si avides qu'ils piquent même à travers les vêtements, avaient été la providence d'Eymardine.

J'ai évoqué plus haut la chasse dite au « pirsch », qui nécessite d'être dans les champs aux premières lueurs de l'aube - et par conséquent de se lever deux heures avant celle-ci.

A cette heure matinale, en effet, les chevreuils cheminent tranquillement en broutant d'une récolte à l'autre, saisissant par-ci par-là une fleur, un brin d'herbe ou la pousse tendre d'un bourgeon en bordure de bois. Ils sont peu *sur l'œil*, dit-on, c'est-à-dire peu méfiants, et c'est précisément le moment de les approcher pour être à même de les tirer avant qu'ils ne rentrent sous bois ou ne se couchent dans les champs de blé dès les premières chaleurs de mai ou de juin.

Un de ces matins de pirsch fut l'occasion d'une anecdote non moins cocasse. Un de mes amis, arrivé la veille au soir, avait amené avec lui son épouse, une ex-hôtesse de l'air fort jolie, et un charmant caniche gris, vif et malicieux, qui avait passé tout le temps de l'avant-dîner à jouer dans le jardin avec les chiens labradors. Sur les cinq tireurs présents, deux avaient déclaré qu'ils resteraient au lit le premier jour, afin de récupérer des fatigues de Paris, laissant partir les trois autres, au nombre desquels le mari de la jolie hôtesse, chacun avec un garde.

Vers neuf heures du matin, avec les deux dormeurs enfin levés et deux des chasseurs déjà de retour, nous prenons le petit déjeuner sur la terrasse, devant la maison, en écoutant le récit de leur chasse ; le mari de l'hôtesse de l'air, lui, n'est pas encore revenu. C'est alors qu'une voix, au-dessus de nos têtes, nous interpelle. Nous levons le nez ; à une fenêtre donnant sur la terrasse, nous voyons l'épouse du retardataire qui nous demande instamment de venir ouvrir sa porte car le chien veut sortir. Elle est, nous dit-elle, dans l'impossibilité de le faire, ni même de recevoir le plateau contenant le café au lait qu'on lui apporte : elle est enfermée à double tour.

Effectivement, sa porte est verrouillée. Les clés de toutes les autres portes sont chacune à leur tour essayées, sans succès, et le caniche continue à aboyer avec fureur. Sur ces entrefaites, le mari suspicieux arrive et, un peu gêné, sort une clé de sa poche, mettant fin aux aboiements du chien... Il était bien difficile d'attribuer à cette curieuse précaution un autre motif que ceux qui animaient Othello envers sa bien-aimée Desdémone.

L'amour a ainsi ses ridicules ; il a aussi ses tristesses et ses mélancolies. Je repense en écrivant cela à un autre de nos amis, habitué de Diebolsheim, qui un jour, sur le grand triptyque où sont les noms des chevaliers de la Confrérie, augmenta de son nom la liste de ceux qui ne reviendraient plus ; et à la confidence que me fit plus tard à son sujet la jolie, l'intelligente Chantal : « Vous voyez, notre ami bordelais n'était pas jeune mais brillamment intelligent, charmant, riche de cœur et d'argent. Il me faisait la cour, et s'attristait que je lui refuse ce qu'il me demandait. Il ajoutait en souriant : " Vous me feriez tellement plaisir... Vous n'auriez qu'à vous laisser faire un peu... Ce ne serait pas difficile pour vous et je vous en serais tellement reconnaissant ". Il avait raison, ajoutait Chantal avec une nuance de mélancolie. Je n'ai jamais bien su pourquoi j'avais refusé à cet homme de m'abandonner un peu, devant tant de sollicitations nuancées et affectueuses. Il est mort il y a quelques semaines. Le jour de son enterrement, à l'église, je me suis dit que savoir faire plaisir est une qualité précieuse qui n'est pas donnée à tout le monde, et devant les fleurs qui recouvraient son cercueil, j'ai eu brusquement la sensation d'un remords. Je m'en suis voulu de ma sotte obstination, les larmes me sont montées aux yeux... »

Elle conclut : « Vous savez, les femmes sont parfois imprévisibles ».

Diebolsheim a vu passer et parfois revenir des personnalités parmi les plus diverses et les plus connues, grands de ce monde, hommes d'Etat, têtes couronnées... En octobre 1948, Patricia et Eunice Kennedy, les filles de l'ambassadeur américain à Londres - et les sœurs de John, futur président des Etats-Unis –, visitant l'Alsace, m'annoncèrent leur arrivée pour le 23, à l'heure du thé. Les invités partirent le matin comme prévu, et je restai seul, prolongeant le week-end afin de les recevoir. En fin de journée, je vois arriver une magnifique Chrysler présentant étrangement la forme d'un haricot, et avançant doucement et de guingois. Etonné, j'en vois descendre dans des éclats de rire – et par la même porte, l'autre ne s'ouvrant plus – quatre belles filles de dix-neuf ou vingt ans : Patricia et Eunice étaient accompagnées de Phœbe Hearst, fille du magnat de la presse américaine, et d'une grande fille remarquablement « balancée », Linley Wood.

Elles me jurèrent que le gewurztraminer, parfois traître quand il fait chaud, n'était pour rien dans la bizarre modification de carrosserie subie par leur véhicule. Elles riaient, bavardaient, et conduisaient vite pour arriver à l'heure ; et, sur une de ces petites routes tortueuses de l'Alsace profonde, la vaste voiture américaine avait dérapé et frappé un gros platane par le milieu de sa carrosserie comme si elle avait voulu s'y enrouler. Le châssis était à présent en forme d'accent circonflexe.

Vingt ans plus tard, nous évoquâmes en riant, avec Eunice et son mari ambassadeur des USA à Paris, la « Chrysler haricot ». Patricia, elle, était devenue la femme de l'acteur Peter Lawford. De Linley, je cessai une année de recevoir des cartes de Noël... Elle avait changé d'adresse. La vie passe...

Un jour de septembre 1954, Maurice Faure, alors secrétaire d'Etat aux Affaires étrangères dans le gouvernement Bourgès-Maunoury, demanda à me voir. Maurice, homme politique averti, premier artisan de l'élaboration du traité de Rome, portant dans ses yeux tout le charme d'un cœur chaleureux, vivant sous le chaud soleil de Cahors, doué au surplus d'un beau talent de tribun, savait être convaincant avec les hommes (et aussi, je le sais, avec les dames). Il me demandait en l'occurrence d'inviter à la chasse à Diebolsheim M. Vinogradov, ambassadeur des Soviets, qui venait de s'installer à Paris, avenue George-V.

Depuis longtemps, j'avais l'habitude d'inviter à la chasse, quand ils l'aimaient, un certain nombre d'ambassadeurs. J'avais déjà reçu en diverses occasions ceux des USA, de Grande-Bretagne, d'Allemagne et d'autres puissances. Je n'avais jamais encore songé à celui des Républiques soviétiques, et je ne connaissais pas M. Vinogradov ; toutefois, la demande émanant du gouvernement de mon pays, je me sentis obligé d'accepter, heureux de pouvoir rendre service et d'ailleurs curieux de connaître le personnage.

J'appris qu'il parlait très correctement le français, qu'il viendrait seul avec Maurice Faure, et que le gouvernement mettrait à sa disposition le wagon spécial des Affaires étrangères pour le conduire à la gare de Strasbourg où nous irions le chercher. Il passerait quarante-huit heures en Alsace. J'avais demandé à Jean Prouvost [1] et à Elisabeth Danet, la mère d'Alain, de venir avec leurs fusils. Edgar Faure et la charmante Lucie étaient aussi des nôtres ; Edgar apprenait le russe, mais ne chassait pas. Maurice Faure et Paule complétaient la ligne de six tireurs.

---

1. Président de la Lainière de Roubaix et du journal *Paris-Match*.

La journée de chasse fut très réussie. Nous avions au tableau, en fin de chasse, plus de neuf cents faisans naturels (nous ne faisions aucun élevage) ; un tiers au moins, c'était un peu gênant, figuraient à mon effectif. Le sympathique ambassadeur tirait à deux fusils, l'un étant un juxtaposé, l'autre un superposé ; son tir ne rencontrait pas toujours la cible ; par courtoisie sans doute, Maurice Faure ne fit guère mieux que lui. L'ambiance était excellente, il faisait beau, les oiseaux nombreux volaient superbement, et je pense qu'en définitive Vinogradov fut content de son expérience.

Le soir, au dîner, il posa beaucoup de questions. Il s'étonnait que je sois comte et néanmoins conduise une voiture ou recherche avec mes chiens les oiseaux blessés tombés derrière la ligne des tireurs. « Est-ce qu'en France, tous les comtes sont comme lui ? », demanda-t-il à Edgar Faure, doutant de mon appartenance aristocratique. Après son départ, j'appris qu'il avait questionné une partie du personnel pour s'informer du montant de leurs gages. Au chargeur qui, le jour de chasse, s'occupait de ses fusils, il avait posé la même question. En apprenant la modeste rétribution journalière allouée à ce fils de solide agriculteur local, il s'était alors enquis de savoir s'il était content. Le chargeur m'a dit lui avoir répondu : « Oh monsieur, moi je suis toujours content quand le patron l'est aussi. » Ainsi son séjour dut lui paraître une très intéressante expérience, que compléta la visite de Riquewihr, des chaix de Preis Zimmer et du château du Haut-Kœnigsbourg. Etant donné mes activités au Comité International Olympique, j'ai reçu en Alsace de hautes personnalités du sport venant de Russie. Elles m'ont donné la même impression que celle laissée par l'ambassadeur. Tous paraissaient heureux de découvrir notre manière de vivre leur apportant une moisson d'expériences nouvelles.

La chasse de Vinogradov avait fait l'objet de commentaires dans la presse ; Edouard de Ribes, mon gendre, me dit dans mon bureau, quelques jours plus tard : « Surtout n'allez pas au Jockey Club en ce moment... Certains membres sont un peu en effervescence, et assez mal disposés à votre égard pour avoir reçu sous votre toit le représentant de la faucille et du marteau. » Je me promis de passer le soir même rue Rabelais, siège du Jockey, mais très pris et n'y attachant qu'une importance toute relative, je remis ma visite au lendemain, et de lendemain en surlendemain, le temps passa...

Finalement, lorsqu'un soir je retournai au cercle, personne ne m'en parla. L'affaire semblait classée.

Je revis l'ambassadeur à l'ambassade. Tout en causant, il cherchait à m'entraîner vers une très spécifique lampe posée sur une table, me disant : « Vous devriez être président du Conseil. » Je me laissai faire, en pensant qu'elle devait probablement contenir un micro. Cela n'empêche pas que j'aie gardé de l'homme un excellent souvenir.

Je me souviens avec plus de plaisir encore du duc de Windsor, ex-roi d'Angleterre, qui fut au nombre des compagnons fidèles de ces week-ends alsaciens. Sa conversation était souvent passionnante, en raison même du rôle qu'il avait joué dans son pays. Il ne le regrettait pas : il pensait que l'amour devait être le grand guide de la vie d'un homme, et qu'à l'entrée du Paradis, saint Pierre, en triant les âmes, donnait toujours une place de choix à ceux qui lui avaient tout sacrifié. Sa simplicité était charmante. Un jour de chasse, où la roulotte se trouva pesamment embourbée dans une boue épaisse et glissante, il fut le premier à venir la pousser avec les invités et le personnel. Il tirait très bien les faisans, mais détestait tuer les lièvres. En 1956, pour son premier week-end en Alsace, j'avais convié en même temps que lui Pierre de Brissac, Philippe de Luynes, Jo Pozzo di Borgo et Hubert de Chambure, sans prêter attention au fait que les trois premiers portaient comme lui le titre de duc. Nous prîmes tous ensemble le train à la gare de l'Est ; à l'arrêt de Bar-le-Duc, Windsor, passant la tête par la fenêtre, se retourna et nous dit impassiblement en poussant un long soupir : « Encore un duc... »

Wallis Simpson, sa femme, m'a toujours paru une nature généreuse. Elle avait en outre le sens de la repartie et savait conduire de brillantes conversations. Elle exerçait sur lui une autorité incontestable, qu'elle imposait avec douceur, tact et tendresse. Elle ne se déplaçait jamais sans une valise emplie de petits coussins qu'elle répartissait à même son lit ; lui, avait toujours dans sa chambre une bouteille d'un bon whisky, curieusement blanc.

Leur couple a posé des problèmes aux évêques anglicans et à une cour rigide (devenue avec le temps, il est vrai, plus tolérante) ; en revanche, ils ont fait rêver les amoureux du monde entier.

En 1965, l'élection de Miss Univers joua indirectement un rôle dans la vie de Diebolsheim. Le comité d'organisation de cette élection m'avait sollicité pour faire partie du jury, à Miami, en Floride, où devaient se tenir les derniers éliminatoires. J'acceptai volontiers l'invitation et me rendis aux USA malgré la totale désapprobation de Paule, qui considérait cette manifestation comme tout à fait incompatible avec mes activités.

Je devais y rester quatre jours. Le jury était composé de onze personnalités : le comte Sigward Bernadotte, de Suède, le maire de Miami M. Elliott Roosevelt, le gouverneur de la Floride, le directeur du *New York Post*, le directeur du *Daily Mirror*, le plus grand photographe de l'époque Ph. Halsman, l'acteur japonais Akira Takarada, la célèbre chanteuse noire Eartha Kilt, Mme Aleman, belle-fille du président de la République du Mexique, et moi-même. Je fus reçu avec beaucoup de cordialité par le conseil municipal de la ville, et installé dans un bel appartement au Fontainebleau, un des meilleurs hôtels de la ville. Ma fille Monique vint de New York me rejoindre et resta le temps de la compétition.

Soixante-cinq concurrentes se disputaient le titre. Toutes étaient logées dans le même hôtel, chacune flanquée d'une aimable duègne chargée de répondre aux appels téléphoniques et d'écarter les importuns. Il était aisé, sur les soixante-cinq, d'en éliminer rapidement une bonne quinzaine. Mais les cinquante autres étaient superbes ! Nous devions les juger en fonction de critères bien définis : intelligence, culture, beauté, rayonnement, distinction. Nous avions à mettre une note pour chacune de ces rubriques.

Nous rencontrions ces beautés principalement au cours des repas qui se passaient autour d'une table en forme de fer à cheval ; elles avaient leurs couverts à l'extérieur de la table, nous à l'intérieur. Il n'y en avait jamais plus d'une dizaine à chaque table. Toutes parlaient plus ou moins bien l'anglais ou le français, sauf la très belle et charmante Miss Espagne, hôtesse dans un restaurant de Tolède, qui ne parlait que sa langue maternelle. Il fallait enfin juger de leur allure dans leur costume national, puis en robe du soir, avant de voir les dix retenues par le jury défiler le dernier jour l'une après l'autre, puis toutes ensemble, en costume de bain, devant les caméras de la TV. Le soir du vote, toute l'Amérique regarderait les concurrentes, soit, nous disait-on, plus de cent millions de téléspectateurs.

Une jeune merveille suédoise, parlant sept langues, dont la nôtre, prit rapidement la tête. Elle venait de terminer ses études de droit, était simple, souriante et cultivée. A plusieurs occasions je m'entretins amicalement avec elle et lui laissai entendre qu'à mon avis elle avait les plus grandes chances d'être élue. Le dernier soir, juste avant le vote, elle vint me trouver pour me supplier de ne pas voter en sa faveur. Elle ne voulait plus remporter la palme : elle était tombée follement amoureuse du chef d'orchestre de l'hôtel. Elle pensait l'épouser et devenir américaine. Je votai néanmoins pour elle et Miss Arvidson, la jolie Suédoise, future avocate, devint Miss Univers.

Quant à moi, j'emportai à mon départ les noms et les adresses des concurrentes ; et un peu plus tard, j'invitai six d'entre elles dont Miss France, la charmante Niçoise Michèle Boulé, à un week-end en Alsace, via Paris.

Arrivées avec moi avant les invités chasseurs – en l'occurrence M. Bohlen, ambassadeur des Etats-Unis, le prince des Pays-Bas, Stavros Niarchos, Pierre-Louis Dreyfus, Jacques Merlin, président du CCF, et mon gendre Edouard de Ribes – elles furent logées dans le plus grand secret au dernier étage de la maison, et ne descendirent qu'au dîner, procurant ainsi à mes hôtes une surprise aussi charmante qu'internationale. En échange, elles emporteraient, pensai-je, un agréable souvenir d'Alsace. J'avais visé juste : durant des années, devenues mères de famille, elles continuèrent à m'adresser leurs vœux à chaque Nouvel An.

J'ai à cœur de citer enfin, parmi quelques-uns des visiteurs de Diebolsheim dont le souvenir m'a marqué et dont l'amitié m'est précieuse, un des hommes les plus intelligents et doués que j'aie rencontrés, et dont les qualités de cœur, que ses adversaires ne lui ont pas toujours reconnues, n'ont nullement été émoussées par ses brillantes facultés. La Providence a tout donné à Valéry Giscard d'Estaing : une mémoire prodigieuse, une élocution précise, réfléchie, soutenue par une remarquable dialectique et une véritable stature d'homme d'Etat. Il domine les hommes par ces traits, et les femmes par son charme indéniable. Sa sensibilité est extrême, sa pudeur aussi, ce qui lui donne cette apparente froideur dont il est parfaitement conscient. Il a probablement parfois du mal à prendre conscience, autour de lui, de la médiocrité, de la petitesse ou de la mesquinerie qui vont hypocritement leur chemin. Mais cette Providence qui l'a tant gâté ne doit pas le quitter : si les événements ne lui donnent pas raison, si la réussite ne couronne pas ses entreprises, on le lui pardonne d'autant moins eu égard à sa supériorité, qui se retourne alors contre lui... Ayant connu le faîte du pouvoir, que peut-il souhaiter sinon la sérénité dont il parle, et le don de soi-même, dans l'abnégation ? C'est là une enclume où se forge une grandeur que le pouvoir même ne donne pas.

Chaque année, pendant plus de vingt-cinq ans, Valéry Giscard d'Estaing est venu chasser en Alsace. Là, au contact retrouvé de la nature et de la terre, il se montrait lui-même, simple, détendu, plein de cœur, d'attentions et d'humour. Peu de temps après son élection à l'Elysée, un jour que la voiture où je le transportais s'était embourbée dans les ornières laissées par un tracteur, il en descendit pour la soulever en poussant, tandis que je restais au volant : et quand il se rassit, éclaboussé, à mes côtés, il me dit avec humour et gaieté : « Jean, vous vous rendez bien compte, c'est le président de la République qui vous a poussé ! »

Il a eu envers moi des gestes que je n'ai pas oubliés. En 1972, lorsque je fus battus de peu à la présidence du CIO, à Munich, il fut un des seuls ministres à m'adresser un long et chaleureux télégramme, me disant sa déconvenue pour la France. Plus tard, apprenant un jour ma date de naissance en janvier, il déclara devant des amis : « Nous allons faire une chasse au sanglier, à Chambord, pour fêter son anniversaire. » Ce qui fut fait. Au goûter terminant la journée, en présence de Walter Scheel, l'ancien président de la République d'Allemagne, et de nombreux invités, j'eus droit à un gâteau aux multiples bougies, accompagné d'un petit discours et d'une pendule évoquant la République. Et pourtant je ne suis pas grand-chose, sinon un compagnon désintéressé, dans la vie de cet homme qui refuse légitimement de concéder aux autres le monopole du cœur.

Il existe dans nos territoires de chasse de Diebolsheim des lieux auxquels j'ai donné un nom particulier : le trou d'Ayen, la battue Flandin, le boqueteau Hannotin, le bois de la Comtesse (Paule), la battue Mouchy, la battue Mme Henrion, le pont Delorme... C'est le témoignage d'amitié et de fidélité que j'ai voulu laisser à la mémoire d'amis chasseurs, aux endroits marqués dans mon souvenir par leur habileté ou leurs qualités humaines.

En 1933, Jean de Noailles, duc d'Ayen et alors propriétaire du superbe château de Maintenon, était l'un de mes meilleurs compagnons de chasse. Braconnier dans l'âme, il était aussi l'un des deux ou trois meilleurs fusils français. Je me souviens d'une de nos réussites, à Voisins, dont j'ai parlé, qui fut le plus haut lieu de ma vie de chasseur. Une compagnie formée seulement de huit perdreaux nous était ce jour-là arrivée de plein vol, en battue, au-dessus d'une haute haie, celle de la Charbonnière. Chose suffisamment rare pour que j'en parle – et qui suppose, ajoutons-le, un fort coefficient de chance ; nous fîmes chacun deux doublés avec nos deux fusils, éliminant ainsi la compagnie tout entière, sans avoir choisi ni l'un ni l'autre à aucun moment le même oiseau, et sans nous être concertés. Un triomphe !

Un matin d'hiver, alors que la neige tombait à gros flocons, il parvint depuis son affût au bord de l'eau, avec un seul fusil, à ramasser en quelques minutes quatre-vingt-deux canards. Les canons du fusil chauffaient tellement qu'il avait dû se baisser et les tremper dans l'eau glacée à maintes reprises pour pouvoir les tenir en main... L'exploit ne fut jamais renouvelé, et l'endroit prit plus tard le nom de trou d'Ayen. Une autre raison m'y poussa : en janvier 1942, mon ami Jean, sans raison apparente, fut enlevé par la Gestapo et déporté au camp de Buchenwald-Flossenburg-Sachsenhausen ; il mourut en avril 1943 au camp de Belsen à l'âge de cinquante-deux ans. Au bord de l'eau, en Alsace, en souvenir d'un matin de neige, son nom est resté parmi nous et nous tient toujours compagnie...

J'avais imaginé en Afrique, comme je l'ai raconté, de pratiquer le tir à balles sur les papillons. Pour remédier à deux années consécutives de nidification défectueuse, en Alsace, à cause de printemps trop froids ou pluvieux, j'eus l'idée d'adapter cette forme de tir très distrayante, en chassant non plus au fusil mais à la carabine 22 long rifle à répétition, sur le petit gibier, lièvres, faisans, perdreaux, et éventuellement les chevreuils au galop sous bois. Je me disais que nous détruirions ainsi moins de gibier, et que le plaisir de le poursuivre ne durerait que plus longtemps.

Dès la première année, la formule remporta un brillant succès. Je rencontrai bien quelques difficultés pour convaincre mes amis de se plier à cette nouvelle discipline sportive ; certains même déclarèrent forfait. Mais quelques-uns y prirent goût et atteignirent de très beaux résultats. Vers le 5 septembre, époque où notre gibier d'Alsace n'a pas encore beaucoup d'ailes, on pouvait s'en approcher aisément à trois ou quatre carabines en ligne. Il fallait être très attentif pour éviter de tirer en direction des villages ; mais nous arrivions à tirer dans la journée entre cent cinquante et deux cent cinquante balles chacun. Avec ma Remington 22 long rifle à balles creuses, je faisais des progrès étonnants, ainsi que quelques-uns de mes compagnons, dont Pignart, l'armurier champion de France en pigeon volant. Après deux ans de pratique, je calculai qu'il me fallait une moyenne de cinq à six balles par pièce tuée en vol ; la moyenne était meilleure pour les lièvres.

Le *Sport Illustré* publia une photo de cinq d'entre nous avec cent vingt-quatre pièces au tableau, pour l'essentiel des chevreuils, des lièvres, des faisans et quelques lapins. Walter Carone, journaliste photographe venu à Diebolsheim, publia dans *Paris-Match* un reportage sur cette nouvelle manière de chasser, qui donnait au gibier que nous levions plus de chances de survie.

Ce genre de sport pouvait toutefois être dangereux avec des chasseurs peu confirmés dans le tir au vol. Les balles de 22 long rifle, suivant l'angle de tir, vont loin, entre trois cents et cinq cents mètres. Aussi, bien que, en quatre ans, aucun accident n'ait été à déplorer, non plus qu'aucune réclamation, je finis par cesser d'autoriser ce genre de sport à mes amis. Désormais, je serais le seul à le pratiquer.

Je me rappellerai longtemps ces grandes marches au lièvre, où, en fin de compte, j'arrivais au même score que celui des autres avec leur fusil, parfois même je les surpassais, du fait que je pouvais tirer à plus grande distance. En revanche, j'étais moins efficace en novembre sur tout ce qui volait. Mais je parvins tout de même, une fois, à effectuer un doublé, à la carabine 22, sur une compagnie de perdreaux de retour volant haut et vite dans le ciel. Cette amusante performance stupéfia les gardes, les batteurs et mes voisins ; elle fit jaser abondamment, le soir après la chasse, dans les bistrots du village.

Mes chiens ont été aussi des compagnons de chasse, non moins habiles et non moins fidèles que bien des humains. J'ai évoqué les chevaux de course, avec qui le travail a été pour moi une école d'énergie, de volonté, d'effort ; auprès des chiens, j'ai reçu une grande leçon de patience, d'affection, de gaieté et d'amour. Il suffit de leur parler et de bien les traiter pour qu'ils deviennent d'inséparables compagnons.

Avec Swing, un « Flat coated retriever » provenant de l'élevage de Jean de Rochebouet, j'ai vécu des heures inoubliables. Kima, sa sœur, m'a prouvé qu'elle savait être non seulement courageuse, mais aussi une amie au tendre cœur. Tous les deux arrivèrent en Alsace en 1928, à l'âge de six mois.

La date du 10 décembre 1932 fut pour Swing un grand événement. Il avait quatre ans, et ce jour-là nous gagnâmes ensemble le championnat de France des Retrievers. Kima, elle, fut classée quatrième de cette importante épreuve, injustement, puisqu'il s'agissait d'éviter, par convenance, que ces deux chiens soient tous les deux les premiers du concours national.

La compétition avait lieu dans la Sarthe, pays de champs coupés de clôtures et de haies, sur le beau territoire de Bonnétable, appartenant au duc de Doudeauville ; plus de quarante concurrents se présentèrent au rendez-vous. De toute leur vie, mes deux chiens n'avaient jamais porté ni collier ni laisse. En les voyant trotter librement dans mes jambes, les juges me demandèrent comment j'allais procéder avec celui dont le tour ne viendrait qu'après l'autre. « Je le laisserai assis, répondis-je, à l'entrée des champs où se déroulera l'épreuve. » Cette réponse me valut quelques hochements de tête légèrement incrédules de la part des juges, aussi bien que des chasseurs qui allaient tirer les oiseaux nécessaires au travail des chiens. Mais je ne craignais aucune désobéissance de la part de Kima. J'en étais fier. Je savais qu'elle ne me décevrait pas. Fidèle, tendre, consciencieuse, dotée d'un nez remarquable, elle était de plus un peu amoureuse de son maître, ce qui pour moi ne faisait qu'ajouter à ses qualités... C'est elle que j'avais décidé de faire passer en second, la laissant assise à deux cents mètres de nous, à l'entrée des champs, en attendant qu'elle soit examinée à son tour. Ainsi les juges seraient-ils frappés de son parfait dressage, tandis que Swing, plus particulièrement brillant, subirait le premier test de l'épreuve qui allait faire de lui un incontestable champion.

Spécialement ardent, Swing avait parfois besoin d'être calmé. A cet effet, j'avais pris l'habitude d'avoir à la main une légère badine cueillie à même les premiers arbustes. Je la conservai, debout à côté de lui, pendant toute la durée de la première battue, tandis qu'il était assis derrière le tireur auquel il était affecté.

Un perdreau rouge, tiré de face et porté par le vent, vint tomber désailé à trois mètres de nous. Les yeux de Swing me fixèrent le temps d'un éclair tandis que son arrière-train faisait mine de se soulever devant la formidable tentation de ce gibier si proche de lui et prêt à s'échapper. Ma baguette posée sur son échine suffit à lui faire comprendre que ce n'était pas le moment d'agir. Il se borna à me regarder à nouveau, cilla comme il savait le faire, remua très doucement le bout de sa queue pour me faire comprendre qu'il avait enregistré le message et qu'il ne ferait pas de blague. Nous nous étions compris.

Autour de nous, à la fin de la traque, de nombreux oiseaux morts jonchaient le sol. Notre perdreau rouge, lui, s'en était allé de toute la vitesse de ses pattes pour gagner assez loin, en contrebas, la haie clôturant le champ où il pensait sans doute trouver refuge.

Vint le moment du travail des chiens. A mon signal, Swing, dédaignant les oiseaux tombés près de lui, partit au grand galop en direction de l'épaisse haie où l'oiseau blessé avait fui. Nous le vîmes la traverser, puis, d'une foulée allongée, le nez collé au sol, remonter rapidement le sillon d'un gros labour avant de disparaître. Un des juges me regarda : « Où peut bien courir votre chien ? »

Swing, depuis l'âge d'un an, ne courait plus ni les lièvres ni les lapins : ce n'était ni permis ni digne de lui, il aimait trop son maître pour lui faire de la peine. Néanmoins son comportement me troublait... Sans répondre à la question, je m'assurai d'un regard rapide que Kima se trouvait bien à la place où je l'avais laissée. Elle était assise, impassible, regardant avec intérêt tout ce qui se passait autour d'elle. Si je l'avais appelée, elle serait venue aussitôt, mais je voulais qu'elle reste à sa place.

J'en étais là de mes réflexions lorsque le juge, me prenant par le bras, m'indiqua avec une excitation non feinte Swing qui revenait au galop. Il semblait porter quelque chose dans sa gueule. Nous le vîmes traverser la haie, puis remonter vers nous, toujours au galop, et finalement venir s'asseoir fièrement à mes pieds et m'offrir le gros perdreau rouge, bien vivant, qu'il tenait délicatement dans sa bouche.

L'oiseau avait seulement eu le bout d'une aile brisé par un plomb. Pour le retrouver, le chien avait dû franchir cinq ou six cents mètres, traverser une haie, le pister dans un labour, puis le saisir et enfin le rapporter vivant. Je savais bien que Swing était un as ! Il me l'a d'ailleurs prouvé en maintes occasions depuis ce championnat.

En 1932, par un beau jour de printemps, il fauta avec sa sœur Kima. Et trois ans plus tard, en 1936, à la passée des canards du matin, ce n'était plus deux Flat coated retrievers que j'avais à mes pieds, mais bien quatre : Swing, Kima et leur deux fils, tous quatre toujours sans laisse et sans collier.

A cette heure, dans la pénombre de l'aube, les oiseaux passent bas dans le ciel et produisent en fendant l'air de leurs ailes un sifflement connu des chasseurs. Souvent l'obscurité est encore trop dense pour permettre de les voir et de les tirer. A mes pieds, mes quatre compagnons étaient sagement assis, le nez en l'air, suivant avec un ensemble parfait, de leurs quatre têtes, le déplacement du bruit des ailes des oiseaux encore invisibles. Quand la lumière les détacha plus nettement, à contre-jour dans le ciel, les deux plus jeunes se mirent à pousser de faibles gémissements d'excitation. Je me penchai alors et leur enjoignit tout bas de se taire. Les queues s'agitèrent, les gémissements cessèrent, chacun resta bien à sa place dans un silence que personne n'osait rompre. Je sus dès lors qu'au moment où, tirant les canards, je cesserais de m'occuper d'eux, les deux jeunes resteraient sages, sentant la présence silencieuse de papa et de l'immobilité de maman. Ce fut un moment attendrissant de drôlerie. En fin de passée, le jour ayant définitivement fait son apparition et les canards ne se montrant plus, je posai mes fusils et indiquai de la main les roseaux du bord de l'eau et les bois alentour : « Allez ! rapportez ! » Tous les quatre s'élancèrent et disparurent pendant plus d'une heure, chacun rapportant sa part de butin.

Je pense souvent à ces quatre vrais compagnons, avec mélancolie. Je revois Swing, son nez froid, sa langue râpeuse, ses yeux dorés, chauds et gonflés d'amour ; j'entends encore Kima pleurant doucement devant ma porte, un jour que j'étais grippé et que pour l'empêcher d'entrer il avait fallu fermer à clé. Je revois leurs deux fils bousculer leurs parents, pour fêter avant eux, au premier rang, mes retours en Alsace... Leur fin fut tragique et m'emplit de fureur autant que de chagrin. En septembre 1939, on me prévint qu'il était prudent de les faire vacciner contre une épidémie de pneumonie. Mobilisé, je ne pus m'en occuper moi-même. Je ne sais quel vaccin leur administra le vétérinaire convoqué ; mais dans l'heure qui suivit l'injection, tous les quatre étaient morts.

Par la suite, j'ai eu beaucoup d'autres chiens, braques à poils courts, cortal à poils longs, labradors... Je me souviens particulièrement de quatre petits golden cockers, achetés pour lui faire plaisir à une vieille dame qui voulait les vendre. Je les dressai ; à la chasse, leur travail fut amusant, mais lent et peu efficace en dépit d'une évidente bonne volonté. Ils faisaient sensation, lorsque, allant à la messe dominicale au village de Vouzon, je les abandonnais sur le parvis de l'église, assis côte à côte, pour les retrouver au même endroit à la sortie, cherchant à deviner mon odeur dans la foule qui s'écoulait. Aucun cependant ne m'a fait oublier l'ardent Swing et la tendre Kima. La vie m'a appris que celle des chiens, hélas, est toujours trop courte pour ceux qui les aiment. Elle m'a appris aussi qu'il faut savoir se méfier de ceux qui ne les aiment pas.

CHAPITRE XXIII

En Afrique centrale – La troisième femme du chef – Chasse aux lions – Elle est morte pour avoir eu peur de moi – Seul en avion au-dessus du Nil – A la poursuite des braconniers d'éléphants – Un dîner insolite en Haute-Volta

En 1950, lors d'une tournée d'inspection sur les plantations d'hévéas de la SAFA-Cameroun, j'avais envisagé avec Henri Chamaulte, directeur local d'exploitation, plus tard élu sénateur des Français à l'étranger, d'organiser une expédition de chasse.

A Dizangué, lieu d'exploitation de la société, Chamaulte m'avait beaucoup vanté la région de Birao, située au nord de l'Oubangui-Chari, devenu par la suite la République Centrafricaine.

L'année suivante, en 1951, je prolongeai mon séjour annuel d'inspection pour aller découvrir cette contrée. Fin janvier, profitant de l'hivernage des hévéas, qui lui laissait plus de liberté, notre directeur prit l'expédition en main.

Chamaulte avait auprès des autochtones une telle réputation de force, de vigueur, d'autorité, de dynamisme et de vive intelligence, qu'à sa mort il fut nécessaire de couler son corps dans un bloc de ciment de trois mètres sur trois ; les Africains, à des lieues à la ronde, disaient que le cœur d'un homme aussi puissant, fort et capable, devait posséder des vertus susceptibles de décupler les possibilités de celui qui le mangerait. La rumeur avait circulé avec tant d'insistance que cette précaution parut nécessaire pour empêcher la violation de sa tombe ; elle est éloquente, je pense, quant à la réputation qu'il avait su conquérir. Henri Chamaulte, que nous appelions parfois H.C., racontait lui-même volontiers des histoires de nécrophagie ou d'anthropophagie locales. Un soir à la veillée, il me rapporta qu'un

Africain avait tué, dépecé et mangé un enfant de six ans. Au moment de sa condamnation pour meurtre, le président du tribunal lui demanda s'il n'avait rien à ajouter au jugement le frappant. Imperturbable, il répondit : « Si Monsieur le président, je regrette de ne pas avoir eu le temps de le manger en entier. » Les restes du corps, découverts chez l'inculpé, rendaient en effet difficile toute tentative de négation des faits. Chamaulte riait de bon cœur en racontant l'anecdote. Il savait raconter des histoires truculentes, toujours d'une couleur locale saisissante, qui faisaient ma joie. Je lui dois beaucoup, tant sur le plan professionnel que sur le plan amical. J'ai, entre autres, une paire de défenses d'éléphants placées dans l'entrée de ma maison d'Alsace, l'une pesant soixante-douze kilos et l'autre soixante-dix, la neuvième paire du monde d'après le Livre des Records de Rowland and Ward. Pour réussir à tirer ce gros porteur rarissime, il avait dû le faire suivre pendant plus de six mois par deux équipes de quatre pisteurs se relayant. Ses fonctions de directeur lui donnaient en effet beaucoup de travail et de responsabilités, lui interdisant de consacrer trop de temps à la chasse ; cette filature lui avait permis de ne pas perdre de vue les déplacements du pachyderme, et de le tirer finalement à sa convenance, l'ayant localisé dans un endroit d'accès facile.

Fin janvier 1951, comme prévu, nous quittâmes Dizangué pour la brousse du Centrafrique. L'organisation était tout à fait remarquable. H.C. avait ses chauffeurs, pisteurs, boys, cuisiniers, interprètes, armuriers, tout un petit monde fidèle et dévoué. On le craignait, mais on l'aimait aussi. Il était généreux, bon, dur dans le travail, et, en dehors de ses coups de gueule, toujours de bonne humeur.

Birao est à mille huit cents kilomètres environ de Dizangué. Ce n'est pas la proche banlieue pour aller à la chasse, mais en Afrique, les distances n'ont pas la même valeur qu'en Europe. Jusqu'à Bangui, les routes étaient excellentes. Plus au nord, les pistes firent leur apparition. Elles devaient durer plus de huit cents kilomètres. A part quelques ponts à refaire, elles furent franchies sans trop de difficultés. Sur notre chemin, un village, Barouandja, construit de huttes au toit de chaume, nous accueillit ; nous décidâmes de camper dans cette petite agglomération d'environ deux cents Africains. Juste avant le dîner, à la lueur du soleil couchant, un de nos interprètes s'approcha, accompagné d'une belle jeune femme noire, les cheveux tressés de perles multicolores.

– Patron, c'est la troisième femme du chef de village.

– Que veut-elle ?

– Elle demande à t'accompagner dans ton voyage de chasse vers le nord. Elle veut que tu l'emmènes. Elle dit aussi qu'elle est jeune et qu'elle est la troisième femme du chef.

– Alors ?

– Eh bien, elle veut quitter le village ; elle n'est pas contente ici.

– Pourquoi ?

L'interprète se penche vers elle, lui pose la question. La réponse, embarrassée, vient du bout des lèvres :

– Le chef est très vieux ; la chose du chef est morte, et elle n'a pas d'enfant. Elle dit aussi qu'il n'y a pas d'homme au village pour elle, parce qu'ils craignent le chef. Il ne leur permet pas de faire la chose avec elle. Elle précise qu'autrefois, de temps à autre, des étrangers passaient, mais maintenant le chef a décidé de leur faire payer à chaque fois mille francs... C'est beaucoup trop cher... Les étrangers ne veulent plus s'arrêter... Elle veut s'en aller. Tu comprends cela, chef ?

H.C. se penche vers moi, l'air sérieux ; mais on sent qu'il a envie de rire.

– Qu'en pensez-vous ?

– C'est à vous de décider.

Il se tourne vers l'interprète, lui parle, et à voir le visage de la femme au fur et à mesure que se déroule la conversation, je comprends que sa demande est rejetée. Elle nous quitte d'un pas nonchalant, maussade, roulant des hanches, nous montrant un dos superbe, une paire de fesses bien fermes serrées dans un boubou de toile. J'approuve la décision : avec des camions, des half-tracks, une jeep et vingt hommes, il n'y a pas de place pour une femme.

Le soir, après une visite au chef de village, nous trouvons la table du dîner dressée sur la place. Elle regorge de nourriture apportée gracieusement par les villageois : poulets, œufs, lait, manioc, bananes rouges, le tout mis à la disposition du grand chef blanc qu'est Chamaulte. Dès le lendemain toute l'équipe charge les camions et se met en route ; Chamaulte et moi, en jeep, fermons la marche, suivis du pick-up. Mais dès la sortie du village, dans le halo de la brume opaque du matin mélangée à la poussière des voitures, nous trouvons nos camions stoppés, tous phares allumés. Chamaulte descend et part aux nouvelles. Il revient peu après : la troisième femme du chef s'est couchée de tout son long en plein travers du chemin et a déclaré aux chauffeurs des camions : « Ou vous m'emmenez, ou pour poursuivre il faudra m'écraser. »

Devant tant d'opiniâtreté, pour éviter des discussions et un retour en arrière, Chamaulte céda : elle continuerait la route en notre compagnie. Et vers midi, à la première halte, je vis mon ami directeur s'éloigner avec elle dans la brousse...

« Elle est très contente d'être du voyage ! », me dit-il plus tard d'un air détaché. J'ai quelques raisons de croire qu'elle fit également beaucoup d'heureux durant le reste du voyage, pour rattraper le temps perdu auprès du vieux chef...

Trois jours plus tard, nous étions à Birao, où l'administrateur chef de district, Georges Mac Clenaham, nous accueillit et la chasse commença.

J'en ai gardé des souvenirs marquants : la dignité, l'angoisse, la peur ou la colère des grands animaux, les odeurs insaisissables qui remontent de la terre d'Afrique tandis que le soir elle chante à l'appel de ses milliers de grillons... Un matin, au lever du jour, nous partons avec le pick-up Chevrolet pour jeter un coup d'œil sur une région où les lions, disent les indigènes, sont nombreux. H.C. est au volant, moi debout sur la plate-forme arrière avec quatre hommes, et Manda, le chef pisteur, à mes côtés. Nous observons la piste. Soudain, dans un virage, nous débouchons face à un groupe de chiens sauvages, ou loups de la brousse ; couchés au travers du chemin, ils regardent sans crainte apparente l'auto se rapprocher. Ils sont une dizaine et n'ont sans doute jamais vu un pareil spectacle. Moi non plus. Pendant que nous avançons au ralenti, un mâle, nonchalamment, daigne se lever. L'auto s'arrête à dix mètres. Je le foudroie d'un coup de carabine, puis un second et un troisième ; les autres se décident enfin à disparaître. Ces chiens s'appellent des « cyniènes ». Ils incarnent la terreur des prairies africaines. Ils vivent et s'implantent dans l'entourage d'une famille ou d'un troupeau d'antilopes, qu'ils ne quittent que lorsqu'ils les ont décimées ; puis ils recommencent leur extermination ailleurs. La conservation de la faune gagne à ce qu'on les détruise quand on le peut. Du haut de la voiture, je regarde le pelage tacheté des trois cyniènes étendus, immobiles. Leurs mâchoires aux dents plus tranchantes qu'une lame de rasoir, sont paraît-il, plus terribles que celles des hyènes, lesquelles, au reste, à la différence des chiens, sont couardes et chassent la nuit, tandis qu'eux, en meute, égorgent en plein jour. Je souhaite conserver une de ces mâchoires afin de l'examiner à loisir. Comme il nous faudra revenir par le même chemin, nous décidons d'attendre le retour pour couper leurs têtes.

Mais deux heures plus tard, au retour, il ne reste parmi les herbes qu'un peu de sang séché et quelques poils... Manda m'explique que c'est fréquent. Les cyniènes sont tellement féroces et gloutons qu'ils se dévorent entre eux. Nous aurions dû prendre aussitôt après leur mort les mâchoires convoitées.

Le soir même nous décidâmes de retourner le lendemain au même endroit, pour retrouver ces lions dont nous avions pu discerner de nombreuses traces.

Au lever du jour, nous abandonnons la Chevrolet à l'endroit précis où la piste coupe des traces de la veille. Nous continuons à pied, Manda en tête, H.C. et moi ensuite, puis les deux porteurs de carabines et deux jeunes Noirs avec des bidons d'eau sur l'épaule. L'air est frais, la marche facile. Nous ne sommes pas à bon vent. Un troupeau de bubales détale devant nous, laissant un mince nuage de poussière. Nous marchons longtemps ; le soleil arrive au zénith. Cette fois, il fait chaud. Nous devons être à trois heures de marche de la Chevrolet. Une halte est décidée sous un arbre à pain [1] où il n'y a ni fourmis ni moustiques. Nous mangeons nos sandwiches. Après la sieste, à l'heure où le soleil décline, nous rentrerons en faisant un détour par un autre chemin.

A cinq heures de l'après-midi, nous rencontrons des traces fraîches du matin ; le sol est encore humide de l'urine d'un lion. Cette fois, cela paraît sérieux. Le terrain est sableux, d'épais buissons d'épineux se succèdent. Nous sommes à bon vent. A cet instant, je ne savais pas que bien plus tard, en écrivant ces lignes, je reverrais le spectacle inoubliable et saisissant des minutes qui vont suivre... Nous marchons en ligne. H.C. est à cent mètres à ma gauche avec Manda. Je suis légèrement en arrière, et mon petit porteur d'eau – il doit avoir douze ans – est à la traîne à quarante mètres de moi. Soudain sur ma gauche, dérangés par H.C. et Manda, deux lions déboulent au galop et prennent ma direction. Ils sont à huit ou dix mètres l'un

1. Arbre qui produit des fruits semblables à de petits pains.

derrière l'autre. Ils me voient, bifurquent et se dirigent vers le petit porteur d'eau qui lui, immanquablement, va se trouver sur leur passage. Je lève mon Holland Holland, un express à deux coups ; je prends le premier dans ma ligne de mire, tire. Je le vois basculer. Vite, je vise le second, presse la deuxième détente. Il culbute à son tour alors que du coin de l'œil je discerne encore le premier qui boule. Le tout n'a duré que quelques secondes.

Les deux lions, frappés dans leur galop au même endroit, ne bougent plus. Ils sont étendus à quelques mètres l'un de l'autre, tout près de mon petit porteur d'eau, qui a tout vu, tout entendu, mais ne semble pas avoir senti le danger. Il se montre calme, souriant, amusé même, la gourde toujours accrochée à l'épaule.

Les jours suivants, je fis encore plusieurs sorties au lever du jour, revenant tard le soir. Je tirai peu, quoique rencontrant de nombreux animaux, la plupart très peu méfiants. Seul, un matin, la carabine sur l'épaule, je vis un kob de Buffon mâle sur ma gauche, à quarante mètres, immobile, les yeux rivés sur moi. Je fis semblant de ne pas l'apercevoir, continuant à une allure régulière sans geste ni bruit. Après l'avoir dépassé, je me retournai légèrement : il flairait le sol, cherchant à identifier ce bipède inconnu de lui. Il me suivit un court moment, avant de disparaître... Trop beau, trop confiant pour que je me décide à le tirer. Ce séjour me réservait d'autres moments magnifiques : troupeaux de buffles exinoqualis contemplés assis à bon vent sur le haut d'une termitière ; bubales, antilopes, éléphants, surpris dans leur vie sauvage... Rien de tout cela cependant ne me fera oublier un spectacle contemplé au Kenya, à l'époque heureuse où on pouvait encore y chasser. A l'heure où l'horizon se colore des teintes admirables du soleil couchant, j'observais les troupeaux d'antilopes au moment où ils se lèvent et paissent après la grande chaleur. Soudain, je vis les têtes se dresser, la peur et l'inquiétude s'étaler et se répandre dans la plaine, comme si un signe mystérieux les avertissait d'un péril. A la jumelle, cherchant l'origine de ce mouvement soudain, je découvris une famille de lions : le père, la mère, deux autres adultes, quatre lionceaux qui, après s'être étirés dans des bâillements, se préparaient à la chasse, lionne en tête. J'observai, me rapprochant le plus possible, leur comportement, leur démarche lente, souple et mesurée. Quel théâtre peut offrir de pareilles émotions ? Quel ballet d'opéra peut être mieux réglé, avec la mort en fin de course ? Un vieux gnou, surpris et rejoint en quelques foulées, roula au sol sous l'attaque de la lionne, tandis que le reste de la famille venait vite la retrouver. J'ai frissonné devant cette cruauté inscrite au livre de la brousse.

Elle est morte pour avoir eu peur de moi.

Seul, un clair matin, j'ai quitté tous mes amis, pour admirer la beauté d'un paysage ensoleillé que je pensais ne plus jamais revoir.

Humant l'air tiède qui montait de la terre, serein, je me sentais léger, amoureux, prêt à caresser l'aventure devant une nature abondante et riche.

Mes pas marquaient à peine le sable d'un petit sentier. Il laissait deviner en contrebas, à travers une végétation luxuriante, une rivière aux larges bancs de sable.

« Elle », elle devait être à moitié assoupie pour profiter mollement du soleil et somnoler avant de prendre un bain dans la rivière. Malgré le peu de bruit d'une marche silencieuse, elle m'entendit venir et stupidement eut peur. D'un bond souple et allongé, à dix mètres devant moi, elle franchit l'espace qui la séparait de l'eau pour s'y plonger.

Mais j'étais prêt...

L'aventure, je le savais, m'attendait ce matin-là. Un instinct curieux m'avait averti... De plus, j'avais deviné sa présence en voyant à même le sol la trace de ses pas.

Vite, je l'ai rejointe... J'ai entendu l'impact de ma balle lui fracasser les épaules. Après un prudent détour, je l'ai retrouvée, étendue sur un banc de sable. Elle était morte.

Si elle avait su dominer sa peur, elle m'aurait laissé passer pour me planter ses crocs dans ma nuque. Alors je n'aurais jamais pu écrire ces quelques lignes résumant l'aventure brutale d'un « homme » avec une « lionne ».

Maintenant, je reste plein de mélancolie... Elle était si belle... Pourquoi ne l'ai-je pas laissé vivre ? La réponse vient d'elle-même : sans doute parce qu'elle a eu peur de moi.

Sa peau souple à même le sol dans mon bureau me fait penser que si parfois la faune d'Afrique est cruelle, celle de Paris sait l'être aussi.

Après quelques jours de repos, je décidai, en accord avec Mac Clenaham, de revenir l'année suivante en avion, directement de Paris. Pour cela, il fallait un terrain d'aviation, et quelques bâtiments d'habitation. Les projets furent minutieusement discutés. Sur place, Mac se chargea de créer un emplacement pour atterrir. Je lui suggérai le lieu et la dimension, j'expliquai à l'aide de quelques croquis où et comment construire trois bâtiments pour notre logement. Je me chargerais de tout le reste, matériel de transport, de campement, ravitaillement, avions, etc, H.C. s'occupant des pisteurs sous la conduite de Manda.

Sur le chemin du retour, en repassant par Barouanza, le village de la troisième femme du chef, l'accueil fut aux antipodes de ce qu'il avait été. Personne ne semblait nous apercevoir. Nous étions devenus des ectoplasmes. Pas d'œufs, pas de poulets ni de légumes. On refusait même de répondre aux cuisiniers qui demandaient du bois pour le feu. Chamaulte vint me voir : « Nous avons, dit-il, apporté le déshonneur à tous ces gens en partant avec la femme du chef, et aussi le malheur : le fils du chef va mourir, d'un accident de chasse. » Aussitôt je rendis visite au blessé. Je le trouvai très fiévreux, couché dans une case qui empestait. Un fusil avait explosé entre ses mains au moment où il tirait un buffle. Je vis l'arme, un vieux calibre douze, à chien, dont le système de bascule, cassé, avait été remplacé par plusieurs cercles d'un solide fil de fer. Mais le canon n'avait résisté ni à la charge de poudre ni à la balle (en fait un boulon de rail de chemin de fer tronqué). Je demandai à voir la blessure. H.C. m'assista. La cuisse était entourée d'un linge maculé de sang. L'odeur était pestilentielle. Je revins avec une trousse médicale complète et une lampe électrique, donnai au blessé deux cachets de Phénergan, puis examinai de plus près la déchirure. L'homme avait dû perdre beaucoup de sang, mais l'artère fémorale n'était pas touchée. Il fallait laver la plaie à l'odeur fétide, la désinfecter, la panser. Avec des gants de caoutchouc et des pinces orthopédiques, je retirai l'un après l'autre les éclats d'os. Une heure plus tard, la cuisse nettoyée était immobilisée dans une gouttière de fortune. J'installai pour la nuit un système de goutte à goutte au Daquin. Cependant, si nous l'abandonnions sur place, il mourrait faute de soins. Chamaulte décida de l'emmener à l'hôpital de Bangui. Nous y arrivâmes en brûlant l'étape, mais le médecin-chef refusa son admission pour raison administrative : il n'était pas de sa région... Il ne restait pas d'autre solution que celle, risquée, consistant à l'emmener avec nous au Cameroun, étendu sur un pick-up au-dessus des bagages. Ce que nous fîmes. A Douala, sur les instances de Chamaulte, il fut enfin admis sans discussion au service d'urgence de l'hôpital. Un an plus tard, il en sortait guéri.

Allez à Barouanza, parlez de Chamaulte, vous y serez bien reçu par le petit-fils du chef. Mais je ne sais pas si la troisième femme du chef sera encore là !

J'avais promis à Mac Clenaham de revenir à Birao ; je tins ma promesse. Ce second voyage fut l'occasion d'une superbe expédition en avion, via l'Egypte.

Nous partîmes de Nice [1] avec deux avions, un bimoteur « Anson » à sept places avec un professionnel aux commandes, dans lequel j'installai mes amis, et un petit « Auster » chargé exclusivement de matériel de rechange, que je pilotai pour le plaisir et seul, ne voulant être responsable que de moi-même.

Après escale à Ajaccio et traversée de la Méditerranée, nous survolâmes la Libye. Dans les sables du désert, on pouvait apercevoir les traces de la guerre de 1942 et des furieux assauts livrés par les Allemands pour atteindre Le Caire. Des milliers d'ornières d'engins blindés témoignaient des combats meurtriers où finalement avaient été vaincues les armées de Rommel ; les carcasses dispersées de tanks abandonnés, noircies par le feu, indiquaient par leur nombre les forces en présence dans cette dure bataille pour la conquête du Canal de Suez.

Au Caire, nous retrouvâmes Jacqueline, ma fille, avec Edouard de Ribes, en voyage de noces. Avec eux nous visitâmes les pyramides et le Sphinx. Puis ce fut Louqsor, la visite de la Vallée des Rois et la tombe de Toutankhamon, fraîchement découverte par Lord Carnavon.

Le lendemain, nos deux avions décollant ensemble, je perdis rapidement de vue l'Anson, plus rapide que mon Auster. A quinze cents mètres d'altitude, avec une visibilité parfaite, je décidai de suivre le Nil qui me mènerait directement à Khartoum.

1. Ladislas du Luart, Elliott du Luart, Robert Lalou, Alain de Solages, Olivier de la Moussaye.

Après deux heures de vol, au rythme monotone du ronronnement du moteur, je constate qu'il donne par instants des signes d'étouffement ; il tousse, hoquette et pour conclure, s'arrête.

Mon premier réflexe est de scruter avec attention le sol pour trouver un terrain d'atterrissage. Le Nil, encastré dans une vallée désertique parsemée de grosses roches rondes et noires sortant des sables, ressemble à un paysage lunaire et n'offre aucune possibilité pour se poser. Pour maintenir ma vitesse de sustentation en planant, je perds de la hauteur. Le moteur a dû s'arrêter faute d'être alimenté correctement. Pour y remédier, je tire la prise d'air à fond, injecte au moyen de la pompe du starter un peu d'essence dans le carburateur... mais je n'ai pas agi assez vite, et l'hélice ne tourne plus. Or ce genre d'appareil n'a pas de démarreur et se lance à la main.

Mes souvenirs d'Etampes me reviennent à l'esprit. Je rends la main, mets l'avion en piqué. Il prend de la vitesse, tandis que derrière moi j'entends un tintamarre inquiétant suivi d'un choc violent dans le dos de mon siège provenant du matériel mal arrimé. La vitesse s'accroît, le vent vient frapper avec de plus en plus de force l'hélice qui se remet à tourner, entraînant le moteur qui, brusquement, repart. Je respire. L'altimètre m'indique que j'ai perdu mille mètres. Je suis à cinq cents mètres au-dessus de la vallée du Nil.

Je suis sauvé, mais dès que j'accélère un peu le moteur, il s'étouffe à nouveau. Grâce à la prise d'air du carburateur toujours tirée à fond, j'arrive à Khartoum en perdant lentement de l'altitude. Au moment précis de prendre mon dernier virage pour me mettre face à la piste, le moteur s'arrête définitivement... juste à temps pour que je puisse encore me poser sur mon élan.

Un examen attentif livra la clé du mystère : un pompiste imbécile, à Louqsor, avait fait le plein d'essence en retournant le filtre de feutre de la station dans le mauvais sens, déversant ainsi dans le réservoir de l'Auster toutes les saletés qu'il contenait... En vol, le filtre du moteur s'était graduellement rempli et engorgé, obstruant progressivement l'arrivée d'essence. Le fait d'avoir tiré la prise d'air à fond avait augmenté la succion, permettant le passage d'une faible quantité de carburant.

A Khartoum, les autorités de l'aéroport ne m'autorisèrent pas à poursuivre jusqu'à Birao, faute d'avoir un équipement radio à bord. Nous gagnâmes Genina avec l'Anson, puis Birao en deux aller et retour, survolant des régions que les cartes disaient inconnues; l'Auster, lui, resta à Khartoum où je le repris pour le retour.

L'équipement radio de l'Anson nous permit de garder sans difficulté le cap sur Birao. Sur place, grâce à l'organisation Chamaulte, de lourds camions avaient déjà déchargé le matériel de campement, et le personnel avait rangé le ravitaillement. Les half-tracks de chasse, venus des USA, étaient aussi à pied d'œuvre. Mac me dit que le personnel nous attendait nez en l'air, regardant le ciel, depuis plus d'une semaine...

Ainsi, en plein cœur de l'Afrique, nous bénéficiions d'une installation parfaite, qui nous permettrait de vivre deux mois la vie simple et fruste de la nature. Rien n'avait été laissé au hasard. La ville la plus proche, Bangui, était à plus de mille deux cents kilomètres. Désormais la savane, la brousse, la forêt étaient à nous avec leurs beautés, leurs saveurs et aussi leurs pièges.

Je ne relaterai qu'un épisode de ce deuxième séjour. Après un mois de chasse, les indigènes du district vinrent signaler à l'administration qu'une bande de braconniers, venus à cheval du Soudan anglo-égyptien, patrouillait dans une réserve proche, à la recherche des éléphants pour leur ivoire. Les cavaliers, disait-on, n'avaient peur de rien; on les disait même dangereux. Ils pouvaient être des Krechs, une tribu de hardis chasseurs. L'information était suffisante pour décider Mac Clenahan à prévoir une expédition de contrôle. Il nous demanda, pour plus d'efficacité, de l'accompagner dans sa mission.

L'aventure nous paraissait pleine d'attraits; ces hommes pratiquaient une forme de chasse dont j'ignorais l'existence, s'attaquant aux éléphants à cheval et à la lance.

Huit jours se passèrent dans la forêt clairière, sans apercevoir de fumée ni trouver de feu éteint. Le long des rivières, autour des points d'eau, aucunes traces ni empreintes humaines; autant chercher une aiguille dans une meule de foin, avec les cent cinquante mille hectares que comportait la réserve... Jour après jour, déplaçant notre camp et sans jamais tirer le gibier qui se présentait au bout de notre cran de mire pour éviter de donner l'alarme, nous parcourions le pays, accompagnés de gardes indigènes.

Les instructions reçues étaient formelles : il fallait se saisir de ces braconniers, découvrir leur provenance, et faire cesser rapidement les méfaits de ces hommes étrangers au pays et en contravention avec les règlements interdisant la chasse dans une réserve.

Un matin, ayant quitté le camp à la pointe de l'aube avec un pisteur, je tombai près d'un point d'eau sur les larges empreintes toutes fraîches d'un superbe éléphant mâle. Le sable était encore mouillé, l'eau n'avait pas encore eu le temps de sécher ; il devait avoir moins d'une demi-heure d'avance sur moi. Les défenses de cet animal devaient être longues, pour rayer en passant le haut des petites termitières particulièrement basses qui jalonnaient son passage.

Ayant exceptionnellement le droit de tirer dans la réserve, je décidai de le suivre, pensant bien le rattraper au moment où il s'arrêterait, à l'heure de la grosse chaleur. A midi, sous un soleil cruel, n'ayant plus rien à boire, ayant marché sans arrêt plus de six heures, je fis une halte. Les traces étaient de moins en moins fraîches : l'éléphant semblait gagner du terrain. Mais il fallait qu'il fût inquiet pour se déplacer si vite sans jamais marquer une pause. Provisoirement, je renonçai à le suivre et m'étendis à même le sol tandis que le pisteur, qui connaissait un point d'eau peu éloigné, se proposait d'aller remplir nos deux gourdes vides. Je restai seul, allongé dans un demi-sommeil à l'ombre d'un grand arbre, songeant à la distance à parcourir pour regagner le campement qui devait être à plus de vingt kilomètres...

Un cliquetis métallique, les bruits de sabots de chevaux en marche me réveillèrent. En ouvrant les yeux, je vis avec stupéfaction une équipe de cavaliers tous habillés de noir, sauf un, vêtu de blanc, venant droit sur moi. C'étaient les braconniers krechs.

Leur stupéfaction en me voyant me lever fut encore plus grande que la mienne. Tenant mon Express à la main, je leur fis signe de s'arrêter. Un cri guttural, poussé par un grand diable dont je vois encore les traits, me répondit. Saisissant son fouet, il en frappa durement sa monture en la faisant pivoter dans une brusque volte-face, et partit au galop avec toute la troupe derrière lui.

Que faire ? Ils étaient tous à cheval et notre expédition n'en comportait pas. Ils allaient sûrement disparaître, ou revenir en force, peut-être m'entourer alors que j'étais seul. Il fallait agir vite pourtant, sinon ils allaient s'échapper. Avec calme, je visai à trente mètres devant moi la croupe d'un cheval qui s'éloignait au galop, et pressai la détente. L'animal fit une superbe culbute, entraînant le cavalier dans sa chute. Le reste de la troupe disparut. En réarmant, je m'approchai avec précaution. Le cheval était bien mort : la balle l'avait traversé de part en part. Je retirai lances et couteaux du cavalier étourdi, coupai les sangles de la selle afin de dégager une de ses jambes, prises sous le cheval.

Le soir, il était au camp. En présence de l'interprète, il commença par refuser de parler. Puis, au bout de quelques jours, nous voyant vivre, sachant que nous chassions, il se mit à raconter ses exploits en invoquant fréquemment le nom d'Allah ; grâce à l'interprète, la chasse à l'éléphant à cheval et à la lance n'eut bientôt plus de secret pour nous. Il nous disait que dans son pays, on ne devenait un homme que lorsqu'on avait enfoncé sa lance au galop dans le cœur d'un grand pachyderme, ce qui n'était pas sans risques. Je comprenais et j'admirais ! Pleinement convaincu de la beauté de ce genre d'audace, jointe à l'habileté qu'exige un tel sport, je décidai de monter une expédition similaire l'année suivante, avec tous les membres de sa tribu qui procurerait les montures ; je me chargeai de l'autorisation du chef de district. Les braconniers durent payer l'amende pour avoir violé nos règlements ; mais ils s'engageaient par écrit à ne plus pratiquer leur sport qu'avec l'accord de l'administration française, et avec moi. Nous allions devenir ainsi des compagnons de sport associés dans une belle aventure de chasse. J'emporterai en souvenir les fers de lance pris sur le cavalier. Ils sont à Diebolsheim.

En les quittant, je promis de revenir l'année suivante chasser avec leurs chevaux, en amenant deux grands cavaliers : Roland de Maillé et Jean d'Orgeix... A nous trois, il y aurait du sport !

La vie en décida autrement. Les contraintes professionnelles, les préoccupations de Paule qui craignait de rester seule dans une Europe politiquement inquiète, avec l'armée russe à deux cent dix-sept kilomètres de la frontière du Rhin, m'obligèrent à remettre ce projet sine die. Et je n'ai jamais pu le reprendre. Une aventure perdue qui demeure un des regrets de ma vie sportive.

En décembre 1952, j'étais en Haute-Volta en vue d'examiner la possibilité de faire campagne pour décrocher dans ce pays le siège de sénateur des « Français à l'étranger ».

Le gouverneur de l'A.O.F., M. Bréchart, cherchait activement un candidat susceptible de battre le sénateur en place, M. Rucart.

L'avion du gouverneur général me déposa à Ouagadougou.

Je devais avec habileté, pendant un mois, tâter le terrain, tout en donnant l'impression d'être venu uniquement pour chasser. Il était nécessaire pour moi, avant d'envisager de poser ma candidature, de rencontrer les notabilités locales, humer l'atmosphère, rendre visite aux grands électeurs, savoir si un éventuel candidat aurait quelque chance de battre le sénateur soumis à réélection. En plus, pour ne pas éveiller l'attention en arrivant dans le pays et garder une apparence anodine et sportive, mon ami Solages m'accompagnait.

Dans mes conversations, je me suis très vite aperçu que le sénateur était bien considéré. Il avait des amis fidèles, tandis que le gouverneur général était critiqué.

Sentant l'opération probablement vouée à l'échec, mais pour garder intactes les apparences, je décidai de partir réellement à la chasse.

En quinze jours, aidé par les indications de l'administration locale, nous avons parcouru à pied de longs, chauds et nombreux kilomètres, ne rencontrant que peu d'animaux. Un jour cependant, à la poursuite d'un troupeau d'éléphants dans lequel se trouvait un beau mâle n'ayant qu'une seule – mais superbe – défense, j'ai pénétré dans une épaisse galerie forestière où l'on ne voyait pas à deux mètres devant soi. L'approche en elle-même était passionnante mais extrêmement dangereuse ; j'en avais pleinement conscience et j'étais sur mes gardes.

Soudain, dans ma lente et silencieuse progression au travers de cette dense végétation, un vent léger, tourbillonnant, apporta mon odeur aux éléphants. La forêt autour de moi se mit alors à éclater de toutes parts. Devant, derrière, les branches se rompaient, se déchiraient avec un bruit fracassant, me laissant penser, pendant quelques minutes qui me parurent longues, que j'allais me faire écharper ou stupidement écraser. Sans le savoir, je m'étais introduit au centre d'un troupeau d'éléphants qui, contrairement à leurs habitudes, ne faisaient aucun bruit ; ils devaient être inquiets. J'ai laissé passer la charge de la débandade, immobile, accoté contre un gros arbre, la carabine levée, prêt à tirer s'il le fallait, mais je n'ai vu que quelques lianes remuer et entendu le souffle bruyant des bêtes apeurées.

Le bruit s'étant éloigné, prudemment j'ai cherché une brèche, puis trouvé une petite piste qui, prise en courant, m'a permis de sortir de la galerie forestière ayant encore l'espoir de voir sortir les animaux de la forêt. J'ai pu effectivement apercevoir de loin un troupeau composé d'une trentaine d'éléphants s'éloigner dans la savane à rapides enjambées, raclant le sol et soulevant dans leur marche éperdue une légère poussière.

Le beau mâle à la défense unique était en queue de troupeau. Il a tourné la tête à plusieurs reprises, mais la distance était trop grande pour me permettre de le tirer. On dit que les éléphants ne voient rien, qu'ils ne font que sentir ; or celui-là, ce jour-là, voulait me voir, j'en suis certain... et il m'a fort bien vu.

Quelques jours plus tard, j'en rencontrai un autre. Ses défenses sont en Alsace. En quinze jours, ce fut notre seul et unique coup de carabine.

Le temps passait et nous étions fatigués. Il fallait rentrer.

Un grand village avec une case de passage accueillante nous reçut avec de nombreuses manifestations d'amitié de la part de toute la population.

En déballant nos cantines après quinze jours de brousse, Solages laissa échapper avec un sourire : « Les femmes sont belles dans cette région d'Afrique. » En les regardant passer tandis qu'il dressait le couvert, il ajouta : « On pourrait peut-être en inviter une ou deux pour dîner à notre table ce soir. »

Je ne savais que répondre. J'ignorais les coutumes, la langue du pays et la façon dont il était seyant, dans cette partie du monde, de lancer une invitation à dîner. Il fallait de toute évidence se renseigner. L'interprète vint à mon secours et dit : « Tu demandes audience au chef du village. »

Et j'ai demandé audience.

Un vieillard aux cheveux blancs me reçut avec un certain cérémonial, assis dans un large fauteuil, perché sur une estrade, tandis qu'à ses pieds, accroupi à même le sol, un interprète répondait à mes questions.

J'appris avec étonnement que dans le village, toutes les femmes étaient mariées. Il n'y avait ni veuves ni jeunes filles. Les veuves devenaient, aussitôt leur mari mort, la femme du frère, du fils, de l'oncle, du cousin ou du grand-père. Quant aux jeunes filles, elles étaient mariées dès l'âge de six ans.

Ainsi, toutes les dames avaient un mari. Il regrettait de ne pouvoir nous en indiquer une qui fût libre pour partager notre dîner. Après force manifestations d'amitié et salutations, nous nous sommes séparés en laissant, comme il convient en pareil cas, des colliers de couleurs vives.

Devant la case, face à la table dressée avec deux couverts, Solages paraissait déçu.

J'ai cru bon de lui dire : « Laisse-moi faire... On va faire comme à Paris. »

Je lui ai demandé de rajouter deux autres couverts et d'allumer nos dernières bougies. Ainsi, en cas d'éventualité, nous pouvions être quatre à table. Puis en souriant nous avons généreusement distribué colliers et tissus. Ces petits cadeaux firent merveille. Au moment de nous mettre à table, nos bougies vacillant dans la brise du soir, notre bonne humeur aidant, nous avions fini par rassembler autour de nous un joli cercle d'une dizaine de dames assises à même le sol qui nous regardaient en riant. D'abord intimidées, puis apprivoisées, très vite elles ont, avec leur curiosité coutumière, voulu goûter la viande, les compotes, les fromages et la confiture ou boire le vin en faisant la grimace. Toutes exhibaient des dents éclatantes, parfois des hanches souples serrées dans des boubous de couleur... et nous n'avons jamais vu les maris !

A la fin du dîner, parmi les rires, les colliers et les étoffes, il ne restait autour de nous qu'un aréopage particulièrement joyeux et bavard. Soudain, les dames se turent. Elles se mirent à écouter avec ravissement une musique de danse sortant de notre radio branchée sur un poste de France. Spontanément elles se mirent debout et tout naturellement elles prirent le rythme et dansèrent en nous donnant un instant l'impression que l'on était chez Régine ou chez Castel, un samedi soir à Paris.

CHAPITRE XXIV

Ngô Dinh Diêm, président du Viêt-nam – La Compagnie du Cambodge – Fête aux temples d'Angkor – Explorations en hélicoptère dans le Nord-Cambodge – Affût au tigre – Survol de la Chaîne des Eléphants – Temples mystérieux – Le prince Sihanouk

Je n'avais pas perdu le contact avec l'Asie du Sud-Est, où l'existence de nos plantations m'occasionnait de fréquents séjours. Le destin tragique de cette région du monde m'a toujours particulièrement touché, parce que j'avais appris à l'aimer et à la connaître, et aussi parce que sur le terrain, au cours de mes voyages, j'ai eu maintes occasions de le voir s'annoncer ou se préfigurer.

Ainsi, en février 1963, durant un séjour à Saigon, j'eus avec le président de la République du Viêt-nam, Ngô Dinh Diêm, devenu chef d'Etat sept ans auparavant, après le référendum de 1955 déposant l'empereur Bao Daï, une conversation dont le souvenir, aujourd'hui encore, me laisse rêveur. Ce jour-là, Diêm m'avait appelé au téléphone, me proposant, si j'étais libre, de venir bavarder avec lui le soir même, et de dîner tête à tête avec lui ; j'acceptai l'invitation.

Durant une partie de la soirée, il m'entretint des multiples soucis que lui causaient bouddhistes et kaodaïstes (lui-même était catholique), ainsi que les opposants à sa politique. Puis il en vint au sujet qui, je suppose, m'avait valu d'être invité : il désirait disposer d'une chasse présidentielle, afin de pouvoir inviter à l'occasion les hautes personnalités lui rendant visite, et comptait sur moi, en fait, pour l'aider à mettre au point ce projet.

Un peu surpris, mais soucieux de lui être agréable, je lui indiquai différentes possibilités permettant de résoudre ce petit problème qui, en dépit des circonstances, semblait tant lui tenir à cœur. Je fus encore plus étonné lorsqu'il voulut connaître aussi les nouvelles armes de chasse qu'il souhaitait se procurer pour être à même de les prêter à ses invités ; néanmoins, je lui indiquai mes préférences, ajoutant que je serais heureux de lui faire parvenir une partie de ces armes d'Amérique, où je devais me rendre en quittant le Viêt-nam ; pour les autres, je promis de passer une commande chez Holland & Holland, en Angleterre, dès mon retour en Europe.

En septembre suivant, ayant reçu livraison depuis les USA, il m'écrivit pour me remercier. Il n'avait guère le temps, précisait-il, de profiter d'aussi belles armes... [1].

De mon côté, à mon retour en France, j'avais comme promis commandé une paire d'Express chez Holland & Holland.

Deux mois après avoir reçu sa lettre, j'appris par les journaux que Diêm et son frère Ngô Dinh Nhu avaient été assassinés, au palais du gouvernement, lors d'un coup d'Etat, et qu'on avait trouvé dans ses appartements des caisses d'armes non encore ouvertes en provenance des USA... Holland & Holland voulut bien accepter d'annuler ma commande. Quant à moi, je reverrai longtemps ce brave homme, inconscient de la tourmente qui non seulement devait le mener à son assassinat, mais allait aussi, s'abattant sur son pays, balayer une civilisation en transformant Saigon en Hô Chi Minh Ville, en avril 1975.

De tous les pays où j'ai travaillé, le Cambodge demeure sans conteste, pour moi, celui qui avait le plus de charmes, d'attraits, de possibilités, avec une population aimable, souriante, aux relations faciles et amicales, et une terre si fertile qu'il suffit de creuser un trou dans le sol, prétend un vieux dicton khmer, et de le remplir d'eau, pour qu'aussitôt on puisse y pêcher des poissons.

En prenant la présidence de la Compagnie du Cambodge en mai 1957, j'avais trouvé une équipe solide, dotée d'excellents éléments triés sur le volet, due à mon vigilant prédécesseur Philippe Langlois-Berthelot. Les directeurs de plantations successifs avaient tous été les chevilles ouvrières de nos succès. La révolution des Khmers rouges,

1. Voir annexe 7.

en nous contraignant à quitter le pays, nous a fait laisser derrière nous une des plus grandes plantations du monde d'un seul tenant. Plus de mille kilomètres de pistes en desservaient l'étendue ; des usines modernes fournissaient le quart de la production du pays. Après notre départ, la prospérité fit place au pillage, tandis qu'à la douceur de vivre de tout un peuple succédaient la haine, l'angoisse et la peur. Ce brutal changement anéantissait en peu de temps le travail de plusieurs générations et causa la mort de quelques-uns d'entre nous. Dans ce désastre de l'intelligence, l'Occident a sa part de responsabilité, la France aussi, pour n'avoir pas clairement défini une politique d'ensemble destinée à défendre les populations qui nous faisaient confiance, tout en protégeant nos intérêts et nos biens.

Avant ces événements, pendant de longues années, j'avais consacré une partie de mon énergie et ma volonté à parachever le travail sans faille de mes prédécesseurs à Chup – ainsi s'appelait ce magnifique ensemble de plantations, dont la renommée parmi les planteurs s'étendait dans tout le Sud-Est asiatique. Dès mon accession à la présidence de la société, je voulus donner une nouvelle impulsion à nos exploitations en augmentant progressivement nos possibilités de production. A cet effet, chaque année, pendant huit ans environ, mille hectares de surfaces nouvelles furent plantés, prenant la place de la grande forêt tropicale abattue sans relâche, ce qui était un travail de titans en regard de nos capacités.

A Chup, nous formions une grande famille. Parfois, certains se plaignaient du climat, à la saison chaude, regrettant les facilités de la ville ; mais en définitive les brillants résultats de la Compagnie étaient le fruit du travail de tous, au sein d'une communauté dont chacun était fier. Tous les ans, lors de ma tournée d'inspection, je réunissais l'ensemble de la « famille » autour d'un grand déjeuner sportif pris autour de la piscine. Pour apporter une note de bonne humeur, j'avais inventé la « cérémonie annuelle du tour de taille », qui consistait à mesurer à l'aide d'un mètre souple l'embonpoint de tous les messieurs ; « Seuls les bons coqs restent maigres », soulignait-on devant les dames. Sur la porte principale donnant accès aux cabines, on pouvait lire, écrit à l'encre à même la peinture, en face du nom de chacun, le nombre de centimètres de son tour de taille. En acquérir plus de deux ou trois d'une année sur l'autre donnait lieu à force commentaires d'autant plus joyeux que la mission de prendre les mesures était dévolue aux deux plus jolies femmes de la plantation. A travers ce genre de manifestations qui ne manquaient ni de drôlerie ni d'intérêt psychologique, je cherchais avant tout, en ayant l'air de veiller à une certaine discipline du corps, à créer des rapports agréables et détendus entre tous, spécialement et surtout en dehors des heures de travail.

En 1956, j'estimai nécessaire d'apporter un renouveau dans nos relations avec les dirigeants du pays, en particulier le roi et la reine. Le roi avec qui j'avais des relations très cordiales, avait fait en sorte que son gouvernement nous donne certaines facilités pour la vente de notre production ; nous lui en étions redevables, et cette reconnaissance nous incitait de temps à autre à prendre quelque intérêt dans les entreprises charitables de la Couronne.

Georges Losson, notre directeur général, ayant des rapports fréquents avec le gouvernement, en accord avec moi, proposa à Sa Majesté – qui n'avait jamais encore visité une plantation de caoutchouc – de venir à Chup avec la reine. Ils devaient à cette occasion recevoir l'hommage de la population des travailleurs, et déjeuner solennellement dans la maison du directeur général, déplacement exceptionnel qui fut favorablement accueilli par la presse locale. Ce jour-là, le prince Monireth, frère de la reine, circulant parmi les blocs d'hévéas, se pencha vers moi et me dit à voix basse : « Tout cela est très beau parce que c'est vous, les Français, qui le gérez... Si mes compatriotes en avaient la responsabilité, avant dix ans, tout ce bel ensemble serait à nouveau envahi par la forêt vierge. » Je souris à cette boutade, me disant à part moi qu'il n'avait peut-être pas tout à fait tort.

Le roi était enchanté de sa visite ; nous saisîmes l'occasion pour lui proposer de tenter une nouvelle expérience, s'il était d'accord : créer des plantations non plus de caoutchouc mais de café, dont la production serait largement suffisante pour subvenir à la consommation de son pays. L'offre lui paraissant attrayante, nous la mîmes aussitôt à l'étude. Quelque temps plus tard, reçu au palais à l'occasion d'un grand dîner suivi d'un ballet avec les danseuses royales, je suggérai à Sa Majesté une nouvelle idée destinée à séduire les touristes qui se rendaient à Angkor : il s'agissait de créer pour les temples un « son et lumière » nocturne, spectacle inédit dans cet endroit prestigieux.

Grâce à l'ingéniosité de Losson, avec des moyens de fortune, en ayant recours à tous les groupes électrogènes disponibles du pays, quémandés à droite ou à gauche (certains même provenaient des Travaux Publics), nous donnâmes sur le parvis d'Angkor la plus belle féerie dont on puisse rêver, idée reprise, plus tard, par le prince Sihanouk. Henri Dewavrin et Martine, Christian de Fels et Jacqueline son épouse, étaient là, ainsi que Raoul Malard et sa femme, auxquels s'étaient joints d'autres amis du pays, dont May Gilis, une jolie hôtesse d'UTA. Une table de quatorze couverts avait été dressée devant les marches du temple. Plus de deux cents porteurs de torches de résine, sur deux cents mètres de long, formaient une large haie de lumière vacillante, tandis que les temples, dans toute leur magistrale splendeur, sortaient de la nuit dans une fabuleuse vision. Une dizaine d'éléphants avec leurs cornacs faisaient office de service d'ordre pour contenir une foule de plusieurs milliers d'individus venus voir le ballet des danseuses royales, chamarrées d'or et de pierreries, mises spécialement à ma disposition par le palais. Losson avait bien fait les choses, le roi aussi. Grâce à eux, nous avions mis sur pied une éblouissante représentation que personne peut-être ne reverra plus jamais.

La création de plantations de café se révéla autrement plus difficile, et causa même la mort d'un de nos assistants. Suite aux études approfondies des sols, l'emplacement choisi fut celui de Païlin, centre d'extraction de pierres précieuses, où très rapidement les premiers travaux de défrichement furent entrepris sur une large échelle.

Trois ans plus tard, pour manifester notre attachement à la Couronne, je décidai avec la direction générale de monter une expédition pour déterminer, dans les régions inhabitées et pratiquement inconnues du nord du Cambodge, les possibilités de créer de nouvelles cultures. A cette époque, pour pallier les difficultés de transport et raccourcir la durée des déplacements entre Chup et Phnom Penh – et aussi pour améliorer la sécurité, les routes n'étant pas toujours sans danger –, la Compagnie avait constitué une flottille de trois petits avions Beechcraft américains, dont un pilote et un mécanicien assuraient la maintenance. Un très beau terrain d'atterrissage avait été aménagé en bordure de plantation. Un de ces avions nous faciliterait l'accès à la région de Païlin, mais il convenait d'abord d'y ouvrir une piste pour se poser, et de s'assurer du service d'un hélicoptère pour rayonner et couvrir visuellement ces vastes régions ignorées des cartes topographiques.

Au bout d'un an, nous étions prêts, et éprouvions une grande excitation devant les inconnues de cette entreprise, dont le bien-fondé restait à prouver. L'aventure était périlleuse, des dangers graves pouvaient surgir, notamment du fait de l'absence de tout moyen de communications autres que les liaisons radio. L'hélicoptère, choisi à Paris par mes soins, avait été livré en caisse, par bateau, à Sihanouk Ville. Son pilote et un mécanicien avaient fait le trajet, pour être à même de remonter l'appareil et de le piloter un mois avant mon arrivée.

Entre-temps, nous avions modifié le programme primitif. Losson voulait profiter du dispositif créé non seulement pour étudier la région de Païlin, mais aussi pour franchir en hélicoptère la Chaîne des Eléphants et boucler le circuit en longeant, au retour, la côte du golfe du Siam. Son idée était de rechercher des zones convenant aux plantations de cocotiers, qui étaient d'un très bon rapport dans certaines régions côtières et diversifieraient nos activités agricoles. Franchir en hélicoptère la Chaîne des Eléphants, avec ses hauts sommets et ses impénétrables forêts vierges, était un exploit que nul n'avait jusqu'alors réalisé. Nos sources d'information sur ces régions étaient imprécises. Nous prenions des risques. Mais j'avais confiance en Losson, solide, intelligent, organisé, entouré d'amis qualifiés. C'était un chef. Et puis notre tempérament, le goût de l'aventure, les possibilités offertes nous stimulaient dans cette tâche qui, espérions-nous, procurerait du travail à la population tout en étant pour la Compagnie source de bénéfices.

Sachant que nous allions très probablement trouver des régions giboyeuses, Losson avait enfin jugé judicieux de nous adjoindre Bartoli, un chasseur professionnel que je connaissais bien. J'apportai mes armes et mes munitions.

Avant de quitter Phnom Penh, je demandai à Leurs Majestés si elles seraient intéressées par le survol de leur ville en hélicoptère. La réponse fut négative. Je vins tout de même les saluer à bord de l'appareil et vis, en me penchant du haut de mon siège, leurs mains s'agiter tandis que le vent des pales du rotor faisait fuir les jardiniers du palais. J'ai su plus tard que la reine, nous voyant arrêtés, immobiles, en station au-dessus des jardins, avait tout compte fait regretté de ne pas avoir tenté l'expérience. Cette femme était belle malgré son âge, souriante, pleine de bon sens, avec un visage rayonnant de bonté. J'éprouvais toujours en la voyant et en lui parlant un plaisir extrême, sans pouvoir bien me l'expliquer. Un jour, j'eus envie de lui offrir un bijou, bien qu'elle n'en portât guère sinon de larges bracelets khmers en or. J'en dessinai un, pour elle, représentant son drapeau national flottant au vent. Exécuté en clip par Cartier, il était composé de petits saphirs, diamants et rubis. J'ai su que ce souvenir de la Compagnie lui avait plu. Elle le mettait certains jours de réception. Je me suis demandé depuis avec nostalgie ce qu'il en était advenu dans la tourmente...

Après le décollage de Phnom Penh en Beechcraft, nous fûmes à Païlin dès huit heures du matin, et à neuf heures sur la plantation.

Celle-ci me déçut. En circulant parmi les différentes variétés de caféiers, je m'aperçus que notre ingénieur agronome avait intercalé des citronniers et des orangers, espérant ainsi pouvoir couvrir les besoins du Cambodge au moyen de ces deux cultures. Mais après inspection, je me rendis compte que ce n'était qu'une vue de l'esprit. Les caféiers étaient chétifs, les agrumes malades. Il faudrait trouver très vite des solutions pour remédier à un état de fait indigne de nous.

L'inspection fut de courte durée. L'hélicoptère était parti depuis quarante-huit heures vers le nord et nous devions le rejoindre en Beechcraft. Après deux heures de vol, nous nous posâmes doucement, en pleine brousse, sans heurts, sur un terrain de fortune admirablement dégagé et aplani. L'hélicoptère nous attendait. En bord de piste, une large cabane en feuillage et bambous servirait de base de rayonnement et d'exploration. J'étais frappé de la perfection des dispositions prises. L'équipe Losson, composée d'un petit nombre d'hommes, était sur place depuis deux mois avec tout le ravitaillement nécessaire ; le soir même enfin, un affût au tigre était prévu sur un cerf tué la veille par notre chasseur professionnel.

Nous étions dans une région de terres salées, celles où les grands bovidés paissent volontiers, en raison du sel qu'ils peuvent lécher par endroits à même le sol. Notre camp était installé au bord de la rivière. Dans un sable friable j'aperçus des traces fraîches prouvant que des bœufs sauvages, des buffles, des cervidés venaient y boire. Bartoli, notre chasseur, me montra du doigt quelques plumes gris-bleu disséminées sur le sable, et m'expliqua comment un tigre s'y prend pour manger un pigeon. Arrêtés tous les deux sur le haut d'une berge à hautes herbes dominant de deux mètres une large flaque d'eau claire, il me désigne l'endroit où les tigres couchés attendent, immobiles, les oiseaux qui viennent se désaltérer. Lorsque le pigeon, pour boire, a les pattes dans l'eau, d'un bond preste et souple, le fauve lui tombe dessus comme un chat sur un moineau avant qu'il n'ait le temps de réagir. Bartoli fait quelques mètres sur la berge. De sa main il m'indique dans le sol les traces caractéristiques du démarrage d'un carnassier et, plus bas, près de l'eau, dans le sable, l'empreinte des grosses pattes avec leurs griffes, à côté de quelques plumes éparpillées.

Bartoli regarde ensuite sa montre. L'heure de gagner l'affût est arrivée. Il m'entraîne de son pas silencieux vers un arbre où, dans les branches, à quatre mètres du sol, un siège a été grossièrement construit, entouré de branchages. Pour m'y asseoir, il me faut grimper par une échelle rudimentaire. A voix basse, il me confirme qu'il reviendra à la nuit avec une lampe électrique, à moins qu'en m'entendant tirer dans le silence du crépuscule, il ne vienne, ajoute-t-il avec un large sourire, me chercher avec du renfort pour emporter un beau tigre mort.

Pendant plus d'une heure, je reste immobile malgré quelques moustiques et la rusticité du siège qui me râpe l'arrière-train. Je vois s'approcher tout doucement un varan, sorte d'énorme lézard. Il doit avoir un mètre cinquante de long. Il tourne lentement autour du cerf. Continuellement aux aguets, il renifle, mordille, suce, déchire la viande de l'appât qui commence à sentir. Je le regarde faire avec son drôle d'air préhistorique et sa gueule étrange. Un moment j'ai envie de lui loger une balle dans la tête... mais il est trop laid, trop repoussant. Je préfère réserver ma balle pour un noble tigre.

Hélas, le noble tigre ne vint pas. A la nuit, avec Bartoli, je regagnai le camp. Et je m'endormis en songeant que j'avais pris mon bain le matin à Phnom Penh, déjeuné à Païlin après une inspection rapide, pour me retrouver le soir après une chasse au tigre écoutant, étendu sur mon lit de camp, le grand silence envoûtant de la brousse interrompu de temps à autre par le cri aigu d'un oiseau de nuit...

Le lendemain, l'avion repartit. Nous restâmes seuls avec l'hélicoptère, son pilote et huit indigènes. Le Beechcraft devait dans quarante-huit heures nous rapporter courrier, vivres et nouvelles.

Carte topographique en main, Losson et moi partons pour notre première exploration en hélicoptère. Je contemple dans le lointain avec une excitation mêlée d'inquiétude les hauts contreforts de la Chaîne des Eléphants, sa forêt drue, dense et inviolée, que nous entreprendrons de franchir dans quelques jours. Pour le moment, à cent mètres d'altitude, nous survolons une zone de forêt clairière alternant avec des plaines herbeuses couleur jaune paille, coupée de galeries forestières vertes et denses. Le long d'une rivière, sur un banc de sable, à cinquante mètres d'altitude, je vois sur le côté droit de l'appareil un gros buffle noir, luisant sous le soleil. Voyant l'oiseau mystérieux et bruyant qui le survole, il se met à donner dans le vide, en l'air, de violents coups de cornes, comme pour manifester sa mauvaise humeur d'être dérangé. Pour le reste, cette première exploration ne révèle rien de marquant.

De retour au camp, Losson prend ma place dans l'affût au tigre, avec l'espoir qu'il viendra aujourd'hui. Il emporte deux armes, un fusil de chasse calibre 12, avec des cartouches à chevrotines, et un des mes 375 Holland. A la nuit, il revient dépité : il a tiré le tigre, mais avec le calibre 12, croyant avoir avec cette arme plus de chances de réussir qu'avec la 375. Erreur. Au coup de fusil, l'animal a bondi. Le lendemain matin, nous retrouvons quelques gouttes de sang séché sur l'herbe : le tigre a sûrement été touché. Je demande à voir les cartouches du calibre 12 ; les chevrotines sont d'une taille insuffisante pour être mortelles sur un animal de cette importance. Il peut être loin, et les traces de sang sont trop superficielles pour nous permettre de le suivre. Je juge alors plus prudent d'abandonner, pour éviter le risque de l'affronter dans les hautes herbes s'il est blessé. Losson est déçu ; moi aussi. Je me dis que ce tigre aurait mieux fait d'être à mon rendez-vous de la veille. Une balle dans le cou et il serait resté sur place... Du moins, je veux m'en persuader !

Au bout d'une semaine, nous transportâmes le camp à cinquante kilomètres au nord. L'exploration nous avait prouvé que si la région était très giboyeuse, les sols, en revanche, semblaient pauvres, sauf quelques galeries forestières. Mais l'ensemble ne pouvait convenir à l'agriculture.

Avec le nouveau camp, bâti rapidement par nos hommes transportés par la voie des airs, ce qui les enchantait, nous nous rapprochâmes de la zone des montagnes. A chaque sortie d'hélicoptère, je survole des bantengs, des coupreys, des buffles, et même un important troupeau de « romeang », appellation cambodgienne pour le cerf d'elf. Parfois, notre appareil, admirablement piloté, agit sur les animaux comme le ferait le chien d'un berger auprès de son troupeau de moutons. Je me dis qu'il doit être possible, de cette façon, de diriger un animal en brousse, mettant à profit l'habileté de notre pilote. Je décide de tenter l'expérience avec un banteng, bœuf sauvage bien encorné, au pelage beige clair, en enlevant la porte de l'appareil à côté de mon siège. Un matin, nous décollons. Je suis attaché très solidement, mais suffisamment à l'aise sur mon siège pour pouvoir pencher tout mon corps, s'il le faut, à l'extérieur de l'appareil afin de pouvoir épauler correctement ma 375 Holland. Nous survolons une maigre et sèche forêt clairière, coupée de temps à autre par des galeries verdoyantes. Il est six heures du matin. Le jour est très clair. Alors que nous sommes à vingt-cinq mètres d'altitude, un banteng se présente ; il est seul et broute tranquillement la paille sèche de la plaine. L'appareil descend à dix mètres au-dessus de lui. Aussitôt l'animal détale au triple galop, tandis que je me penche entièrement hors de l'appareil pour prendre ma ligne de mire. Mais le déplacement de l'hélicoptère et les vibrations des rotors me secouent au point qu'ils rendent le tir pratiquement impossible. Le bout de ma carabine oscille à droite et à gauche. Le pilote s'impatiente. Mon doigt ne lâche pas la gâchette, mais je ne rencontre toujours pas la cible, qui galope comme une gazelle. L'espace d'une seconde, je la trouve et tire. Aussitôt le coup parti, nous reprenons allégrement de la hauteur. Sous le choc de la balle qui semble l'avoir atteint à la jointure des épaules, le banteng a trébuché, et disparaît dans une galerie forestière où nous le perdons de vue.

Je suggère à Caron, le pilote, de me déposer dans la clairière, à l'endroit où le banteng a reçu ma balle, en espérant qu'avec sa maîtrise habituelle il va pouvoir une nouvelle fois jouer au chien de berger et rabattre l'animal, sûrement blessé, à bonne distance d'une termitière derrière laquelle je serai caché. Du doigt je lui indique l'endroit.

L'appareil se pose. J'en descends et vais à l'emplacement convenu. L'hélicoptère s'envole à nouveau. Je dois être à peu près à deux cents mètres de la galerie forestière. J'arme ma carabine et attends.

Le vent des rotors brasse l'air du côté opposé où l'animal s'est engagé dans la galerie ; soudain, le bœuf ressort en trottant, le nez au sol. Il souffle, manifestement blessé. Conduit par l'habile pilote, il va à faible allure passer à vingt mètres de moi. Une balle dans le cou, derrière la tête : il s'effondre. Je m'approche. Il est raide mort. La balle lui a fracassé la base du crâne.

Caron se pose, coupe son moteur et vient me rejoindre. Je le félicite chaleureusement. En regardant le corps, je constate que la première balle a bien frappé entre les épaules. Mais j'apprendrai plus tard par Bartoli que l'animal est si puissamment musclé à cet endroit qu'elle n'a pas fait les ravages que normalement elle aurait dû faire.

L'expérience fut renouvelée en une autre occasion, pour tirer un cerf d'elf, animal méfiant et impossible à approcher. Vivant en troupeau, l'œil toujours aux aguets, il ne se laisse jamais surprendre. En hélicoptère, j'espérais voir le pilote réussir aussi bien qu'avec le banteng. A bon vent, derrière une large et haute termitière, j'attendis avec ma carabine, et vis bientôt le troupeau, dont je connaissais l'existence, défiler devant moi au galop, poussé par l'hélicoptère. A cent mètres, je culbutai le dernier mâle en queue du troupeau, et un second quelques minutes plus tard. Les deux massacres sont à Diebolsheim.

Je m'étais mis une autre idée en tête : rencontrer et tirer un buffle du genre de celui que nous avions survolé avec l'hélicoptère, et qui, noir et luisant comme un taureau d'arène, donnait de furieux coups de cornes dans le vide, au-dessus de lui, en nous voyant. On voit toujours plus de gibier en brousse quand on ne le cherche pas que quand on le cherche ; il me fallut deux ou trois jours de marches infructueuses pour qu'enfin, un matin, marchant seul la carabine à l'épaule, je voie venir dans ma direction, sans méfiance, plusieurs de ces animaux.

Une grande termitière est à mes côtés ; je m'y dissimule. Je suis à bon vent. Les buffles cheminent paisiblement l'un derrière l'autre, comme des animaux domestiques, suivant une piste sablonneuse qui monte en direction de la termitière. Ils sont six, quatre gros, un moyen et un plus petit. Arrivés à quinze mètres, sans m'avoir vu, tous s'arrêtent brusquement de profil, comme si une saute de vent leur avait apporté une odeur inconnue et le pressentiment d'un danger.

Je lève mon arme. Une balle de 375 derrière la tête fait s'effondrer l'animal le plus proche. La détonation provoque parmi le reste de la troupe une courte hésitation, puis c'est le départ d'un galop lourd mais rapide. Je désire faire mon doublé ; j'en vise un autre et tire. Il trébuche, se relève, fait quelques mètres, tombe, se relève encore. Je l'observe, prêt à l'achever, lorsque je m'aperçois qu'un troisième animal reste immobile, planté juste à l'endroit où j'ai lâché mon second coup de carabine.

Je l'observe ; il est comme pétrifié. Perplexe, je sors de derrière ma termitière ; il ne bouge toujours pas. Le premier animal est resté foudroyé, le second est à terre à cinquante mètres de moi et remue encore faiblement la tête. Mais celui-là, que je n'ai pas tiré, reste toujours debout à la même place et ne semble pas me voir lorsque je viens vers lui. Il est de profil, sa tête regarde fixement au loin, il ne se retourne pas, ne cherche pas à fuir. De toute mon existence de chasseur je n'ai jamais vu un comportement aussi étrange. Je dis quelques mots à voix haute ; mais il demeure planté, les membres raides, immobile. Alors, d'une balle à la base du cou, je l'abats.

Avec Bartoli, un moment plus tard, nous éclaircissons le mystère : la balle blindée tirée sur le deuxième buffle l'a traversé, pour venir frôler le bulbe rachidien du troisième animal, provoquant sa paralysie...

Je fus attristé. J'aurais préféré qu'il pût s'enfuir. J'avais inutilement pris la vie à l'un de ces magnifiques animaux et tant de viande dépassait nos besoins. Sans doute fit-il la joie, un peu plus tard, de quelque tigre rôdeur...

Ainsi, dans ce nouveau camp, nous oublions momentanément nos projets agricoles pour jouir pleinement d'une région sauvage et davantage propice à la chasse, semble-t-il, qu'aux plantations.

Le franchissement de la Chaîne des Eléphants, qui demeurait à notre programme, allait toutefois nous valoir un autre genre d'émotions aventureuses.

Nous n'avions rencontré dans ces régions inconnues aucun être humain. Nos Cambodgiens eux-mêmes disaient peu connaître le pays. Nos conversations avec eux pourtant éveillèrent notre attention : ils se souvenaient avoir entendu des rumeurs, propagées de famille en famille et de père en fils, suivant lesquelles existaient, dans la Chaîne des Eléphants, des tribus qui ne quittaient jamais la grande forêt. Leurs villages, disaient ces rumeurs, étaient composés de huttes perchées dans les arbres, et si bien dissimulées qu'il n'était pas possible de les distinguer parmi les branches si l'on n'en connaissait pas l'existence. Au sommet de la chaîne, enfin, se trouvaient des temples. Des morts y étaient inhumés dans d'énormes jarres servant d'urnes funéraires ; leurs crânes étaient d'une dimension supérieure à la normale, comme des crânes de géants... Quant à la distance qu'il aurait fallu parcourir pour rencontrer ces peuplades, nos Cambodgiens n'en avaient pas une idée très précise. Peut-être six ou sept jours de marche en montant vers l'ouest, disaient-ils avec des gestes vagues, s'empressant d'ajouter qu'il fallait se méfier de ces tribus montagnardes.

Bref, c'était un vrai roman d'aventure, bien propre à exciter nos imaginations. Toutefois, Losson et moi finîmes par juger que si ces quelques données justifiaient amplement une investigation plus approfondie, elles étaient trop imprécises et la distance trop grande pour que nous puissions l'entreprendre dès à présent. Nous ne nous doutions pas, en prenant cette sage décision, que le mystère allait en fait venir à nous sans que nous cherchions davantage à aller à lui.

Après quatre jours de chasse, nous organisâmes le retour des hommes ; puis, avec Losson, le pilote et le mécanicien, nous nous préparâmes à franchir la chaîne.

Nous décollons au petit jour, tous les quatre, dans l'Alouette ; nous comptons sur l'air frais du matin, plus porteur, pour atteindre plus facilement l'altitude nécessaire pour survoler le massif montagneux. Cela ne va pas tout seul : à partir de douze cents mètres, l'appareil semble peiner à poursuivre sa poussée ascensionnelle. Il faut pourtant gagner encore deux cents mètres. « Nous sommes un peu trop chargés, me fait observer le pilote. Heureusement que nous sommes partis de bonne heure, sinon nous ne passions pas. » Enfin, les deux cents mètres sont atteints ; l'appareil va bientôt survoler les crêtes, et peut-être nous permettre d'apercevoir, de l'autre côté, le golfe du Siam.

C'est alors que le pilote indique du doigt, à cinquante mètres en dessous de nous, les contours d'une masse volumineuse et claire, qui se détache sur l'étendue vert foncé de la forêt.

Des exclamations nous échappent : ce sont des ruines. La vitesse de l'appareil est suffisamment réduite pour que nous ayons tout le temps de discerner les vestiges d'une vaste construction, envahie par la forêt. L'un des fameux temples dont nous ont parlé les Cambodgiens...

Cependant le pilote, impassible, poursuit sa route. Je lui demande si nous ne pourrions pas nous poser dans un espace dégagé qui s'étend au-devant des ruines. « Nous le pouvons aisément, me répond-il, mais sûrement pas redécoller à quatre. » Que faire ? Nous nous concertons rapidement, Losson et moi, surexcités par l'aventure qui est presque à portée de la main... Ne pouvons-nous pas rester tous les deux, avec des armes, en attendant le retour de l'appareil allégé du matériel et du mécanicien, et mettre ainsi à profit cette occasion formidable de parcourir des ruines inconnues ?

Le pilote ne semble pas enthousiaste. Il n'est pas certain que l'essence soit arrivée sur la côte à l'heure prévue, et en ce cas, il lui sera impossible de revenir nous chercher le jour même. D'autres contretemps peuvent l'en empêcher : la brume du soir, un changement de temps amenant des nuages... Il redoute de ne plus pouvoir nous retrouver.

Hélas ! Notre impatience de nous lancer dans l'exploration séance tenante, si vive soit-elle, ne nous empêche pas de nous rendre compte que c'est la voix même de la sagesse et de la prudence. Je ne me vois guère passant avec Losson deux ou trois jours sans moustiquaires, sans vivres, sans couvertures – le froid est déjà vif – dans une zone que le pilote lui-même n'est pas sûr de repérer à son retour... Je me résigne, la mort dans l'âme. Je regarde en arrière une dernière fois, et déjà ne vois plus que la forêt, refermée sur son mystère. Dans l'émotion générale, personne n'a même pensé à prendre des photos.

Les circonstances n'ont pas voulu que je puisse entreprendre vers la Chaîne des Eléphants une seconde expédition, mieux organisée. Quand ces mystérieux temples seront-ils de nouveau explorés et livreront-ils leurs secrets ? Nous avons ce jour-là, brièvement, levé un coin de voile sur un des mystères archéologiques du monde ; le voile est retombé, et peut-être pour longtemps.

En 1960, à la mort du roi du Cambodge, le prince Sihanouk fit modifier la Constitution et redevint chef de l'Etat jusqu'à 1970, date à laquelle il fut destitué par les Chambres ; il forma alors à Pékin un gouvernement d'opposition en exil, le GRUNC.

Durant ses dix années de pouvoir, mes relations avec lui furent cordiales et affectueuses. J'avais pour lui et la princesse Monique une réelle amitié. Je respectais en lui son dévouement, ses efforts généreux pour maintenir la stabilité politique de son pays, tout en cherchant à en soutenir l'économie, de manière à assurer l'indépendance cambodgienne face aux convoitises étrangères. Dans l'immense partie de poker dont le Cambodge fut l'enjeu, ses adversaires politiques ont malheureusement réussi à rassembler dans leurs mains toutes les cartes maîtresses ; néanmoins, Sihanouk lutta jusqu'au bout avec courage pour essayer de garder une influence sur le destin du peuple khmer, déchiré par des ambitions totalitaires dont ses voisins immédiats étaient les premiers artisans.

Pendant dix ans, j'ai maintenu avec lui de fréquents contacts, afin de lui manifester l'intérêt que nous prenions aux affaires de son pays. En développant la production de la Compagnie du Cambodge, en accroissant les surfaces plantées d'hévéas, nous augmentions le potentiel de richesse du Cambodge et lui assurions de nouvelles sources de devises, tout en procurant du travail à de nombreuses familles. Sihanouk voulut bien reconnaître les mérites de notre Société, lors d'un dîner intime où il invita tout le personnel de la direction, et me remit la Grand-Croix de l'Ordre du Sowathara, faisant suite à l'Ordre Royal que je tenais déjà de son père.

Depuis 1975, pris dans la tourmente, le Cambodge occupé ne répond plus. L'on ne peut s'empêcher de penser avec tristesse et anxiété à tous ceux que l'on aimait et qui y vivent encore.

CHAPITRE XXV

Un drame à Johannesburg – Tahiti – Maria – Le président Sukarno et l'Indonésie – Le général Sukarno – Le roi Hassan II – Jomo Kenyatta

Si j'ai passé une grande partie de ma vie à courir le monde, ce fut en définitive plus souvent par nécessité professionnelle que pour mon plaisir : la Financière des Caoutchoucs, la Banque d'Indochine (dont j'étais membre du comité directeur) possédaient des intérêts dans les pays les plus divers, et bon nombre de mes voyages avaient pour objectif premier de les préserver ou de les accroître. Cela étant, on a compris, je pense, que je n'ai jamais boudé la chance que constituaient ces obligations installées dans ma vie par la main de la Providence. En élargissant l'éventail des contacts humains, en multipliant et en diversifiant par l'aventure et la nouveauté notre expérience du monde, les voyages nous donnent des raisons nouvelles de connaître et d'aimer la vie.

En Afrique du Sud, où j'eus l'occasion de séjourner plusieurs fois jusqu'en 1951, j'habitais à Rivonia, charmante banlieue de Johannesburg, une maison mise à la disposition du représentant de nos intérêts dans le pays. J'ai visité là-bas des mines d'or, dont la « Crown Mine », avant qu'elle ne soit abandonnée ; on y descendait à quelque deux mille mètres sous terre à l'aide d'une succession d'ascenseurs qui faisaient vibrer les tympans. Grâce à l'Anglo-American et à Harry Oppenheimer, je vis également la plus ancienne et la plus importante mine de diamants de la De Beers, où des tonnages gigantesques de minerai étaient extraits pour y cueillir quelques minuscules carats de pierres, néanmoins si précieuses que leur vente couvrait aisément tous les frais d'exploitation, procurant même de confortables bénéfices. Avec Mme Hervoz, charmante cavalière, nous galopions des « point to point » dans la superbe campagne, sur des chevaux parfaitement adaptés au terrain difficile. Au Schwaziland, carabine et jumelles en main, j'ai admiré et tiré des multitudes d'animaux de toutes espèces ; on revenait souvent des safaris dans cette région couvert de tiques, qui communiquaient le « tik fever » – fièvre violente qui raidissait les muscles.

Mon troisième et dernier séjour, en 1951, eut pour but de contrôler sur place les activités de notre représentant local. Ses réticences à répondre aux lettres, le peu d'empressement dont il faisait preuve pour m'accueillir, me faisaient redouter qu'il ne cherchât à dissimuler une situation difficile ; à telle enseigne que malgré les Jeux d'Helsinki, où j'étais attendu en qualité de nouveau membre du Comité International Olympique, je décidai toute affaire cessante de faire en Afrique du Sud une visite éclair.

J'étais loin de prévoir à quel point mes inquiétudes étaient fondées – non plus que l'issue tragique de l'affaire. Le soir même de mon arrivée à Rivonia, nous prîmes rendez-vous, lui et moi, pour aller ensemble au bureau dès le lendemain matin ; puis nous regagnâmes chacun notre chambre.

Au petit déjeuner, à ma surprise, il n'est pas descendu. Pensant qu'il ne s'est pas réveillé, je monte frapper à sa porte ; pas de réponse ; j'entre.

Il était assis sur son lit, adossé à ses oreillers, le teint cireux, baignant dans son sang. Ce que j'avais dans mon demi-sommeil, vers onze heures du soir, pris pour une porte claquant dans un courant d'air, était la détonation de l'arme de gros calibre qu'il tenait encore à la main.

D'Helsinki et de visite éclair, je compris qu'il n'était plus question. Je fermai soigneusement la porte à clé pour que personne ne pût rien toucher, et alertai immédiatement la police, le médecin et la Banque d'Indochine. Il ne fallait pas que le suicide pût être contesté. Après quoi je prolongeai mon séjour, de façon à étudier les dossiers, tenter de comprendre les raisons du drame, chiffrer les pertes éventuelles et parer au plus pressé.

En fait, je m'aperçus que son honorabilité n'était nullement en cause, mais seulement ses capacités. Malgré l'appui de la Banque d'Indochine et de nos amis sud-africains, malgré aussi ses qualités propres, il avait manqué de celles nécessaires pour maîtriser la marche de sociétés créées par lui à notre insu et sans mon approbation. Peut-être aussi avait-il simplement manqué de cette chance qui vous comble ou vous abandonne si vite sans que l'on sache pourquoi... Mais rien dans cette affaire ne méritait la mort d'un homme. Je tirai les conclusions de cette tragédie évitable. Grâce au tact, à l'intelligence et à la gentillesse d'Yves Truffert, directeur de la filiale de la Banque d'Indochine, les sociétés de mines de sel où il n'y avait pas de sel, les sociétés de transport où disparaissaient les moyens de transports, furent liquidées aux moindres frais, et notre bureau de Johannesburg fermé.

Je ne suis jamais retourné en Afrique du Sud. J'ai quitté ces solides Sud-Africains que j'aimais bien, déjà aux prises avec de graves difficultés raciales. Les réalités de ce pays sont parfois très différentes de ce que traduisent les commentaires d'une presse souvent tendancieuse. Nous sommes contre l'apartheid, mais pour que ce casse-tête posé aux dirigeants du pays ne soit pas insoluble – et ne conduise pas à la ruine du pays – il faudra réussir, en présence d'idéologies diverses, de partis politiques antagonistes et d'ethnies très différentes, à mettre en place des solutions certes généreuses, mais surtout tenant compte de réalités évidentes que les critiques du régime ne veulent pas toujours voir avec lucidité. Entre autres tâches, l'Afrique du Sud devra notamment faire la chasse à l'argent des fauteurs de troubles, trop heureux d'attiser les dissensions intérieures pour déstabiliser ce pays, seul garant, rappelons-le, de la sécurité de la route du Cap par où passe le pétrole.

Guy David, gentleman rider et secrétaire général du Club, que je connus aussi comme assistant de plantation à la SIPH (Société Indochinoise de Plantations d'Hévéas appartenant à la Banque d'Indochine), m'avait souvent répété qu'il comptait finir ses jours dans le Pacifique, où l'on pouvait vivre, ajoutait-il, avec un dollar par jour. Bien qu'entre-temps les prix aient probablement changé, il maintint son choix et prit sa retraite au bord d'un lagon, à Punauia, où il acheta un « faré » sommairement meublé mais très confortable. Il me disait y être heureux. Chaque année, une carte de Noël me rappelait fidèlement ma promesse d'aller le voir. L'une d'entre elles se faisant plus pressante, je jugeai bon d'honorer l'invitation avant qu'il ne soit trop tard ; le temps des vahinés était venu pour moi...

La compagnie d'aviation UTA desservait l'Océanie, en faisant d'abord escale à Saigon avant de gagner l'Australie et Papeete. C'est pourquoi je choisis de me rendre chez Guy David après mon séjour d'inspection des plantations au Viêt-nam. Je serais à mi-chemin. En juin, j'établis mon programme de travail pour l'hiver suivant, fixai mes dates de déplacements et informai Guy de mon arrivée pour le mois de février.

Une compagne imprévue m'échut pour faire ce voyage. Au mois d'août, cinq mois avant mon départ annuel pour l'Extrême-Orient, Paule et moi étions invités chez notre ami Paul-Louis Weiler à « la Reine Jeanne », sa maison au bord de la Méditerranée, à Cabasson, face au fort de Brégançon devenu résidence d'été des présidents de la République. Paul-Louis, un des derniers grands mécènes, d'une générosité proverbiale, est une personnalité très parisienne. Sa silhouette, son intelligence, son courage en ont fait une figure apprécié du Tout-Paris et de ses artistes. Sa notoriété est internationale. A « la Reine Jeanne », parmi les nombreux invités, têtes couronnées, hommes politiques et artistes chevronnés, nous retrouvâmes cet été-là la charmante et jolie Brigitte ; elle m'apprit qu'elle venait de gagner à la tombola d'une soirée de charité un billet aller et retour Paris-Papeete, offert par UTA. La perspective de ce voyage l'enchantait, mais le billet n'était valable que pour elle seule et serait caduc après septembre, clauses restrictives qui ne l'arrangeaient guère. Aussitôt, je lui suggérai de faire le voyage avec moi. Grâce à mon ami Francis Fabre P.-D.G. d'UTA, le billet fut prolongé jusqu'en février, avec possibilité d'escale à Saigon; elle pourrait ainsi visiter le Viêt-nam et les temples khmers du Cambodge, d'Angkor Vat et du Bayon, avant de prendre le même avion que moi pour Papeete.

Au Viêt-nam, la femme d'un de nos directeurs se chargea de l'accompagner dans sa tournée touristique ; elle fit même un saut jusqu'à Hong Kong où l'accueillit la direction de la Banque d'Indochine. Durant tout le séjour, je la présentai à la ronde avec le titre de comtesse. Il convenait bien à la dignité naturelle de son personnage, et puis cela m'amusait. J'avais déjà « créé » ainsi une marquise de Longchamp, parce qu'elle avait des airs de marquise et habitait rue de Longchamp, une marquise de Belfast, et même une reine de Nubie, que j'avais très sérieusement présentée à Paule comme la souveraine d'un nouveau pays africain.

Enfin, le 11 février, avec une bonne semaine de retard sur les dates prévues, nous prenions l'avion pour Tahiti, où nous fûmes accueillis avec les traditionnels colliers de fleurs. A l'exotique et ravissant petit hôtel où j'étais attendu, surprise : nous n'avions qu'une grande chambre et aucune autre n'était libre. Flegmatique et l'air lourd de sous-entendus, Guy David jugea en regardant Brigitte que j'avais beaucoup de chance, mais trouva très vite dans un autre hôtel les deux bungalows jugés indispensables.

Le lendemain, à peine réveillé, je vois entrer dans ma chambre une jolie Tahitienne avec une fleur dans les cheveux, véritable modèle pour Gauguin, qui m'apporte mon petit déjeuner. Je la prends pour une femme de chambre de l'hôtel, mais elle m'explique avec l'accent local qu'elle est la jeune fille choisie par Guy David pour me guider et m'accompagner durant tout mon séjour dans les îles.

Elle doit avoir dix-huit printemps. Elle me tutoie avec aisance et sans familiarité. J'en fais de même. Elle s'appelle Maria Suat-Tcheen. Elle est très jolie, sourit avec douceur, sa taille est mince et souple et sa poitrine exactement comme on a envie qu'elle soit. Me voilà affublé de deux femmes. J'apprends en outre que David a obtenu pour moi le plus beau voilier de l'île, appartenant au docteur qui le met à notre disposition avec son équipage pour courir les mers. Le séjour s'annonce prometteur.

Je fais un saut pour aller réveiller Brigitte dans le bungalow contigu au mien. En revenant, ma Tahitienne me demande avec une moue proche du dédain :

– Qui est cette « popa [1] ? »

Je suis obligé d'expliquer. Elle paraît un peu rassérénée, mais je me dis qu'une entente difficile entre ces deux femmes risque de compliquer mon séjour. Peut-être devrais-je dire à David qu'il est préférable que cette jolie enfant retourne dans sa famille ? Je la regarde à nouveau, drapée dans un saron. Elle est vraiment séduisante. Tant pis ! Je décide de la garder. C'est une vahiné et après tout, ce sont elles que je suis venu voir avec le Pacifique et ses îles.

Finalement je n'eus pas à regretter ma décision : mes deux amies firent bon ménage. Moi, je fis en sorte de leur partager équitablement attentions et petits soins. Maria fut un trésor, nous apprenant à chevaucher dans les lagons les grands requins blancs dont certains

1. Terme péjoratif employé par les autochtones pour désigner une femme blanche.

aiment jouer avec les humains. Aucun ne mord, mais ils sont d'humeur variable et tous n'aiment pas être montés. Par malchance c'était précisément toujours le cas pour ceux que je choisissais. Peu à peu Maria perdait sa timidité, devenait une gracieuse compagne, expliquait les us et coutumes des Tahitiens. Elle savait aussi pêcher. Le soir elle jouait de la guitare et nous apprenait à danser la taoré. Elle savait tout faire, et son cœur était aussi frais que le regard de ses yeux était chaud. Grâce à elle, je connus Madeleine la grande prêtresse de la danse qui, pendant cinquante ans, avait animé avec talent, charme et gentillesse un ballet regroupant les plus jolies filles de Papeete.

– Tu aimes ce que je fais ? me demanda-t-elle un jour.

– Oui.

– Tu ne trouves pas que les costumes ont besoin d'être renouvelés ?

Je compris l'allusion et dis :

– Peut-être...

Elle ajouta avec un sourire irrésistible :

– Je vois... tu es très intelligent.

Et peu de temps après, des costumes de rafia et des tiarés neufs vinrent remplacer ceux qu'elle trouvait trop vieux...

Avant de quitter l'île, je voulus témoigner ma reconnaissance à Maria, qui avait si bien su faire preuve de tact et d'une chaleur pleine de réserve mais toujours prête à faire plaisir.

– Maria, je voudrais te laisser un souvenir de notre voyage. Que puis-je te donner ?

Elle me dit aussitôt avec le plus grand naturel :

– Une Fiat 500 rouge.

Je restai interloqué.

– Tu sais conduire ?

– Non.

– Alors, que comptes-tu faire d'une auto à Papeete ?

– J'apprendrai à conduire.

– Et tu comptes aller où ?

– Faire le tour de l'île.

Et avec le même naturel, le même sourire, elle ajouta :

– Tu m'as demandé ce qui me ferait plaisir, je te le dis.

Chez le représentant de Fiat, il n'y avait naturellement pas de Fiat 500 rouge à vendre. A tout hasard, je câblai à mon ami Giovanni

Agnelli, à Rome, le télégramme suivant : « Ai besoin Fiat 500 rouge à Papeete. Peux-tu m'en obtenir une ? » Je signai en donnant mon adresse. La veille de mon départ je reçus de lui un télégramme faisant savoir qu'un bateau japonais était détourné de sa route pour qu'une Fiat 500 rouge soit livrée à leur représentant sous huit jours. Agnelli est vraiment un ami, et un chef !

Deux ans plus tard, j'appris au téléphone qu'une Tahitienne arrivée à Paris voulait avoir mon adresse. C'était Maria. Je la reçus, lui demandai pourquoi et comment elle était arrivée jusqu'à Paris sans même me prévenir. Toujours avec autant de naturel et de calme, souriante, elle m'apprit qu'un Américain l'avait demandée en mariage et voulait l'emmener en Californie pour lui faire rencontrer sa famille. Elle avait toutefois exigé un billet aller-retour Papeete-San Francisco avant de se décider à quitter Papeete. Arrivée à San Francisco, elle avait tout simplement échangé son retour à Papeete pour un vol sur la France, afin de visiter Paris, mais elle n'avait pas eu le temps de me prévenir :

– Tout s'est passé si vite, me dit-elle.

Et comme je lui demandais qui paierait son retour à Papeete, elle me répondit toujours avec la même simplicité qui force l'admiration :

– Mais, toi, bien sûr !

Je partais en week-end pour l'Alsace ; je voulus lui faire connaître Strasbourg et Diebolsheim. Nous prîmes le train avec des amis. Dans le compartiment, avant le départ du train, elle regardait partout, touchait tout avec précaution, y compris les coussins des sièges, et paraissait mal à l'aise. Nous finîmes par comprendre que le seul moyen de locomotion qu'elle connaissait était l'avion. Elle n'avait jamais vu de train et n'osait pas nous le dire...

Elle repartit pour Papeete, heureuse d'avoir vu la France qui, disait-elle, était sa patrie.

Je ne suis allé que pour information en Indonésie où nos activités étaient placées sous la responsabilité de nos collaborateurs de Bruxelles ; ils réglaient les questions religieuses ou financières, géraient l'ensemble du personnel, nous leur faisions confiance. Nous nous retrouvions fréquemment au sein du conseil d'administration de la Financière de Caoutchouc ; là, des exposés réguliers nous tenaient au courant de la marche de nos entreprises.

Je m'y rendis néanmoins plusieurs fois avant 1950, date à laquelle Sukarno fut élu président de la République, et après la révolution qui le renversa en 1966. Economiquement, Sukarno avait échoué. La conférence de Bandung, en 1955, où vingt-neuf pays du tiers monde voulaient inaugurer une politique de coopération économique, sociale et culturelle anticolonialiste, n'avait pas donné les résultats espérés. En Indonésie, la politique s'était installée avec ses dogmes, ses appétits, ses croyances, ses doctrines et ses décisions souvent inaccessibles à la raison. L'économie du pays n'était pas contrôlée. Les plantations de caoutchouc et d'huile de palme, principales richesses de Sumatra et de Java, étaient mal exploitées. Les étrangers hollandais, anglais, belges et français avaient été dépossédés de leurs biens et expulsés, alors qu'ils formaient l'armature même de ces exploitations.

Sukarno eut malgré tout le mérite d'avoir fait l'unité de son pays jusqu'alors divisé et difficile à unir avec plus de treize mille îles, les deux principales étant Java et Sumatra.

En 1966, après avoir retrouvé nos exploitations confisquées par Sukarno, je visitai à Sumatra les plantations de la Sennah. Je me souviens que circulant en jeep avec M. Loontjens, le directeur général, nous fûmes arrêtés par des policiers en armes qui sans ménagement demandèrent mes papiers. En les examinant, l'un d'entre eux me questionna sur un ton désagréable, dans une langue que je ne comprenais pas mais que le directeur connaissait ; il voulait savoir si j'avais déjà été en prison. Comme je répondais non (ce qui était inexact), il répliqua brutalement : « Il ne faut jamais dire *non*, il faut dire *pas encore.* »

Ce genre de détail donne une bonne idée de l'ambiance d'un pays.

Dans les milieux diplomatiques, de nombreux commérages circulaient sur la personnalité de Sukarno. On le disait obsédé sexuel. Lors de son séjour en France, il aurait demandé à l'attaché des Affaires étrangères qui l'accompagnait dans l'avion s'il était possible qu'il retrouve, en arrivant dans ses appartements à Paris, une des hôtesses de l'air, dont il donna le nom. Ce fonctionnaire lui ayant fait comprendre qu'il était difficile de le satisfaire, l'hôtesse étant mariée, Sukarno lui désigna immédiatement du doigt la seconde, en précisant qu'il savait qu'elle était célibataire. L'histoire ne raconte pas comment le jeune attaché se sortit de cette délicate situation. Il avait aussi demandé à l'Elysée, disait-on, si on ne pouvait pas lui procurer une marquise ou une duchesse...

A Moscou, « Bom » – tel était le nom qu'on lui donnait familièrement – avait cherché l'appui du gouvernement de l'URSS pour créer les Jeux asiatiques, en 1962, qui devaient regrouper l'ensemble des pays à tendance pro-communiste pour essayer de concurrencer et de contrecarrer les Jeux olympiques du Comité International Olympique. L'expérience ne fut pas un succès, et fut vite abandonnée. Pendant ce séjour à Moscou, on a beaucoup raconté une anecdote typique du personnage. Alors qu'on lui demandait ce qui lui serait agréable, il répondit qu'il aimerait avoir, le soir, après les journées de travail, la compagnie d'une jolie Russe blonde. Comme ses interlocuteurs se montraient tout prêts à lui donner satisfaction, il renchérit aussitôt en riant : « Si vous en trouvez deux, ce sera encore mieux ! » Juste avant son retour en Indonésie, on lui aurait, dit-on, fait voir dans un but facile à deviner, un petit film pris à son insu, reproduisant la soirée très privée passée avec les deux blondes Géorgiennes. Mais « Bom » n'était pas homme à se laisser démonter. Il applaudit avec enthousiasme et demanda combien de copies du film on pouvait lui remettre, afin qu'il les rapporte et les distribue en cadeau à ses amis...

Plus tard, j'ai demandé à mon amie la ravissante Dewi, que Sukarno avait rencontrée au Japon puis épousée, si elle était au courant de cette histoire de film. Elle m'a dit n'en rien connaître.

En 1965, une effroyable guerre civile, menée par l'armée du général Suharto, déchira le pays ; elle se termina par le massacre des communistes et de leurs alliés. La chair des cadavres abattus resta à pourrir sur place, laissant flotter dans l'air, pendant de longs mois, des effluves pestilentiels. Sukarno renversé fut mis en résidence surveillée jusqu'à sa mort, et le général Suharto élu à la présidence de la République en 1968. Son gouvernement rétablit l'ordre et l'économie du pays. A cette époque, grâce à François de Langlade, ancien directeur général en Malaisie et frère du général gouverneur militaire de Strasbourg puis chevalier du Mets-toi-à-l'aise, nous signâmes avec le nouveau pouvoir la reprise de nos exploitations, d'où Sukarno nous avait chassés. Les accords prévoyaient une complète association avec l'Etat, qui, actionnaire à 45 pour cent de l'ensemble de nos avoirs, nous laissait la majorité de contrôle et la responsabilité de la gestion.

En 1953, par l'intermédiaire d'amis communs, je fis la rencontre du prince Moulay Hassan, qui allait devenir roi du Maroc sous le nom de Hassan II. Mes amis, sachant qu'il venait à Paris, m'avaient demandé de le recevoir à dîner. J'acceptai avec une certaine curiosité, n'ayant jamais rencontré le prince héritier du Maroc, dont le père, écarté du trône par le gouvernement français, avait été déporté en Corse, puis à Madagascar. Le dîner eut lieu chez moi, avec Paule et quelques amis. Je trouvai le prince réservé, quoique détendu, avec déjà dans la voix un timbre d'autorité qui laissait poindre un esprit d'entreprise et un tempérament de chef.

L'année suivante, comme il était de nouveau à Paris, je l'invitai chez Maxim's, avec notamment Martine Dewavrin, Maude Sainte-Marie et Etchika Choureau, jeune et séduisante actrice que le prince rencontra à cette occasion et invita plus tard dans son pays. En 1956, je le retrouvai pour un déjeuner à l'hôtel Crillon, donné par le préfet de police, mon ami André Louis Dubois, en sa qualité d'ancien ambassadeur de France au Maroc ; cette réception était en l'honneur de Mohammed V, père du prince, rétabli depuis peu sur le trône. En sortant de ce déjeuner d'une quinzaine de convives, le prince qui devinait déjà combien j'appréciais la clarté de son intelligence, l'élégance de sa conception des choses, et manifestant une pointe d'audace sportive qui le rendait extrêmement attachant, me prit familièrement par le bras et me dit : « Jean, vous devriez célébrer l'indépendance du Maroc en y apportant non seulement des capitaux, mais aussi vos connaissances agricoles. » Aussitôt, je lui donnai un accord de principe, qu'Edouard de Ribes se chargea par la suite de concrétiser, en faisant planter des orangers sur plus de mille hectares, à Sidi Slimane. L'entreprise fut un spectaculaire succès, dont profita plus tard l'Etat marocain, avec un Dahir [1] mettant fin à toute exploitation agricole par des étrangers.

A la mort de Mohammed V en 1961, Moulay Hassan devint roi du Maroc. J'eus des occasions de le revoir dans cette haute dignité, sans qu'il perdît son attitude simple et cordiale. Un jour, devant être reçu en audience à son palais de Rabat, je vois en descendant de voiture l'imposante garde à cheval, qui me présente les honneurs avec les

1. Loi qui reprenait la terre de colonisation achetée par des étrangers.

sabres. Un accueil magistral... mais pour un chef d'Etat africain qui sortait alors que j'arrivais ! L'anecdote fit rire le roi aux éclats quand je la lui racontai.

En 1975, à Marrakech, je demandai à Sa Majesté son concours pour donner au Cercle Interallié, le jour de sa fête annuelle, une manifestation marocaine que nous pensions appeler « le Maroc à Paris ». Après m'avoir écouté attentivement il me dit avec l'enthousiasme et le dynamisme qui le caractérisent : « C'est d'accord, Jean, on va même mettre le paquet. » Et il le mit. Il prêta au Cercle sa vaisselle et ses cuisiniers, donna les vins et les moutons, qui furent cuits à la mode marocaine, tandis que plusieurs Boeing apportèrent roses, fleurs fraîches, tente caïdale, musiciens, danseurs, jongleurs, acrobates, venus de l'Atlas, qui donnèrent à la fête annuelle de l'Interallié un faste exceptionnel. Mon ami, l'habile ambassadeur Ahmed Snoussi, fut le génial metteur en scène de cette somptueuse manifestation.

Il me reste un regret : je n'ai jamais pu trouver l'occasion de chasser avec le roi le sanglier, le mouflon de l'Atlas ou le gros perdreau rouge marocain, malgré ses invitations. Les miennes ne furent pas davantage couronnées de succès. J'aurais cependant aimé le voir au lever du jour, en mai ou juin, parcourir les champs d'Alsace dans la rosée, parmi les milliers de fleurs sauvages à la poursuite d'un brocard aux bois bien perlés ; ou faire voler pour lui, haut dans le ciel de décembre, de ces grands faisans sauvages d'Alsace qui passent, emportés par le vent, aux faîtes des grands chênes et que si peu de tireurs savent rejoindre. Deux empêchements politiques de dernière heure, une autre fois une mauvaise grippe sont venus se mettre en travers de nos projets. Je reste cependant persuadé que la confrérie du Mets-toi-à-l'aise, avec les traditions qu'elle défend et son amour de la nature, aurait enchanté le cœur de cet homme courageux, très attaché au respect de ses devoirs, mais aussi toujours prêt à rendre hommage à la beauté. Saint Hubert aurait été heureux, j'en suis certain, de lui offrir un beau brocard à tirer, et le prophète qui, au paradis, doit forcément bien s'entendre avec le saint, s'en serait assurément lui aussi vivement réjoui.

Président de la Socfin en Malaisie, j'avais appris avec étonnement – et regret – que nos assistants, engagés pour une durée de vingt ans à l'âge de vingt et un ou vingt-deux ans, étaient dans l'obligation de quitter notre groupe à fin de contrat pour laisser la place à des plus jeunes. En 1949 j'en discutai largement avec Robert Michaux, un de nos meilleurs chefs de cette organisation, ex-directeur général des exploitations de Malaisie, remarquable figure dans le monde de planteurs ; l'écrivain Pierre Boulle, ancien assistant de la Socfin et plus tard auteur du *Pont de la rivière Kwaï* l'a décrit avec humour dans un de ses livres, *le Sacrilège malais*. Pendant l'Occupation, Michaux avait fait partie des équipes organisées pour servir la France de l'après-guerre. Comme moi, il considérait que se séparer d'hommes de quarante-deux ou quarante-quatre ans, dont nous connaissions la valeur après vingt ans de service, était une absurdité – malheureusement nécessaire pour assurer la rotation du personnel des plantations, qui devait rester jeune.

Nous jugeâmes souhaitable de prévoir pour eux une activité susceptible de leur convenir jusqu'à ce qu'ils atteignent l'âge d'une confortable retraite, assurée par un fonds constitué spécialement pour eux sur nos bénéfices annuels de Malaisie.

C'est alors que Michaux me parla du Kenya, pays admirable où l'on parlait anglais, comme en Malaisie. En raison d'événements politiques pouvant déboucher sur l'indépendance prochaine du pays, de nombreux exploitants britanniques, pris de panique, quittaient le pays. Le moment n'était-il pas de ce fait favorable, pour le Groupe, à une extension qui pourrait se faire vers le café ?

Les dés furent jetés en 1950, après l'envoi d'un émissaire sur place, Nicoll, un ancien de la Socfin. Nous allions nous introduire discrètement dans le pays, afin de chercher, auprès de ceux qui voulaient le quitter, des terres déjà plantées ou disponibles.

Dix ans plus tard, Michaux, Nicoll, Beautemant, Michel Huas, autre ancien de la Socfin, avaient réalisé le plus bel ensemble de plantations de café du Kenya ; en trente-cinq ans, avec la hausse des prix du café « arabica », il a permis de distribuer un dividende égal à vingt fois le montant du capital social de la société. De sorte qu'avec l'idée initiale d'aider le personnel à se reconvertir, nous avions créé en 1950 la plus rentable des sociétés du Groupe. Un tel résultat n'aurait pas été atteint sans le concours des hommes concernés, conscients de notre volonté de pourvoir à leur fin de carrière, et qui, avec habileté et sans éclat, réalisèrent ce tour de force.

Michaux disparut en 1962. En ma qualité de président de la

Socfin, j'acceptai de conduire à mon tour la société que nous avions créée grâce à cet homme de grande valeur. Je ne connaissais pas les problèmes relatifs à la culture du café. Je dus les apprendre.

La période tragique de la révolte des Mau-Mau, provoquée par l'inégalité de la répartition des terres et des charges, avait ensanglanté le pays. Les attaques des fermes isolées et l'assassinat de leurs fermiers étaient devenus pratique courante. Dans nos débuts nous dûmes prendre beaucoup de précautions pour maintenir nos activités. Toutefois, rapidement admis par un gouvernement conscient des besoins du pays en capitaux et en concours extérieurs, nous réussîmes à travailler avec une pleine efficacité. Tant d'efficacité que la réussite de notre implantation, aussi bien que les prix record atteints par le café provoquèrent vite, parmi les chefs au pouvoir, quelques convoitises. Et c'est ainsi que je fis la connaissance d'une grande figure africaine : celle du libérateur du Kenya, Jomo Kenyatta.

Il avait participé activement aux combats pour l'indépendance de son pays, et fut d'abord Premier ministre avant d'être élu en 1963 président de la République. Je le rencontrai à plusieurs reprises ; je dois dire que j'appréciai vite cet homme tout de superbe et d'autorité. Jomo était un vieux malin. Il avait été à l'université en Angleterre ; il prouva son intelligence en parvenant à être le seul vrai chef d'un pays divisé en de nombreuses ethnies. Il conservait de bonnes relations avec le représentant de la Couronne britannique : il savait bien qu'en allant trop vite, et en provoquant, sous prétexte d'indépendance, un bouleversement brusque de l'économie du pays, il ne réussirait qu'à mener son peuple au chaos.

Du point de vue personnel, il voulait prendre sa revanche sur ses séjours en prison et sa pauvreté initiale. Il l'a prise ; à sa mort il était incontestablement le plus important propriétaire terrien du globe.

Mes relations avec lui furent au départ franchement difficiles. Ce vieillard, parlant bien l'anglais, avait une autorité telle qu'il me fallut, dans les discussions avec lui, être sur le qui-vive comme David en face de Goliath. Si vous lui déplaisiez, la police était chez vous le lendemain et le premier avion de retour sur l'Europe vous était réservé. Voulant acheter des terres, il avait jeté son dévolu sur le ranch de notre société avec tout son bétail. Mais nous avions un litige sérieux : la question du prix. Ayant l'habitude de voir tout le monde courber la tête, il entendait le fixer lui-même – et encore aurions-nous dû nous réjouir qu'il voulût bien payer, ce qui n'était pas toujours le cas. Je dus lui expliquer clairement que, bien que président de la société, je n'en étais pas le propriétaire ; j'insistai sur le fait qu'elle appartenait à un consortium français, belge, suisse et américain, et que si la transaction n'obtenait pas son accord, quatre pays s'en souviendraient. La presse du monde entier en parlerait, ce qui, disais-je, serait catastrophique pour sa réputation internationale. A la fin, très en colère de me voir maintenir nos exigences, il s'exclama :

– Si c'est comme cela, on va voir... On va se battre !

Au lieu de prendre sa menace au sérieux, j'éclatai de rire et lui répondis :

– *Oh sir, it's going to be fun* [1].

Il fut tellement déconcerté qu'il se mit à rire à son tour ; depuis ce jour nous avons été amis. Et il a payé le ranch au prix demandé.

Sa femme, Mama N'Guina, superbe Africaine à la jolie taille souple, intelligente et avenante, m'avait très probablement beaucoup aidé dans cette transaction. Je la faisais rire, lui racontais des histoires qui l'enchantaient, et elle devait sûrement lire dans mes yeux, à son égard, une certaine forme d'admiration masculine, et beaucoup de réelle sympathie.

Dès le début de mes séjours, je m'étais mis en contact avec le Comité Olympique Kenyan, pour lui apporter le salut des sportifs français et du Comité Olympique de France. Je voulais aussi, par le biais de notre société, contribuer à financer le déplacement des grands athlètes de ce pays, dont les moyens pécuniaires étaient, à l'époque, tout à fait insuffisants. C'est ainsi que je rencontrai à Nairobi, au sein du Comité olympique, un grand et sympathique individu, taillé en athlète. Bavardant avec moi et apprenant que j'étais français, il me confia son désir de connaître un jour la France et surtout Paris. Sans bien réfléchir, spontanément, je lui répondis :

– Puisque vous voulez voir Paris, je vous invite... Nous partons dans cinq jours. Ne vous occupez de rien, nous voyagerons ensemble, je vous ferai visiter Paris et quelques aspects de la France ; dans une semaine, vous serez de retour.

Pourquoi l'avais-je invité ? Je ne saurais le dire. Pour lui faire

1. « Oh monsieur, cela va être très amusant. »

plaisir, certes, puisque je considère que faire plaisir est une de mes raisons de vivre. Mais je ne connaissais absolument rien de lui ni de son passé.

Finalement il ne put venir que deux semaines plus tard. Il habitait chez moi. Devant la porte d'entrée de la maison, il enlevait soigneusement ses souliers, comme le veut la coutume de son pays. Je lui fis visiter la capitale avec ma secrétaire qui parlait anglais et divers amis, puis les châteaux de la Loire et enfin Versailles.

Il repartit enchanté. Vingt ans plus tard, à la mort de Kenyatta, le bel athlète, qui s'appelait Daniel Arap Moi, devenait président de la République. Il est resté mon ami.

CHAPITRE XXVI

Le Comité International Olympique – 1968 : les Jeux Olympiques de Grenoble – Munich, 1972 – Candidat à la présidence – Georges Pompidou – Des « Jeux de France » aux « Jeux de l'Avenir »

Un jour de 1949, je fus appelé au téléphone par Melchior de Polignac ; il souhaitait venir me voir, mais ne voulut pas m'indiquer au téléphone le motif de sa visite. Et un matin de très bonne heure, il vint. Je le vois encore, debout, à travers les vitres de la porte d'entrée, tandis que je m'apprête à l'accueillir, me demandant quelles peuvent bien être les raisons d'une rencontre aussi peu protocolaire.

Il me parla du Comité International Olympique. Il s'y sentait victime d'un malaise politique, dû au refus de la reine de lui tendre la main [1] lors des premiers Jeux de l'après-guerre, qui avaient eu lieu à Londres l'année précédente. N'ayant plus autant d'autorité au sein de cette assemblée, il estimait préférable de démissionner en invoquant son âge et ses occupations ; et il venait me proposer de prendre sa place.

– Il faut simplement du bon sens, me dit-il, et une bonne connaissance du sport.

Quant aux obligations créées par une éventuelle acceptation, elles se résumaient à deux ou trois jours de présence lors des sessions annuelles, qui changeaient chaque fois de capitale, de ville ou de pays.

C'est ainsi que deux ans plus tard, le 7 mai 1951, à Vienne je fus introduit en séance plénière du CIO, après ma présentation aux

1. Elle croyait qu'il avait été l'ami des Allemands pendant l'Occupation.

trente-huit membres présents [1]. Je pris place entre Armand Massard, champion de sabre et président du Comité olympique français, et François Piétri, ancien ministre des Finances, champion d'escrime ; juste à côté de nous était le prince Pierre de Monaco [2].

Ma vie olympique aura été une longue fidélité au sport. Pendant trente-cinq ans, je n'ai manqué aucune des réunions. Elu vice-président, j'ai été pendant quatorze longues années membre de la Commission exécutive, assemblée à laquelle j'ai apporté un concours sans faille, sachant que je ne représentais pas la France au sein du CIO, mais qu'au contraire j'étais son ambassadeur auprès des autorités de mon pays.

Au temps du Suédois Edström, que j'ai connu président jusqu'à l'arrivée de Brundage, j'avais eu parfois un peu de mal à suivre les débats. Plus tard, j'essayai de faire comprendre à Brundage qu'il fallait créer pour le mouvement olympique une administration solide. Nous ne pouvions faire reposer la gestion d'une association internationale de cette importance seulement sur une aimable dame âgée, Mlle Zanki, et un bijoutier suisse, Otto Meyer, chancelier bénévole, actif sans aucun doute, mais dépourvu de moyens. C'était un défi au bon sens. Il est vrai qu'à cette époque, nous n'avions que peu de ressources financières ; Brundage me dit que sa présidence lui coûtait personnellement entre trente-cinq et quarante mille dollars par an. Aussi me paraissait-il urgent de trouver de l'argent, en même temps qu'absurde de continuer à traiter les journalistes comme des gens dont il fallait se méfier. En conséquence, je créai la première Commission des Finances et la première Commission de Presse du Comité olympique. Brundage, deux ans plus tard, me les retira. Je montai également la « Commission d'Aide », devenue ensuite la « Solidarité olympique », pour apporter notre appui et nos conseils aux comités africains ou asiatiques, souvent dépourvus de possibilités et de connaissances pour suivre le mouvement, lequel allait, je le sentais, trouver un écho de plus en plus retentissant parmi les masses sportives, dans le monde. Encore une fois, Brundage me retira la présidence de cette commission, et rangea travaux et propositions dans un tiroir, spécifiant qu'il s'en occuperait person-

1. Nous sommes maintenant quatre-vingt-douze, avec cent quarante-cinq pays affiliés au CIO.

2. Père de Rainier III.

nellement. Il ne le fit pas, mais distribua à certains comités olympiques, sans me consulter, l'argent que j'avais pu récolter après avoir visité les comités olympiques d'Afrique et d'Asie...

En 1968, à Grenoble, avec le préfet Doublet, je pris une part active, en ma qualité de président du Comité olympique français, à l'organisation des Jeux olympiques d'Hiver, où l'administration française et le ministère de la Jeunesse et des Sports réussirent de leur côté une belle performance, en dotant la région de structures sportives tout à fait adaptées à ses besoins. Avec l'aide d'Alain Danet, secrétaire général du Comité olympique français, nous pûmes réserver aux cinquante membres présents du CIO un accueil chaleureux, dont se souviennent encore tous ceux qui y ont participé.

Le général de Gaulle déclara en personne l'ouverture des Jeux ; Killy en fut le grand triomphateur, ainsi que Bobin, son entraîneur. Le ministère de la Jeunesse et des Sports nous avait alloué vingt millions de centimes en première dotation, nous en promettant vingt autres, qu'il n'a jamais versés. Comptant sur quarante millions. Par prudence je n'en dépensai toutefois que trente-cinq ; j'attends toujours les quinze autres, qu'il me fallut trouver ailleurs pour pallier la carence de l'Etat et la promesse non tenue du ministère.

La même année, à Mexico, je voulus me présenter à la présidence du CIO. Je serais sûrement battu, mais c'était un moyen de faire comprendre à Brundage qu'il devait évoluer. Il venait, sans me consulter, de vendre pour trois cent mille dollars les droits de télévision du CIO sur les prochains Jeux ; l'acheteur, lui, les avait revendus pour plusieurs millions de dollars... Il devenait clair que notre président, si dévoué qu'il fût au mouvement olympique, n'était plus capable de diriger l'association. Je voyais trop souvent le courageux lutteur qu'il avait été s'endormir en Commission exécutive, et ne se réveiller brusquement que lorsque les conversations prenaient fin. Je me sentais à même de lui succéder.

Je posai de nouveau ma candidature à Munich, en 1972, assuré du soutien d'un grand nombre de mes collègues ; mais à quelques voix près, ce fut Lord Killanin qui fut élu. Juan Antonio Samaranch, l'actuel brillant président du CIO, qui avait été l'un de mes plus fervents soutiens, me dit après cette défaite :

– Tu as été sans doute la dernière chance pour la France d'avoir un président du CIO. Que tes propres compatriotes t'aient combattu, c'est impensable !

Je pensais en effet qu'avec ma connaissance du sport, mes disponibilités, mes capacités de travail, la chance m'aurait peut-être mieux servi que Lord Killanin, dont par ailleurs j'estimais les qualités. Peut-être aurions-nous évité d'être pris dans le piège de Montréal, avec ses répercussions sur les Jeux de Moscou et de Los Angeles. A cette époque, un mois avant les Jeux, j'appris par la presse le changement d'attitude de M. Trudeau, Premier ministre du Canada, concernant ses engagements à l'égard du Comité International Olympique. J'adressai aussitôt à Lord Killanin un long télégramme, exposant mes vues sur ce retournement de position lourd de conséquences sur l'avenir de notre mouvement. Je l'incitai à menacer le gouvernement canadien d'annuler les Jeux pour non respect de nos statuts autant que de ses engagements. Lord Killanin crut pouvoir agir autrement. Ce manque de fermeté à l'égard du Canada, qui refusait la participation de la Chine, fut probablement à la source du boycott des Jeux, pour des raisons politiques, à Los Angeles et à Moscou.

J'avais bénéficié, dans ma candidature, du soutien amical du président Georges Pompidou. Je le connaissais bien. Il venait volontiers en Alsace, quoique moins régulièrement que son successeur à la tête de l'Etat. Nous l'avions baptisé « Grand Protecteur de l'Ordre du Mets-toi-à-l'aise ». J'ai une photo de lui, debout, le fusil à la main, dans un champ de choux. Peu après son accession à la présidence de la République, je la lui adressai en soulignant combien le cliché était trompeur, puisque loin d'être dans les choux, il pouvait se targuer d'avoir conquis l'estime et les suffrages d'une majorité de Français. Avant son élection, durant sa traversée du désert, il était venu nous voir en Corse, avec Claude, que Paule et moi aimons beaucoup. A l'occasion de cette visite, la municipalité de Saint-Florent avait remis en état la route cahoteuse et ravinée qui menait chez nous, attention qui l'avait beaucoup touché. Président de la République, il m'invita souvent à Rambouillet, où il donnait des chasses pour ses amis, ainsi qu'à Marly, dans une charmante résidence qui, à dix minutes de la porte d'Auteuil, offre un territoire plein d'oiseaux.

J'admirais en lui son intelligence, sa bonhomie parfois incisive, sa sagacité. Il se livrait difficilement, mais c'était un homme de cœur, un homme « franc du collier » aussi, ce qui est fort rare dans ce fichu sérail politique où il convient de penser à soi avant de penser aux autres, et de disposer d'un solide égocentrisme pour réussir et se faire connaître. Une fois assis en haut de la pyramide, en regardant autour de soi, on doit parfois se sentir bien seul.

Je sais que « Pompon », à la fin de sa vie, a beaucoup souffert, physiquement et moralement. Un soir, à l'Elysée, lors d'un dîner intime dans sa nouvelle salle à manger, il me dit doucement, presque en confidence, avec une pointe de fatalisme dans la voix : « Ah, cher Jean, si vous saviez combien j'ai d'emmerdements... » Je crus qu'il parlait des affaires de l'Etat ; j'ignorais encore tout du mal qui allait l'emporter. Beaucoup plus tard, un de mes amis, attaché à son cabinet, me raconta qu'il était un jour entré en coup de vent dans son bureau, le croyant absent, pour y déposer un dossier ; à sa stupéfaction, il l'avait trouvé assis à sa table de travail, la tête entre les mains, le visage inondé de larmes. De telles solitudes sont parfois le revers d'une médaille dont la frappe n'est pas du ressort des hommes.

A Marly, un jour de septembre 1971, je lui avais fait part de mon intention de me présenter à la présidence du Comité International Olympique. Il me semblait précieux que mon pays cautionnât, d'une certaine façon, le bien-fondé de ma candidature, et je lui dis qu'il multiplierait mes chances d'être élu s'il pouvait user de son influence et de celle de la France auprès de certains pays dont les représentants étaient mes collègues dans cette grande assemblée. Il me dit : « Vous pensez bien, Jean, que si je peux vous aider, je le ferai. » ... J'ai su qu'il avait changé d'avis.

C'est à cette époque que j'avais eu l'idée de créer les Jeux de France. L'entreprise était née d'une conversation avec Serge Groussard, le mari de Monique Berlioux qui, comme chacun sait, a beaucoup donné d'elle-même pour le sport international, en tant que directeur du CIO à Lausanne. Je voulais créer en France un Festival de la Jeunesse, sous la forme d'une grande manifestation sportive s'adressant aux garçons et aux filles de moins de quatorze ans, en m'appuyant sur les trente-huit mille maires de France et leurs communes. Il existait déjà les fêtes des mères, des pères, du travail, des morts et des saints ; celle des jeunes ne figurait pas au calendrier de la République. Combler cette lacune me paraissait répondre aux besoins d'une jeunesse qui attendait qu'on s'occupât d'elle, non pour fabriquer des champions, mais pour contribuer à former des « hommes harmonieux », comme le voulait Pierre de Coubertin. J'espérais que la jeunesse de mon pays se retrouverait tous les ans, toutes classes sociales confondues, comme au service militaire, dans une ambiance d'enthousiasme et d'effort salutaire.

Ne réussissant plus à voir Pompidou, j'allai voir Pierre Juillet qui, à l'Elysée, avait l'oreille du Président. Il se montra séduit par mon idée : « On devrait vous donner quatre cents millions pour vous aider », me dit-il.

Toutefois, très pris par mes diverses occupations, je ne revins pas immédiatement à la charge. J'avais aussi quelques scrupules et détestais avoir l'air d'un quémandeur, quoiqu'il me parût évident que pour une telle entreprise on devait donner au Comité Olympique Français et à ses bénévoles capables et dévoués toutes les facilités dont ils avaient besoin.

Hélas ! La réaction de Juillet allait être la seule dans son genre. Dans mes démarches auprès de l'administration, je ne trouvai en face moi que de petites gens sans envergure, incapables de comprendre, ou ne voulant pas comprendre... Dans mon esprit, ces Jeux étaient liés à l'amour que je porte à la jeunesse. Pour l'administration, ils ne représentaient qu'un souci, à cause, me disait-on, de l'enthousiasme qu'ils allaient déchaîner, et qu'on ne saurait satisfaire ! Faut-il préciser aussi que certains, n'ayant pas eu l'idée les premiers, en furent mortifiés ? Au mépris de l'intérêt général, tranquillement, sans remords, ils me combattirent sournoisement au lieu de m'aider, me refusant un appui qui ne leur coûtait rien, oubliant notre bénévolat, notre ardeur à servir et nos efforts désintéressés qui, eux, nous coûtaient fort cher...

Ainsi fut ignorée une entreprise que le parti socialiste, une fois au pouvoir, douze ans plus tard, reprit avec habileté avec les Jeux de l'Avenir. D'autre part, en déchaînant contre moi l'hostilité d'une partie des responsables du ministère de la Jeunesse, cette affaire des Jeux de France ne fut pas sans conséquences négatives sur ma candidature à la présidence du CIO.

Ils eurent lieu tout de même, sans aide et sans argent, dans deux cent soixante-douze villes, avec quatre-vingt mille participants, succès qui me consola de tant de mesquine incompréhension en me laissant l'impression d'avoir eu raison et fait œuvre utile. Mais mon ardeur était entamée. En ne me soutenant ni à Munich ni pour les Jeux de France, mes compatriotes m'avaient une fois de plus donné le désolant spectacle de leur manque de cohésion. Un ministre, Joseph Comitti – actuellement retombé dans le néant politique d'où il n'aurait jamais dû sortir –, m'avait bercé de promesses non suivies d'effet. J'ai eu la naïveté de le croire, mais il n'a fait que me mentir : en politique, cela se fait beaucoup. Déçu, découragé, je demandai sur un coup de tête à mes collègues du Comité Olympique Français d'accepter ma démission.

Naturellement, j'avais eu tort. Il faut savoir travailler patiemment avec tout le monde et avoir l'esprit politique. De plus, un chef ne quitte pas le combat au plus dur de la bataille. Dois-je regretter cette décision trop rapide ? Je ne crois pas. Elle m'épargna sans doute bien des complications et des fatigues, tout en me permettant de me consacrer à une autre œuvre utile : la présidence du Cercle de l'Union Interalliée. L'expérience m'avait prouvé, en tout cas, qu'il faut toujours, avant de s'engager dans une entreprise où les pouvoirs publics sont impliqués, s'entourer de solides garanties politiques, faute de quoi on se heurte aux susceptibilités de fonctionnaires jaloux de leurs prérogatives, qui s'imaginent que l'on veut marcher sur leurs plates-bandes, et manifestent immanquablement un réflexe d'autodéfense. Les hommes sont ainsi... J'aurais dû intervenir auprès de Georges Pompidou lui-même, en lui expliquant les raisons de ma démission ; mieux vaut s'adresser au Bon Dieu qu'à ses saints.

Je m'en souvins par la suite, lorsqu'en ma qualité de président de l'Académie des Sports, je voulus créer le Prix de l'Education. Ce prix, qui se dispute dans tous les rectorats de France, est décerné à un ou une élève ayant, par sa valeur scolaire et sportive, sa loyauté, son esprit d'initiative, son sens de l'équipe, son rayonnement, témoigné du plus heureux équilibre entre les qualités physiques, intellectuelles, morales et humaines. Il est récompensé par un voyage pour les lauréats ou lauréates. La vente des portraits peints par Paule constitue la seule ressource permettant ces voyages de jeunes. Dès le début, je veillai à consulter le ministre de l'Education nationale, à l'époque M. René Haby ; j'obtins un accord chaleureux, et l'aide efficace de ses services ainsi que du recteur Gauthier. Le ministère avait fort bien compris que l'Académie des Sports ne visait aucun but politique, et qu'au contraire, de par son apolitisme précisément, elle était la seule capable de promouvoir un tel prix en fonction du seul mérite, et non pas de l'horizon politique ou social. En définitive, l'Académie des Sports atteignit, sans subvention de l'Etat, un but similaire à celui que le Comité Olympique Français aurait dû atteindre en 1971 avec les Jeux de France.

Maintenant, avec douze ans de retard, grâce à Nelson Paillou, mon successeur à la présidence du Comité Olympique Français, la fête de la jeunesse est de nouveau sur les rails. Elle a cessé de s'appeler les Jeux de France, pour devenir les Jeux de l'Avenir. Je préférais – je l'ai dit à Nelson – « Jeux de France » à « Jeux de l'Avenir » : l'avenir peut être sombre et incertain, tandis que la France est belle. Je l'ai fait sourire, ainsi que Claude-Roger Cartier, notre éminent secrétaire général du COF et président de la Fédération européenne de golf. J'espère néanmoins, et de tout mon cœur, que grâce à lui cette brillante entreprise trouvera son apogée en étant inscrite au calendrier de la vie scolaire. C'est ce que mérite la jeunesse de France, et ce que je lui souhaite.

S'il devait y avoir un Epilogue

je dirais que face à l'éternité, face à l'immensité d'un univers sans limites aux insondables mystères, les hasards de la Chance m'auront appris que nous ne sommes pas grand-chose sur cette terre.

Chacun d'entre nous, dans ce vaste concert des mondes, en fonction du peu de temps qui lui est imparti, n'a guère plus d'importance qu'une fourmi dans l'évolution de l'infini.

Avec toutefois cette différence que si la fourmi perd la vie sous une semelle qui passe, pour nous il en va tout autrement lorsque le ciel à son tour nous broie. Nous ne pouvons pas ignorer que la joie de vivre et les seules richesses sont celles qui consistent à avoir beaucoup donné et beaucoup aimé.

Et aussi... ne pas oublier une phrase du Coran qui dit : « Tu réussiras seulement ce que Dieu te permettra de réussir. »

FIN

Saint-Florent
Cogolin
Paris
1985-1986

INDEX DES NOMS CITÉS

TABLE DES ILLUSTRATIONS

TABLE

Cet ouvrage a été réalisé sur Système Cameron par la SOCIÉTÉ NOUVELLE FIRMIN-DIDOT Mesnil-sur-l'Estrée pour le compte des Éditions Julliard le 10 septembre 1987

Imprimé en France
Dépôt légal : septembre 1987
N° d'impression : 7386
N° d'édition : 4865

ANNEXES

Carte de l'Indochine.
Ordre de mission de la base aérienne de Cazaux.
Congé parlementaire accordé au capitaine de Beaumont.
Procès-verbal pour passage illégal de la ligne de démarcation.
Ordre de mission du secrétariat d'État à la production industrielle.
Certificat du Comité de Résistance de Garches.
Lettre de Ngô Dinh Diêm.
Jean de Beaumont, le premier fusil de France, a écrit un roman d'amour.

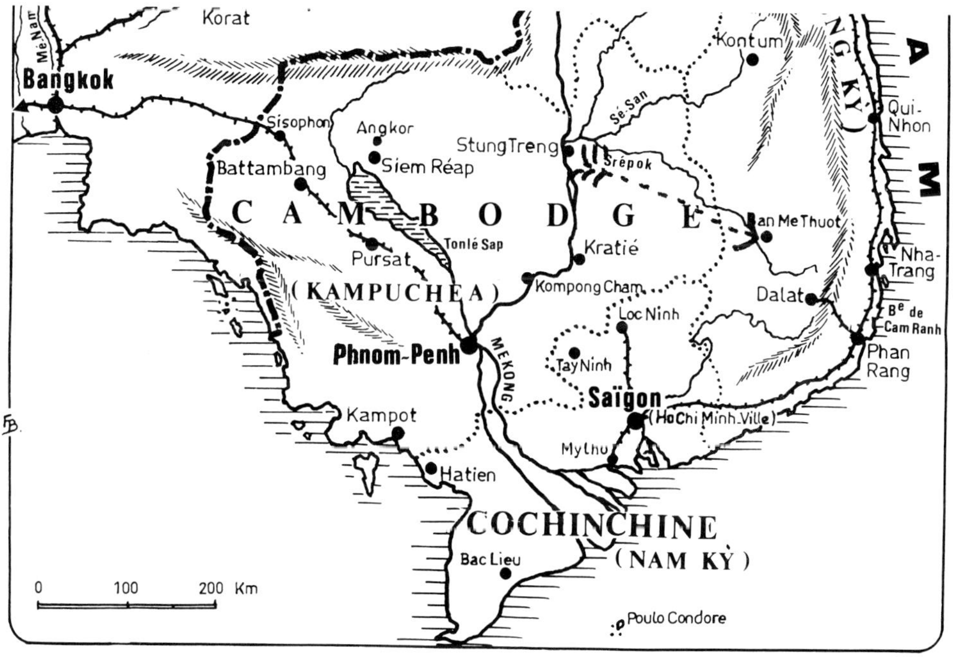

Carte de l'Indochine.

BASE AERIENNE DE CAZAUX

ESCADRE D'INSTRUCTION DE CHASSE

CAZAUX, le 1940

ORDRE DE MISSION

IL EST ORDONNE AU Capitaine de Beaumont

DE L'ESCADRE D'INSTRUCTION DE CHASSE

DE SE RENDRE A Bordeaux

PAR LA VOIE des airs

LE 16 Juin 40

IL RENTRERA SA MISSION TERMINEE.

Le Lieutenant-Colonel NUVILLE
Commandant l'Escadre d'Instruction

Vu au départ de Cazaux le	Vu à l'arrivée à le
Vu au départ de le	Vu au retour à Cazaux le

Il est ordonné au Capitaine de Beaumont de rentrer à son poste, aussitôt sa mission à Bordeaux accomplie —

N° (1) ....

Corps ou service { Groupe Chasse 3/9 — N° (2) ....

~~PERMISSION~~ (3) { ~~de détente.~~ ~~exceptionnelle.~~ ~~de convalescence.~~ Congé Parlementaire

de Dix (10) (jours) (4)

ACCORDÉE AU Capitaine De Beaumont

pour se rendre à Vichy (Chambre des Députés)

Le titulaire a perçu au départ .... jours d'indemnités de vivres.

Le titulaire n'a droit à aucun vivre gratuit au cours du voyage aller et retour.

A Le Luc, le 2 Juillet 1940

Le (5) Comdt Tiguick, Comdt le G.C. 3/9

Signature.

Cachet du Corps

Le porteur de la présente permission doit se conformer strictement aux indications portées au verso, sous peine de punition disciplinaire grave.

Avis pour Masques à Gaz.

1° - ne pas mettre d'aliments dans la musette du masque.

2° - ne pas laisser manipuler le masque, en particulier par les membres de votre famille.

Visa de la Gendarmerie ou du Commandant d'Armes :

Timbre à date à l'arrivée en gare de destination (6).	Timbre à date au départ de la gare desservant le lieu de destination (6).
A	B

(1) Numéro d'enregt au corps (à reporter, s'il y a lieu, sur les coupons de parcours sur réseau secondaire ou en autobus).

(2) Numéro de la carte d'identité ou de l'attestation d'identité (Officiers); numéro matricule (sous-officiers et hommes de troupe).

(3) Rayer la mention inutile.

(4) En cas de prolongation pour citation ou décoration, indiquer le numéro et la date de l'ordre.

(5) Nom et grade du chef de corps ou de service.

(6) Gare du réseau secondaire, quand le trajet comporte un parcours sur réseau secondaire. Dans ce cas, le timbre est le même que celui à apposer dans la case correspondante des coupons 1 et 2 ci-attachés.

IMP. PIERRON. 132, RUE TÊTE D'OR. LYON

6

PROCES-VERBAL dressé par les Autorités Allemandes pour passage illégal de la ligne de démarcation par M. Jean de BEAUMONT

-:-:-:-:-:-

Beleg Nr. ____________

Rechnerisch richtig.

Einnahme-Bescheinigung.

2000.– frz. Frcs.

mit Worten – Zweitausend – frz. Frcs.

Strafsache: Jean de Beaumont

wegen Gebrauchs eines gefälschten Ausweises

sind

zu der Kasse Zahlmeisterei / Kreiskdtr. 555 bar

gezahlt worden.

____________, den 27. Aug. 1942

I. A.

[signature]

verbucht G. A. N. lfd. Nr. ______ Monat

Secrétariat d'État
à la
Production Industrielle

LE SECRÉTAIRE D'ÉTAT

CV-N° 5964 NM/JN

VICHY, le 25 SEPTEMBRE 1942.

ORDRE de MISSION

Monsieur Jean de BEAUMONT, Administrateur de la Compagnie de l'ANGOLA dite "CADA" (capital de 1 million de £) se rendra à LISBONNE pour représenter les intérêts majoritaires français de la Société Française des Caoutchoucs (capital de 300 millions de Fr) dont il est également Administrateur.

Les conversations déjà engagées par lui avec certains groupes portugais et organismes officiels ont pour but de modifier le Conseil d'Administration de ladite Société et d'en contrôler la situation technique et financière.

Monsieur de BEAUMONT est porteur d'un passeport de service n° 312.

Date de départ approximative : 18 OCTOBRE
Durée de la Mission : 6MOIS
Nombre de voyages : illimités

L'intéressé se présentera dès son arrivée, aux autorités consulaires françaises.

7 OCT 1942 N° 11.M.E.

Vu :
Le Chef du Gouvernement :
P.O. Le Secrétaire
Général du Gouvernement :

CHEF DU GOUVERNEMENT SECRÉTARIAT GÉNÉRAL ÉTAT FRANÇAIS

ÉTAT FR... Secrétariat d'État à la ... Ind...

ée conforme
laud

1 Pcs

VILLE DE GARCHES

6 Septembre 1944.

COMITE DE RESISTANCE

Cértificat

s membres du groupe de résistance de Garches, certifient que nsieur Jean de Beaumont, habitant le Plateau de la Châtaignera la Celle St Cloud, nous a dés le 17 aout, signalé la présenc un dépot important d'armes allemand dans sa propriété, pot mis par lui au service de la résistance et qui a été levé le jour même par nos soins.- En toute circonstances ns nos rapports avec lui, Monsieur de Beaumont a fait euve du meilleurs esprit anti-allemand, et dévoué a la sistance.-

Le chef de la Résistance de Garches.

Laulaud

achet
e Résistance de
arches
E et OISE

vice Interallié.-

GROUPE DE RESISTANCE DE GARCHES
SERVICE INTERALLIÉ
(S.-&-O.)

13 av. de la Bérg
Garches

Membre reconnu des Forces Française Combattantes depuis avril 1943 sous le Nº 3311/14677

Tổng-Thống Ngô-đình-Diệm

Saïgon le 14 Septembre 1963

Monsieur le Comte de Beaumont,

Je ne m'attendais pas à ce que vous ayiez noté ce que je vous avais dit au sujet des nouvelles armes de chasse.

C'est vous dire combien je suis sensible à votre magnifique envoi. Je n'ai pas beaucoup de temps pour profiter de si belles armes, surtout choisies par vous. En tout cas, elles me rappellent le souvenir d'un grand ami du VietNam et aussi du premier fusil de France.

Je vous prie, Monsieur le Comte, de vouloir bien recevoir mes remerciements avec les assurances de ma considération très distinguée.

Ngô đình diệm

Jean de Beaumont, le premier fusil de France, a écrit un roman d'amour (tendre)

Il a « jugé », à leur manière de tirer, le comte de Paris, le duc de Windsor, Bao Daï et Vinogradov

QUAND son nom est jeté en pâture dans la conversation il y a toujours quel- qu'un pour dire :

— Jean de Beaumont ! C'est le meilleur fusil de France et il a la plus belle chasse d'Europe.

Et il y a toujours quelqu'un pour ajouter :

— Oui, et puis quel séducteur... Il a toujours de jolies filles autour de lui !

C'est vrai, mais ça l'agace.

— Tout ça, dit-il, ce n'est qu'une toute petite partie de moi. Je ne suis pas celui que vous croyez.

C'est pourquoi il a décidé d'écrire **Adieu Focolara**, qui va sortir dans trois semaines.

Adieu Focolara est un roman d'amour dont le héros, qui s'appelle Marc, ressemble trait pour trait (m'assure-t-il) au comte Jean de Beaumont.

Il me reçoit au siège d'une de ses 28 sociétés (qui groupent 150.000 personnes).

Je suis dans l'antichambre des « Comptoirs du Cambodge ». Une double porte s'ouvre. Une demi-douzaine de messieurs graves, serviette sous le bras, sortent en silence à la queue-leu-leu. Derrière eux, le maître de maison me fait signe d'entrer.

La pièce est immense, austère, mais confortable. Sur le vaste bureau, on pourrait jouer au ping-pong. Il appuie sur un bouton. Un panneau s'ouvre. Apparaît un bar. Il me propose une tasse de thé qu'il fait lui-même.

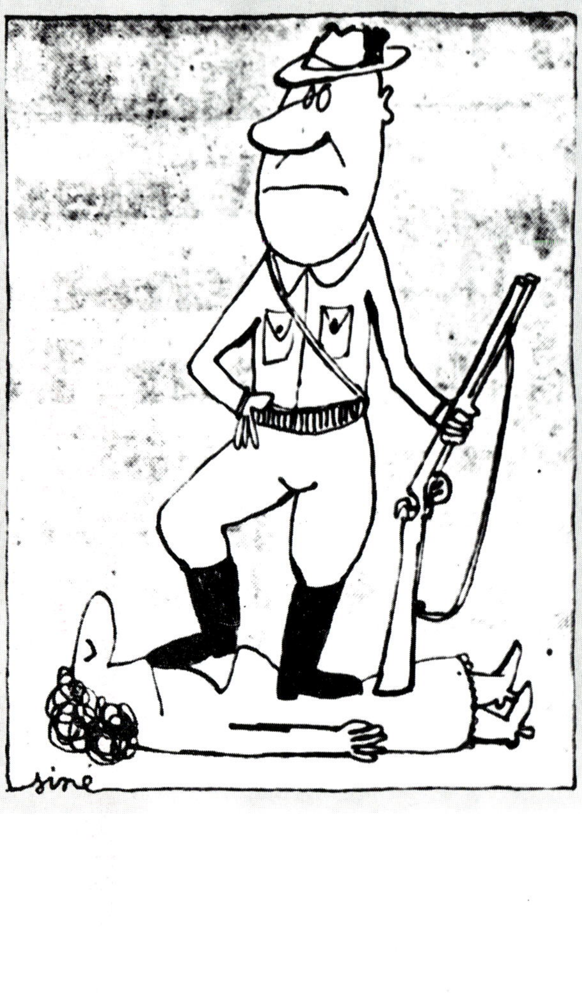